알 수 없는 분

알 수 없는 분

1판 1쇄 펴냄 2016년 10월 24일
1판 2쇄 펴냄 2016년 11월 7일

지은이 곽건용
펴낸이 한종호
디자인 임현주
인 쇄 제이케이프린팅

펴낸곳 꽃자리
출판등록 2012년 12월 13일
주소 의왕시 오전동 동문굿모닝힐A 102동 804호
전자우편 amabi@daum.net
블로그 http://fzari.com

ISBN 979-11-86910-09-2 03230
값 14,000원

그분과 처음으로 만난 이야기

알 수 없는 분

곽건용 지음

꽃자리

짭조름했을까? 그랬어야 하는데…

첫 책《길은 끝나지 않았다》(1993년)로 시작해서《하느님도 아프다》
(2003년, 2013년 재판)를 거쳐《예수와 함께 본 영화》(2010년)까지는 설교
를 기반으로 한 책들이었습니다. 맘먹고 주제를 갖고 출판을 염두
에 두고 쓴 첫 책은 꽃자리에서 나온《하느님 몸 보기 만지기 느끼
기》(2014년)가 처음입니다. 여기 실린 글들은 꽃자리 웹진(fzari.com)에
반 년 동안 연재했던 것으로서 쓸 때부터 출판을 염두에 두긴 했습
니다. 저로서는 새로운 방식으로 출판하는 책이 됩니다. 저서가 하
나둘 늘수록 마음의 부담도 늘어갑니다.

2014년 11월, 10년 만에 고국을 방문했을 때 오랫동안 이메일로
만 연락하던 꽃자리 대표 한종호 목사님을 만났습니다. 그 자리에
서 꽃자리 웹진에 대한 얘길 하시면서 '짭조름한 구약 이야기'라는
제목으로 글을 달라 하셨지요. 저는 얼떨결에 그러자고 했는데 나

중에 알고 보니 대단한 필자들이 거기 참여하는 게 아닙니까. 덜컥 겁이 났습니다. 괜히 내가 껴서 웹진의 질이나 떨어뜨리는 게 아닌가 싶어서 말입니다. 하지만 한 목사님의 격려인지 강요인지 헷갈리는 말씀에 용기를 내어 쓰기 시작해서 창세기에 대한 글 연재를 마쳤습니다. 여기 실린 글들은 원래 것을 약간 수정했습니다.

한국 기독교의 문제는 신학교 강단과 교회 설교단 사이의 거리가 너무 먼 데 있다는 얘기를 많이 합니다. 많은 목회자들이 신학교에서 배운 걸 목회 현장에선 쓸 수 없다는 얘기를 공공연히 합니다. 진보적인 교단에 속한 목회자들도 다르지 않습니다. 학문적 성과를 목회에 활용하자고 말하면 '그랬다가는 목회 망한다'는 말이 곧바로 튀어나옵니다. 그래서인지 요즘 목회자들의 성서해석은 제가 어렸을 때 배웠던 것과 별로 다르지 않습니다. 젊은 목회자들도 마찬가지고요.

저는 신학교 교단과 교회 설교단의 간격을 메우는 일이 매우 중요하다고 생각합니다. 교회 개혁도 결국은 성서를 어떻게 읽고 해석할 것인가에서 부딪칩니다. 그래서 저는 어떻게 하면 성서학에서 얻은 성과를 설교와 성서공부에 활용할 수 있을까를 고민해왔습니다. 물론 섣불리 시도했다가는 큰 반발에 직면하리란 걸 저도 잘 압니다. 지혜롭게 해야 할 겁니다. 하지만 성서 말씀을 믿으려면 먼저 설명되고 이해되어야 하지 않겠습니까. 이해되지 않는 걸 어떻게 믿겠는가 말입니다. 그러니 이 작업은 누가 해도 해야 할 일입니다.

 여기 실린 글들은 창세기에 나오는 얘기들 중에 설명이 필요한 에피소드 열세 개를 골라서 설명과 해석을 시도한 것들입니다. 독자들이 읽고 나서 '아하, 그게 그런 뜻이었구나! 그렇게 이해할 수 있겠구나!' 하는 생각이 들면 저는 그걸로 만족하며 제 할 일 다 했다고 여기겠습니다.

 보잘것없는 글을 쓰면서, 그리고 그걸 책으로 묶어 내면서 한편으로 무거운 부담을 느끼면서도 다른 한편으론 '다음엔 다윗에 대해 써봐야지' 하고 생각하는 걸 보면 제가 이 일을 좋아하긴 하나봅니다.

 글을 쓰라고 옆구리 찌르시고 가끔 먹방 사진을 SNS에 올려서 저를 자극해주신 꽃자리 대표 한종호 목사님께 감사드립니다. 또한 변방인 로스앤젤레스에서 함께 믿음생활 하는 향린교회 식구들에게도 감사드립니다. 돌아보니 제가 가장 열심히 책을 읽었던 때는 20대 후반이었던 것 같네요. 그때 '파전'(파트타임 전도사를 줄여서 이렇게 부른다네요)이던 제 봉급으로는 읽고 싶은 책들을 다 살 수 없었습니다. 그래서 저는 필요할 때마다, 곧 사고 싶은 책이 눈에 들어올 때마다 먼 지방에서 교사로 일하던 제 누나에게 전화하곤 했습니다. 꼭 사야 할 책이 있는데 돈 좀 보내줄 수 있냐고 말입니다. 그때 누나는 '무슨 책인데?'라는 질문 한 마디 안 하고 즉각 내가 보내달라는 액수의 돈을 보내주곤 했습니다. 그 덕분에 제 지적 욕구(허영심?)가 채워지곤 했지요.

　이 책은 그 누나에게 바치고 싶습니다. 제 누나 이름은 영란입니다.

나성에서 곽건용

목
차

알 수 없는
분

알 수 없는
분

우리가 정말 구약을 알까?

1

구약성서를 읽을 때나 그것에 관한 글을 쓸 때 피할 수 없는 질문이 "성서가 하느님의 말씀이라는 주장은 정말 하느님이 직접 하신 말씀이란 뜻일까?" 하는 질문이다. 누군가가 하느님에 '대해서' 한 말이나 쓴 글도 정말 그런지 잘 따져봐야겠지만 그보다 더 중요한 질문은 "성서가 하느님이 직접 하셨다고 전하는 말씀을 어떻게 이해해야 하는가?"이다. 다시 말하면 하느님께서 "나는 이러저러하다"라고 일인칭으로 하신 말씀, 그 중에서도 하느님 자신에 대해 하신 말씀을 글자 그대로 하느님의 직접적인 진술로 받아들여야 하는가 하는 문제다.

　이러한 문제를 왜 구약학자들이 따지지 않았겠는가. 구약성서를 본격적으로 역사적이고 문학적으로 연구하게 된 19세기 이후, 많은 학자들은 이 물음의 답을 얻으려고 연구에 매달렸다. 결론은 어떻게 났을까? 서구학계에서 지극히 보수적인 입장을 취하는 일부를 제외한 다수의 학자들은 하느님이 직접 하셨다고 전해진 말씀들도 사람 손을 거쳤다는 결론을 내렸다. 곧 하느님의 말씀에도 인간적인 요소가 들어 있다는 거다. 보수적 입장의 반대편 극단에는 성서의 하느님 말씀이 사실은 하느님과는 아무 상관도 없는 '사람의 말'이라고 보는 입장도 있다. 성서를 역사적인, 또는 이데올로기적인 문서로 읽는다면서 신적인 요소들을 모두 제거하고 읽는 입장 말이다.

이 문제는 입증의 문제라기보다 선택의 문제다. 구약성서와 관련 자료만으로는 어느 입장도 입증 또는 반증할 수 없으니 말이다. 반대편에게 내 입장을 설득시킬 수도 없어 서로 평행선을 그릴 따름이다. 구약성서를 잘 모르던 사람들은 공부를 통해 입장이 바뀔 수는 있지만 어느 정도 공부한 사람은 기존 입장을 여간해선 바꾸지 않는다. 사정이 이러하니 시작하는 마당에 내 입장을 밝힐 필요가 있겠다. 그래야 이어지는 글들을 읽는 데 도움이 될 테니 말이다.

2
—

구약성서의 모든 이야기는 다양한 부류의 전달자들에 의해서 여러 단계를 거쳐서 전해졌다. 이건 하느님의 말씀이나 사람의 말이나 매 한가지다. 누군가가 하느님의 말씀을 전달했듯이 아브라함이나 모세, 시무엘이나 다윗, 이사야나 예레미야 등의 말도 누군가가 전달한 것이다. 이 중에 하느님의 말씀을 전달한 대표적인 인물은 예언자라 할 수 있다. 유일한 예외는 십계명이다. 출애굽기 20장은 야훼 하느님이 십계명을 '직접' 백성들에게 선포했다고 전한다. 십계명이 다른 계명들에 비해서 우월한 지위를 갖는다고 믿는 이유가 여기 있다. 하지만 십계명조차도 그걸 후대에 전한 사람이 있었기에 문자로 기록될 수 있었고 우리에게까지 전달될 수 있었던 것이다.

구약성서의 말과 사건은 다양한 전달자의 손을 거쳤다. 대표적인 전달자로는 우선 입에서 입으로 구전(口傳)되던 말과 사건을 최초로 문자화한 사람인데 이를 우리는 '저자'(author)라고 부른다. 이들은 현대적 의미의 저자는 아니지만 학계에서는 오랫동안 그렇게 불러왔다. 이들이 전한 말과 사건은 길이도 짧고 내용도 단편적이었는데, 이런 기록들을 모아서 더 큰 단위의 이야기로 만든 사람을 '수집자'(collector)라고 부른다. 흩어져 있던 아브라함에 대한 단편적인 이야기들을 모아 아브라함 '전승'을 형성한 사람을 아브라함 전승의 수집자라고 부른다는 이야기다. 또한 이렇게 수집된 전승들을 다른 전승들과 결합시켜 더 큰 단위의 연속적인 이야기로 만든 사람을 '편집자'(redactor)라고 부른다. 아브라함, 이삭, 야곱, 요셉 전승들을 편집해서 조상들의 전승군(傳承群)으로 만든 사람이 편집자다. 현재의 구약성서는 이렇듯 오랜 기간에 걸쳐서 다양한 역할을 한 사람들에 의해 형성된 '역사적'인 책이다.

마지막으로 '설화자'(narrator)가 있다. 구약성서의 모든 이야기들은 설화자가 소개한다. 예컨대 "한 처음에 하느님께서 하늘과 땅을 지어내셨다"(창세기 1:1)라는 말은 하느님의 말씀이 아니라 설화자가 한 말이다. 아브라함이 이삭을 제물로 바치려던 이야기를 여는 "이런 일들이 있은 뒤에 하느님께서 아브라함을 시험해 보시려고 '아브라함아!' 하고 부르셨다"(창세기 22:1)라는 말 역시 설화자의 말이다. 이렇듯 구약성서에 나오는 대부분의 말과 사건을 소개하는 설화자도 전달자들 중 하나인 것이다.

각각의 전달자 이름이 뭔지는 알려져 있지 않다. 전통적으로 오경은 모세가 썼고 여호수아서는 여호수아가 썼으며 이사야서와 예레미야서는 각각 이사야와 예레미야(그리고 바룩)가 썼다고 전해지지만 현재 학계에서 그렇게 믿는 사람은 거의 없다. 하느님이 하늘에서 불러준 이야기를 사람이 받아서 그대로 적었다고 믿는 학자도 거의 없다. 다시 말하지만 이 말은 구약성서에 '인간적'인 요소가 개입되어 있다는 뜻이다. 하느님이 직접 하셨다고 전하는 말씀조차 전달자의 손을 몇 단계 거쳐서 전해졌던 거다. 전달자의 입김이 조금도 들어 있지 않다고 본다면 그것은 머리도 없고 가슴도 없는 누군가가, 또는 머리와 가슴은 있지만 그걸 전혀 사용하지 않은 누군가가 하느님이 직접 하신 말씀을 일점일획도 틀림없이 전달해서 기록했다고 보는 것이다.

나는 이런 입장을 갖고 있지 않다. 머리도 있고 가슴도 있는 누군가가 자기에게 전해진 하느님 말씀을 받아서 머리로 이해하고 가슴으로 공감하고 나서 그걸 사람들에게 전달했다고 생각한다. 하느님 말씀은 다양한 경로를 통해 전달자에게 전달됐다. 사람 모습으로 나타난 하느님 또는 천사가 전달했을 수도 있고 꿈이나 환상을 통했을 수도 있다. 하늘에서 하느님 음성이 들려왔을 수도 있지만 중요한 사실은 말씀의 전달자들이 머리도 가슴도 없는 로봇이 아니었으므로 그들이 전달한 하느님 말씀엔 그들의 머리와 가슴이 녹아있다는 점이다.

그 다음 질문은 구약성서가 하느님 말씀이라고 전하는 것 중에 어느 대목이 하느님의 말씀이고 어느 대목이 전달자의 말인지 구별할 수 있는가 하는 것이다. 구약학자들은 오랫동안 이 문제를 풀려고 노심초사해왔는데 지금까지의 결론은 둘은 구별할 수 없을 정도로 얽혀 있다는 것이다. 전달자가 하느님의 말씀이라고 전한 말에도 사람의 말이 들어 있고 사람의 말이라고 전해진 말에도 하느님의 말씀이 들어 있을 수 있다는 말이다. 문법적으로는 "야훼 하느님이 이렇게 말씀하셨다"라는 말 다음에는 하느님이 직접 하신 말씀이 이어져야 하지만 내용상으론 반드시 그렇지 않을 수도 있다는 거다. 전달자의 머리와 가슴을 거쳐 나온 말이기 때문이다.

3
—

성서의 하느님은 근본적으로 '알 수 없는 분'(the unknowable)이다. 사람이 알 수 없으니 '하느님' 아니겠는가. 그런데 그리스도교에서는 하느님께서 자신을 사람에게 알려주셨다고 믿는다. 다 알 수는 없

—

겠지만 하느님이 알려주신 범위 안에서는 하느님을 알 수 있다는 거다. 나도 여기에 동의한다. 얼마나 다행인가! 알 수 없는 하느님이 자신을 알려주길 원하시니 말이다. 이걸 '계시'라고 부른다. 하느님은 과거에도 자신을 알려주셨고 지금도 알려주시기 때문에 우리가 하느님을 말할 수 있는 것이다.

하느님이 자신을 계시하실 땐 사람의 머리와 가슴을 통해서 하신다. 아무리 좋은 계시라도 사람이 공감하지 않으면 아무 소용이 없으니까 말이다. 사람이 반려동물을 좋아하는 까닭은 그것과 공감이 되기 때문이다. 가슴으로 만나기 때문이다. 아무리 좋은 계시가 주어진다해도 사람이 이해하지 못하면 무슨 소용이 있겠나. 사람이 이해하지 못하는 계시는 있으나마나다. 이는 유치원생에게 미적분을 가르친들 아무 소용없는 것과도 같다. 나는 하느님께서 사람이 이해하지도 못하고 공감도 못하는 계시를 주신다고는 생각하지 않는다.

구약성서에는 우리가 동의할 수도, 공감할 수도 없는 이야기가 많이 나온다. 그 중엔 너무 신비한 내용이라 그런 경우도 있지만 그보다는 성서가 기록된 시대의 사람들이 갖고 있던 세계관을 우리가 이해하지 못하기 때문인 경우가 더 많다. 당시 사람들은 그들의 세계관 안에서 생각하고 말하고 이해하고 행동했다. 하느님의 계시도 그 안에서 이해하고 받아들였다. 그런데 그들의 세계관은 지금 우리의 것과는 크게 다르다. 구약성서에서 동의, 이해, 공감할 수 없는 이야기를 만나는 이유가 바로 여기 있다. 예컨대 "생육하고 번성하리라!"는 명령은 당시 사람들에겐 지상과제였다. 개체 숫자가 많아야 살아남을 가능성이 커지고 노동력을 확보할 수 있기 때문에 다산(多産)은 최고의 명령이자 동시에 축복이었다. 당시 세계관이 그랬다. 하지만 지금은 어떠한가? 세계인구가 70억이 넘는 오늘날 다산은 지상과제도 아니고 최고의 축복도 아니다. 설사 그렇다 해도 그리스도인들이 그걸 실천하고 있는가? 요즘 누가 옛날처럼 줄줄이 아이를 낳는가 말이다. 현대인도 아이를 낳지만 "생육하고 번성하라!"는 구약시대의 지상과제를 최선을 다해 실천하지는 않는다. 동성애 금지를 비롯한 많은 계명이 이 지상과제를 성취하기 위한 것임에도 불구하고 말이다. 요즘 교회에서 간음이나 동성애를 정죄하는 이야기는 많이 하지만 "생육하고 번성하라!"는 최고의 명령을 반드시 지키라고 힘주어 말하는 교회가 어디 있는가? 그걸 실천하지 않는 우리는 하느님의 징계를 받아야 할까?

나는 구약성서의 하느님 말씀을 전달자들이 이해해서 전달한 하느님 말씀으로 읽는다. 전달자의 머리와 가슴을 거친 하느님 말씀으로 읽는다는 말이다. 따라서 거기엔 전달자의 세계관과 가치관, 신앙관과 신학, 그리고 그들의 과학지식이 반영되어 있다. 하느님의 뜻과 전달자의 뜻을 구분하자는 말이 아니다. 그건 하고 싶어도 못한다고 앞에서 이미 말했다. 정리하자면 전달자가 자기 세계관 안에서 하느님을 어떻게 바라봤고 어떻게 믿었는지를 먼저 이해하고 그 위에서 우리의 세계관 안에서 하느님을 어떻게 바라보고 믿어야 하는지를 생각해 봐야 한다는 이야기다.

4

구약성서는 독자에게 불친절한 책이다. 어떻게든 많이 읽히겠다는 의지가 별로 없어 보인다. 하긴 어느 종교의 경전이 많이 읽히겠다고 기를 쓰겠냐마는… 구약성서에는 '이야기'와 '설화'가 큰 부분을 차지하므로 형식만 보면 다른 경전에 비해 재미가 더 있을 수 있다. 하지만 구약성서가 너무 재미있고 흥미진진해서 시간가는 줄 모르고 읽었다는 사람을 나는 아직 보지 못했다. 그런 사람이 있다면 그는 타고난 구약성서 학자거나 재미란 걸 도무지 모르고 여태껏 살아온 사람일 게다.

그리스도교는 구약성서를 '율법'이라고 불러왔다. '율법'이란 말은 히브리어 '토라'(torah)를 그리스어 '노모스'(nomos)로 번역한 데서 비롯됐는데 여기서 구약성서가 사람의 행위를 규정하고 강제하는 율법이라는 오해가 생겼다. 구약성서에서 법률규정은 양적으로 그리 많지 않다. 그보다는 이야기와 설화가 훨씬 더 많다. '구약성서=율법' 보다는 '구약성서=이야기/설화'가 더 맞는 도식이지만 전통과 관습의 장벽을 넘기란 그리 쉽지 않기에 당분간 이러한 고정관념을 바꾸기는 어려울 거다.

구약성서에서 이야기/설화만 꺼내서 읽으면 아주 재미없지는 않다. 그 종류도 상당히 다양하다. 일어난 사건에다 교훈을 적절히 섞어 만든 역사 설화(historical narrative)도 있고 아예 처음부터 작정하고 꾸며낸 이야기도 있다. 둘 다 전하려는 메시지가 있지만 그걸 담는 그릇이 다른 것이다. 상징성이라곤 찾아볼 수 없는 건조한 이야기가 있는가 하면 상징으로 가득한 이야기도 있다. 이렇게 보면 구약성서 저자들에게 많이 읽히려는 의지가 전혀 없었다고는 말할 수 없을지 모르겠다.

구약성서를 문학적 형식을 따져가며 읽으면 훨씬 더 재미있어지고 이해하기도 쉬워진다. 구약성서는 매우 다채로운 문학형식을 갖고 있다. 앞에서 말한 이야기/설화 외에도 시(詩)와 역사서술(historiography)과 법전도 있다. 짧은 격언도 있고 비유(parable)와 우화(fable)도 있다. 우화 가운데는 역사서술인 것처럼 쓰인 것도 있다. 역사서술이지만 꾸며낸 이야기처럼 쓰인 것도 있다. 사물을 필요 이상으로 자세히 묘사한 대목이 있는가 하면 설명이 필요한데도 하지 않고 공백으로 남겨놓은 대목도 있다. 어떤 문학형식에 담겼는지를 알면 성서 내용이 훨씬 더 잘 이해되고 재미도 있다.

'웃자고 한 말에 죽자고 덤빈다'는 우스갯소리가 있다. 구약성서에다가도 그런 짓을 하는 사람들이 적지 않다. 웃자고 한 이야기는 그냥 웃으면 된다. 그게 글을 쓴 목적이라면 말이다. 거룩한 경전에 우스갯소리가 어디 있냐고? 이런 사람은 예후다 T. 라다이(Yehuda T. Radday)와 아달리아 브레너(Athalya Brenner)가 편집한 《On Humor and the Comic in the Hebrew Bible》(1990)이나 윌리엄 웻비(William Whedbee)가 쓴 《The Bible and the Comic Vision》(1998)이란 책을 읽어보라고 권하고 싶다. 이 책들은 구약성서가 유머로 가득한 재미있는 책이라는 것을 잘 보여주므로 그 책들을 읽어보면 그런 말은 못 할 거다.

반대로 심각한 이야기를 하려는데 너무 무거우면 역효과가 날까 봐 일부러 우화처럼 가볍게 쓴 책도 있다. 요나서가 그러한데 그런 책을 읽을 때는 유머 코드에만 정신이 팔려 웃다 말 게 아니라 성서가 주는 메시지를 파악하려고 애써야 한다. 시(詩)는 시로 읽고 문학적 영감과 감흥을 느끼고 감동하면 된다. 전하려는 메시지가 시라는 문학형식과 가장 잘 맞아서 그렇게 한 거니까 말이다. 시적 표현을 두고 과학적으로 옳으니 그르니 따지거나 교리에 맞니 맞지 않니를 따진다면 그보다 어리석은 짓이 어디 있겠나.

내 말은 구약성서를 가능한 한 재미있게 읽자는 거다. '재미있게' 읽는 건 '제대로' 읽는 걸 포함한다. 구약성서는 '제대로' 읽으면 재미가 있다. 곧 이야기가 어떤 그릇(문학양식)에 담겨 있는지, 독자가 어떻게 읽기를 바라는지를 알아야 재미있게 읽을 수 있다는 말이다. 한껏 모양내서 시적으로 썼는데 논문 읽듯 무미건조하게 읽는다면 어느 저자가 좋아하겠나. 딴엔 다양한 상징들로 오색찬란한 그림을 그려놨는데 그걸 흑백으로 감상한다면 그게 저자에 대한 예우가 되겠는가 말이다. 저자가 갖고 있는 온갖 이성과 지성과 감성과 영성까지 동원해서 표현하기 힘든 세계를 애써 그럴듯하게 표현했는데 독자는 "이게 무슨 귀신 씨나락 까먹는 소리야?"라는 한 마디로 내쳐버린다면 애써 고민한 저자에 대한 합당한 대우라 할 수는 없다. 그러니까 구약성서를 재미있게 읽으려면 수고스럽지만 각 글을 담고 있는 그릇, 곧 문학양식을 잘 따져봐야 한다. 시는 시로 읽고 설화는 설화로, 비유는 비유로, 역사서술은 역사서술로 읽자는 말을 이렇게 장황하게 했다.

5
—

그럼 이제는 구약성서를 읽을 준비가 됐을까? 아니다. 남은 게 하나 더 있다. 이게 우리에겐 문학양식을 따지는 거보다 더 중요할지도 모른다. 그것은 구약성서 이야기들 중에 현대인의 건전한 상식과 보편적 양식으로 믿어지지 않는 이야기를 어떻게 읽을 것인가 하는 문제다. 성서에서 바다가 갈라졌다고 말하면 진짜 갈라졌다고 믿을 것인가? 태양이 멈췄다고 하면 정말 멈췄다고 믿어야 하나? 그게 과학적으로 뭘 의미하는지 알면서도? 물에 빠졌던 도끼가 물 위로 떠올랐다고 하면 그랬다고 믿고 '나도 한 번 해볼까?' 하며 시험해 봐야 할까? 사람이 물고기 뱃속에 들어가서 사흘 동안 있다가 살아서 나왔다고 하면 그걸 그대로 믿어야 하는가 말이다.

　제2차 세계대전 이후 대략 1970년대까지 윌리엄 올브라이트 (William F. Albright)와 그 학파가 주도한 미국 성서고고학계의 흐름은 고고학 발굴을 통해 성서설화의 역사성을 확인하는 것이었다. 누지(Nuzi)에서 발굴한 자료들을 아브라함을 비롯한 이스라엘의 조상들의 이야기와 비교해보니까 유사한 점이 많더라, 힉소스(Hyksos)라고 불리는 가나안 출신 족속이 한동안 이집트를 지배한 걸 보니 요셉의 후손들이 이집트에 자리 잡고 살았다는 것이 사실일 수 있겠더라, 기원전(BCE) 13세기경에 가나안의 여러 도시들이 불타고 파괴된 흔적이 많더라, 특히 여리고를 파보니 완전히 파괴된 층이 있던 걸 보니 출애굽한 이스라엘이 가나안을 정복했다는 성서의 내용이 역사적 사실이더라는 등의 이야기 말이다. 그럴듯하지 않은가? 안 그래도 믿고 싶고 또 믿어야 하는데 그걸 뒷받침해주는 이른바 '증거'가 발굴됐다니 어찌 흥분하지 않을 수 있었겠는가. 상당히 삐딱하고 비판적인 시각을 갖고 있던 학자들도 이런 발굴에 영향을 받지 않을 수 없었다. 훨씬 이전에 이루어진 이 발굴들이 20세기 중반에 크게 유행한 건 성서고고학의 조상이라고 불리는 올브라이트 덕분이었다. 오랫동안 구약성서 개론서로 널리 쓰였던 버나드 앤더슨(Bernard Anderson)의 《구약성서의 이해 *Understanding the Old Testament*》가 올브라이트 계열의 개론서다. 지금 이 책을 개론교과서로 쓰는 신학교는 거의 없지만 말이다.

지금은 구약성서학과 고고학이 분리되어 각자의 길을 가고 있다. 고고학이 이젠 더 이상 구약성서의 내용이 역사적 사실임을 입증하려는 학문이 아니란 이야기다. 현재도 고고학자들, 특히 이스라엘의 고고학자들 중엔 이데올로기적 성향을 가진 사람들이 있지만 과거에 비하면 고고학은 성서학에서 독립됐다고 볼 수 있다. 고고학 연구결과가 구약성서의 진술과 일치하지 않아도 별로 놀랍지 않다. 구약성서가 사진 찍듯이 사건을 벌어진 그대로 전달하지 않는다는 게 이젠 상식이 됐기 때문이다. 구약성서의 저자(수집자, 편집자, 설화자를 모두 포함해서)는 사건현장에 직접 나가서 눈으로 목격하고 보도하는 기자가 아니다. 기자도 개인이든 언론사든 특정 관점을 갖고 보도한다. 엄정하게 중립적이지는 않다는 거다. 하물며 성서 저자야 말해서 뭐 하겠나. 그렇다고 성서 저자가 거짓말을 하거나 없는 얘길 꾸며냈다는 뜻은 아니다. 다만 그들이 특정한 관점을 갖고 벌어진 사건을 해석해서 서술했다는 점은 분명하다. 그 과정에서 사건의 역사적 사실성과 정확성을 무시하는 경우도 없지는 않았다는 거다.

6

구약성서를 제대로 읽으려는 사람을 방해하는 것은 고고학이니 역사성이니 하는 '큰 이야기'가 아니라 현대인의 건전한 양식과 일반적인 상식으로 이해할 수도 없고 받아들일 수도 없는 '작은 이야기'를 어떻게 읽을 것인가의 문제다. 예컨대 뱀과 사람이 얘길 나눈다거나(창세기 3장)나, 돌도끼가 물 위로 떠올랐다거나(열왕기하 6:6)나, 태양이 멈췄다거나(여호수아 10:13) 그게 열 칸 뒤로 갔다거나(열왕기하 20:11), 사람이 물고기 뱃속에서 며칠 동안 살아 있었다거나(요나 2장) 하는 이야기처럼 동화나 우화로 보이는 이야기들을 어떻게 읽어야 하는가 말이다. 어렸을 땐 이런 이야기가 흥미진진하고 신기했다. 하지만 어른이 됐어도 그렇다면 그는 병원에 가봐야 할 게다. 요즘은 아이들도 이런 얘긴 믿지 않는데 그런 이야기를 구약성서는 사실인 것처럼 이야기하고 그걸 믿으라고 '강요'하니 이를 어찌해야 할까?

상식으로나 과학으로나 말이 안 되니 내버려야 하나? 아니면 하느님은 못 하시는 게 없으니 글자 그대로 믿어야 하나? 그것도 아니면 '지나치게' 말이 안 되는 건 내버리고 '적당히' 말이 되는 건 믿어야 하나? 그럼 어떤 것이 '지나치게' 말이 안 되고 어떤 것이 '적당히' 말이 되는지는 누가, 어떤 근거로 결정할 수 있나? 상식에 어긋난다고 다 내버리면 남는 게 뭘까 하는 걱정도 되고 글자 그대로 믿는다는 게 어떻게 믿는 것일까 하는 의문도 든다. 똑같은 일이 지금도 일어날 수 있다고 믿으면 글자 그대로 믿는 걸까? 내 상식에 어긋난다고 내버린다는 건 나를 하느님 위에 두는 오만한 태도가 아닐까 싶은 걱정도 살짝 든다.

과문(寡聞)해서인지 이 문제를 정면으로 다룬 글을 아직 못 봤다. 서구의 성서학자들 중에는 드러내놓고 그런 건 믿지 않는다고 선언한 학자들은 많이 봤다. 그 중에는 자기 입장을 장황하게 설명한 경우도 있지만 그런 건 일고(一顧)의 가치도 없다고 말한 경우가 더 많다. 나는 위에서 예로 든 이야기들이 역사적 사실이라고 믿지 않는다. 그러고도 어떻게 목사노릇 하냐고? 맞다. 그러고도 아직까지 목사노릇 하고 있고 앞으로도 할 거다. 나는 이 문제에 대해선 침묵하지 않았다. 필요할 때마다 몇 번이나 그런 이야기들을 역사적 사실로 믿지 않는다고 이야기해왔고 앞으로도 그렇게 할 것이다. 하지만 나는 이런 이야기들을 말도 안 되는 거짓말이라고 치부하고 내버려야 한다고 생각하진 않는다. 나는 이렇게 생각한다.

구약성서 시대 사람들은 '하느님은 모든 걸 할 수 있다'라고 철석같이 믿었다. 그걸 '전능'이라는 학문적 용어로 표현하면 현실감이 떨어지지만 좌우간 하느님은 못 하는 게 없다고 그들이 믿었던 건 확실하다. 하느님은 뭐든지 하실 수 있다. 도끼를 물에 띄울 수도 있고 태양을 멈추거나 뒤로 물릴 수도 있다. 사람 손을 빌리지 않고 성을 무너뜨릴 수도 있고 천사들을 시켜서 185,000명의 군인들을 하루 밤에 몰살할 수도 있으며 (열왕기하 19장) 홍해를 가를 수도 있다 (출애굽기 15장). 그들은 그렇게 믿었다.

하지만 나는 그렇게 믿지 않는다. 구약성서 시대에 정말 그런 일이 일어났는지 나는 모른다. 그 시대에 살지 않았으니 그걸 확인할 방법은 없다. 그런 걸 확인하지 않고 믿기는 어렵다. 안 그런가? 유일한 '증거'는 구약성서가 그렇게 말한다는 사실이다. 그 얘길 있는 그대로 믿는다고 말하는 사람들이 내놓을 수 있는 증거도 그게 전부다. 구약성서가 그렇게 말한다는 거 말이다. 바다가 갈라졌음을 '증명'하는 증거로 성서 이야기 외에 다른 증거를 내놓은 사람은 없다. 안 그런가? 성서 외에 이야기의 사실성(factuality)을 증명할 증거는 그 어디도 없다. 그런 일들을 합리적으로 설명하려는 노력이 과거엔 있었지만 지금 그런 사람은 없다. 극소수의 변증론자를 제외하면 말이다. 나는 그런 일들이 '오늘도' 일어날 수 있다고 믿지 않는다. 그래서 '과거에' 그런 일이 일어났다고도 믿지 않는다. 지금 일어날 수 없는 일이 과거엔 일어났으리라고 믿을 수 없다.

내가 이런 걸 믿지 않는 더 중요한 이유가 있다. 그것은, 그런 일들이 일어났다고 믿었던 사람들이 갖고 있던 하느님에 관한 생각(이른바 '신관')에 내가 동의하지 않는 부분이 많기 때문이다. 나는 그들과는 많은 면에서 다른 신관과 세계관을 갖고 있다. 그 시대 사람들이 갖고 있던 신관은 철저하게 '종족주의'(tribalism) 신관이다. 자기들 신은 자기들만 위한다는 신관 말이다. 그들에겐 '보편주의'(universalism)라는 개념 자체가 없었다. 그런 생각은 구약성서 시대 후기에 와서 비로소 생겨났고 그 이후에 확산됐다. 그 이전까지 신은 만인을 위한 신이 아니라 철저하게 그 신을 믿는 자들만을 위한 신이었다.

위에 열거한 이른바 '기적'들이 왜, 무엇 때문에 일어났는지 따져 보는 것도 도움이 되겠다. 그런 일들은 철저하게 자기들만을 위해서, 원수에게 피해를 주고 그들을 멸절시키기 위해서 일어났다는 것 아닌가. 이스라엘로 하여금 아모리 족속을 더 죽이게 하려고 태양이 멈췄고, 히스기야에게 하느님에 대한 확신을 주려고 태양이 뒷걸음질을 쳤다는 거다. 나는 이런 신관을 도저히 받아들일 수 없고 그 시대 사람들과 그것을 공유하고 싶은 마음이 눈곱만큼도 없으며 그런 신관을 기반으로 하는 이야기들을 믿을 수도 없다.

그럼 어쩌자는 거냐고? 나는 그 이야기들이 기초하고 있는 신관이 어떤 것인지를 '이해'한다. 그 신관이 갖고 있는 시대적 한계 역시 '이해'한다. 그 신관이 그들 세계관의 일부임도 '이해'하고 둘이 어떤 관계인지도 '이해'한다. 그러나 나는 거기 '동의'하지는 않는다. 나는 그들과 같은 세계관을 갖고 있지 않다. 그럴 수도 없고 그렇게 하고 싶지도 않다. 그 가운데는 내가 동의하는 부분도 있지만 동의하지 않는 부분이 더 많다. 이해할 수도 없고 동의할 수도 없는 것을 믿을 수는 없다. 누구나 그렇다. 그렇지 않은가?

나는 모든 사람을 하느님 나라 잔치자리에 초대하신 예수 그리스도와 그분의 하느님을 믿는 믿음을 갖고 이 책을 쓴다. 곧 종족신이 아니라 보편적인 하느님을 믿는 사람으로서 이 책을 쓴다. 그러니까 나는 보편적인 하느님을 믿는 사람으로서 종족적 세계관과 종족신관의 기반 위에서 쓰인 구약성서 이야기들을 읽는다는 말이다. 이 작업은 우선적으론 구약성서의 이야기가 종족신관의 틀 안에서 어떤 의미와 기능을 갖는지를 살펴보는 거다. 그 후에야 비로소 그 이야기들을 현재 우리가 갖고 있는 보편적 신관의 시각으로 읽으면 어떤 의미를 갖는지를 묻는 것이 옳다고 생각한다.

그럼 이제 시작해보겠다.

1장

선악과와 갑질하는 하느님

야훼 하느님이 사람에게 명하셨다. "동산에 있는 모든 나무의 열매는 네가 먹고 싶은 대로 먹어라. 그러나 선과 악을 알게 하는 나무의 열매만은 먹어서는 안 된다. 그것을 먹는 날에는 너는 반드시 죽는다"(창세기 2:16-17).

You may freely eat of every tree of the garden; but of the tree of the knowledge of good and evil you shall not eat, for in the day that you eat of it you shall die.(같은 곳, *Revised Standard Version*)

대답하기 어려운 질문들

선악과 이야기를 설명하기 위해 얼마나 많은 성서학자들이 땀과 에너지를 쏟아 부었을까? 종이와 잉크는 또 얼마나 사용됐을까? 헤아릴 수 없이 많은 노력과 계산조차 안 될 정도의 재화가 이 이야기를 설명하는 데 부어졌다. 그런데 과연 그럴 가치가 있었을까? 그만한 노력과 물자를 쓸 만큼 가치 있는 이야기일까?

이렇게 말하면 대다수의 구약학자들과 목사들은 '당연하지!'라고 대답할 거다. 그 이상이라고 말할지도 모른다. 이 이야긴 하느님과 사람 사이의 관계의 본질에 관한 이야기이고 세상에 만연한 죄악의 근원을 설명하는 이야기이므로 무슨 수단을 써서라도 의미를 파악해야 한다고 주장할 거다. 정말 그럴까? 그게 사실이라면 왜 구약성서에서 선악과 이야기는 오로지 여기만 등장할까? 그렇게 중요하면 반복해서 이야기하고 또 이야기해서 사람들 뇌리에 단단히 새겼어야 하지 않나? 이 이야기가 고대 중동지역의 문헌에 한 번도 나오지 않는다는 건 그럴 수 있다고 하더라도 구약성서에도 창세기 2-3장 외에는 단 한 번도 등장하지 않는다는 사실은 이해하기 힘들다. 안 그런가?

이상한 점은 이게 전부가 아니다. 선악과 이야기는 대답하기 어려운 질문들을 던진다. 하느님은 왜 에덴동산에 선악과나무라는 걸 갖다 뒀을까? 그걸 왜 눈에 잘 띄는 동산 '한 가운데'에 갖다 둔 걸까? 이런 사실만 보면 하느님께서 정말 아담과 하와가 그걸 먹지 않길 바랐는지도 헷갈린다. 먹지 않길 바랐다면 왜 하필 동산 '한 가운데' 갖다 뒀는가 말이다. 창세기 22장 1절은 하느님이 아브라함더러 이삭을 제물로 바치라고 지시했을 때 그 이유가 그를 '시험'하기 위해서였다고 밝힌다. 여기서도 하느님은 사람을 시험하려 했던 걸까? 그렇다면 하느님은 그들이 그걸 따먹으리란 걸 몰랐다는 얘긴데 전지전능한 분이 어떻게 그럴 수 있나 하는 생각이 드는 게 당연하다. 뱀은 그걸 먹으면 그들의 "눈이 밝아져서 하느님처럼 선과 악을 알게 될 줄" 어떻게 알았을까? 지시를 직접 받은 아담도 모르는 사실을 말이다. '선악과'의 정식이름은 '선과 악을 알게 하는 나무 열매'다. 그걸 먹으면 선과 악을 구별할 수 있게 된다는 뜻일 게다. 그렇다면 그걸 먹지 말라고 지시한 하느님은 사람이 선과 악을 구별하는 걸 원치 않았을까? "그것을 따먹는 날 너는 반드시 죽는다"는 말은 왜 그대로 실현되지 않았을까? 아담이 선악과를 먹은 당일에 죽지 않고 930세까지 살았다니 하는 말이다.

이 밖에도 떠오르는 질문들은 많지만 텍스트는 거기에 직접 대답하지 않는다. 그럼 교회라도 대답했어야 하는데 거기도 여기서 '원죄' 교리를 끄집어낸 것 외엔 제대로 대답하지 못했다. 많은 성서학자들이 애써 답을 내놓았지만 누구의 학설도 정설이 되지 않았다. 선악과 이야기는 여전히 수수께끼로 남아 있다.

답이 없는 인생의 수수께끼

선악과 이야기를 읽으면 욥이란 인물이 떠오른다. 언뜻 보기에 둘은 별 관련이 없는데 왜 그런 걸까? 두 이야기 모두 중대한 신학적 질문을 던져놓고 대답하지 않기 때문이다. 구약성서 지혜문학에 속하는 욥기는 '의로운 사람이 왜 고통을 당하는가?'라는 문제를 다룬 책이라고 말들 한다. 하느님은 왜 의로운 욥이 부당하게 고통당하게 그냥 내버려 두냐는 거다. 이를 어려운 신학용어로 '신정론'(神正論 theodicy)이라고 부른다. 오랫동안 욥기는 의로운 사람이 이유 없이 당하는 고통에 대한 책으로 이해되어왔다.

그런데 요즘은 '보상 없이 하느님을 믿을 수 있을까?'가 욥기의 주제라고 말들 한다. 욥기의 주제는 1장 9절에서 사탄이 하느님에게 던진 물음, "욥이 아무것도 바라는 것 없이 하느님을 경외하겠습니까?"에 담겨 있다는 거다. 즉 욥기는 욥이 당하는 고난이 주제가 아니라 그걸 소재로 전개되는 문제, 곧 보상을 바라지 않고 하느님을 믿는 게 가능한지를 묻는다는 얘기다.

경건하고 순종적이던 욥은 3장부터 불손하고 저항적인 인물로 돌변한다. 세 친구는 그를 위로하러 왔지만 그가 보이는 신성모독적인 태도에 분노하여 그를 위로하려던 마음을 접고 욥을 판단하고 정죄하기 시작한다. 그들은 욥이 고통당하는 이유를 그가 저지른 죄와 불순종 때문이라고 말한다. 하느님이 사람을 이유 없이 벌할 리 없으니 욥이 무슨 죄를 지었는지 생각해보고 회개하라고 다그친다. 하지만 욥은 한 치도 물러서지 않고 자기는 이런 고통을 당할만한 죄를 짓지 않았다고 주장한다.

양편의 대결이 접점을 찾지 못하고 평행선을 달리자 욥은 제3자를 재판관으로 세우고 싶어 한다. 하지만 누가 재판관이 될 수 있겠나, 그럴만한 분은 하느님 밖에 없지 않은가! 이 재판에서 하느님은 동시에 피고이기도 하다. 욥이 거는 소송의 대상이 다름 아닌 하느님이니 말이다. 그런데 하느님은 이 법정에서 판단을 내려야 하는 재판관이기도 하다. 그러니 이를 어쩌란 말인가. 진퇴양난, 막다른 골목에 몰린 욥은 하느님에게 통사정한다. 제발 자기를 힘으로 누르려 하지 말고 공정하게 판단해 달라고 말이다. 하지만 하느님이 재판관이자 동시에 피고인 재판은 공정할 수 없다는 사실을 욥도 이미 알고 있다.

나중에 노령(?)의 세 논객이 제대로 논쟁하지 못하는 걸 보다 못한 엘리후란 청년이 논쟁에 끼어들지만 대세를 바꾸진 못하고 슬그머니 사라진다. 다음엔 누가 등장할 차례인가? 남은 건 하느님 밖에 없다. 이야기 흐름으로도 하느님이 등장해서 욥의 질문에 대답할 차례다. 과연 그랬다. 하느님이 등장했다! 하느님은 폭풍우 속에서 "네가 누구이기에 무지하고 헛된 말로 내 지혜를 의심하느냐? 이제 허리를 동이고 대장부답게 일어서서 묻는 말에 대답해 보아라"라고 외치며 드디어 모습을 드러내셨다.

얘길 듣는 사람이 집중할 수밖에 없다. 왜 착한 사람이 고난을 당하는지, 보상 없이도 하느님을 잘 믿는 게 가능한지에 대한 길고 긴 논쟁에 결론이 내려질 분위기이니 말이다. 이 문제는 욥과 친구들만의 문제가 아니라 우리 모두의 문제가 아니던가. 그런데 장장 네 장(38-41장)에 걸쳐 이어지는 하느님의 연설을 귀 기울여 들어봐도 질문에 대한 답이 없다! 있는 것이라곤 하느님이 삼라만상을 다스리고 운행하느라 얼마나 바쁜지, 세상에는 사람의 생각과 지혜와 지식이 닿지 않는 영역이 얼마나 많은지, 세상에서 날뛰는 악인들(베헤못과 레비아단으로 상징되는)을 다 쓸어버리고 싶어도 당신은 못하니

"네가 할 수 있으면 그렇게 해보라!"는 이야기뿐이다. 이게 어찌 된 일인가?

지혜문학을 전공한 많은 학자들이 야훼의 연설에서 의인이 고난 당하는 까닭과 보상 없이도 믿을 수 있는 가능성에 대한 답을 찾으려고 오랫동안 애써왔고 다양한 답을 내놨지만 만족스럽지 않았다. 나도 거기서 답을 찾으려고 애써봤다. 전문가들의 책도 많이 읽었다. 하지만 나 역시 헛심만 썼지, 답을 찾지는 못했다. 한땐 욥기에 꽂혀서 욥기로 설교도 많이 하고 성서공부도 했다. 논문제출 자격시험도 지혜문학을 택해서 봤다. 이렇듯 할 만큼은 해봤지만 욥기의 질문에 대한 대답은 여전히 오리무중이다.

욥기엔 본래부터 답이 없는 게 아닌가 싶기도 하다. 그것은 어차피 답이 없는 인생의 수수께끼이므로 굳이 답을 찾으려 하지 말아야 할지 모른다. 이 세상엔 이유 없이 고난당하는 착한 사람들이 많고 많은데 어찌 일일이 그에 대해 답할 수 있겠나 말이다. 보상 없이 하느님을 믿을 수 있냐고? 누가 있다거나 없다고 대답할 수 있을까? 있다고 해서 없다고 믿는 사람을 설득해서 하느님을 잘 믿게 할 수 있을까? 없다고 해서 하느님을 잘 믿고 사는 사람을 꼬여서 타락하게 만들 수 있을까? 이런저런 이유로 착한 사람도 이유 없이 고통을 당할 수 있다고 말한들 그게 당사자에게 무슨 위안이 되겠나? 차라리 당신처럼 착한 사람이 고통당하는 건 하느님과 무관한 일이라고 말해주는 게 더 큰 위로가 되지 않을까? 이래서 욥기는 스스로 제기한 질문에 답을 주려는 게 아니라 문제를 바라보는 시각을 넓혀주고 다른 관점에서 문제를 보게 만드는 게 목적일 수 있겠다 싶은 것이다.

'무조건적'이고 '막무가내'인 하느님

다시 말하지만 선악과 이야길 읽으며 욥기를 떠올린 이유는 둘 다 질문만 던져놓고 답을 주지 않는 공통점 때문이다. 그나마 욥기는 답처럼 보이는 것을 제공한다. 하느님의 연설에 그 비슷한 게 들어 있다. 꼼꼼히 읽으면 그게 답이 아님을 알게 되지만 말이다. 선악과 이야기에는 그것조차 없다. 거기서는 답해야 할 질문이 뭔지도 분명치 않다. '악의 기원'에 대한 것이라고 말들 하지만 정말 그럴까? 그렇다면 이 이야기는 악의 기원에 대해 어떤 대답을 주는가? 뱀이 악의 기원인가? 아니면 뱀의 유혹에 넘어간 여자가 그런가? 여자가 하자는 대로 따라 한 남자가 악의 기원인가? 아니면 선악과나무를 동산 한 가운데 갖다 둔 하느님의 책임을 물어야 하나? 그도 아니면 모두의 합작품인가? 이것들 중 어느 것도 답이 아닐 수 있고 모두가 답일 수도 있다. 하지만 악의 기원을 규명한들 악의 문제를 해결할 수도 없고 악을 없앨 수도 없으니 답을 찾은들 무슨 소용인가? 악이란 것이 기원을 안다고 해서 해결할 수 있는 게 아니니 말이다.

그래서 선악과 이야기는 악의 기원을 포함해서 문제에 답을 주는 것은 아니란 생각이 든다. 그렇다면 우리는 선악과 이야기를 근본적으로 잘못 읽어온 거다. 그게 말하려는 것과 아무 상관도 없는 문제에 대한 답을 거기서 찾으려 했던 게 아닐까? 이 이야기에는 하느님이 선악과나무를 에덴동산에 갖다 둔 이유나 하필 그걸 동산 한가운데 둔 이유, 사람이 그걸 따먹으리란 걸 하느님이 알았는지 여부, 선악을 안다는 게 무슨 뜻인지, 왜 하느님은 사람이 선악을 아는 걸 원치 않았는지 등의 물음에 답하려는 의도가 처음부터 없었던 게 아닌가 말이다. 성서는 내가 궁금해 하는 물음에 답을 줘야 하는 책이 아니다. 알고 싶은 걸 다 알게 해주는 백과사전은 더더욱 아니다. 그런데 우린 그렇게 오해하고 있지 않냐는 말이다. 이 이야기가 말하려는 게 대체 뭘까?

이 이야기의 하느님은 '무조건적'이다. '막무가내'라고 말해도 될 정도로 일방통행식이다. 하느님은 선악과를 먹지 말라고 지시하면서 왜 그래야 하는지는 설명하지 않는다. 왜 그래야 하는지를 설명해준 것은 뱀이다. 뱀은 선악과를 먹으면 하느님처럼 된다고 하와를 유혹했는데 그 대목에는 정말 그걸 먹으면 하느님처럼 된다는 이야기가 없다. 그것은 일이 벌어진 후에 하느님이 그렇게 말했기에 확인되지만 정작 아담이 하느님에게 지시를 받았던 때는 왜 그걸 먹으면 안 되는지 몰랐다. 그들이 아는 것은 선악과를 먹으면 안 된다는 사실뿐이다. 그래야 하는 이유는 설명되지 않았다. 이 사실이 야훼 유일신 신앙에서 중요하다.

고대 중동지역에는 이집트와 메소포타미아라는 두 개의 중심이 있었는데 그들의 종교는 '거의' 예외 없이 다신교였다. 두 가지 예외가 있었는데 첫째는 기원전 14세기 아마르나 시대 이집트의 파라오 아케나텐의 종교다. 그는 이집트에선 전무후무하게 유일신을 믿었다. 그것이 그의 통치기간을 넘기지 못하고 사라졌지만 말이다. 그의 후임왕은 선왕의 종교를 버리고 다신교로 돌아갔을 뿐 아니라 선왕과 관련된 모든 이야기를 역사 기록에서 지워버렸다. 선왕의 시기를 '암흑시대'로 봤기 때문이다.

둘째는 이스라엘의 야훼 유일신 종교다. 그게 처음부터 확고한 유일신교는 아니었다. 그렇다고 해서 그게 다신교에서 유일신교로 '발전'해가지도 않았다. 그것은 다듬어지지는 않았지만 처음부터 하나의 유일신 종교였던 거다. 다신교와는 근본적으로 다른 점이 있었다는 이야기다. 우리에겐 다신교보다 유일신교가 더 친숙하지만 구약성서 시대에는 그렇지 않았다. 중동 전역에서 다신교가 지배적이었고 유일신교는 이 두 경우가 전부였다.

다신교는 신이 여럿 있다고 믿는 종교이고 일신교는 신이 하나라고 믿는 종교다. 하지만 둘의 차이는 신의 숫자가 전부가 아니고 그보다 훨씬 넓고 깊다. 다신교는 또 둘로 갈라지는데, 하나는 여러 신들이 존재하지만 한 특정지역은 특정한 한 신이 다스린다고 믿는 갈래이고, 다른 하나는 한 지역에 여러 신들이 존재해서 각각의 신이 많은 기능을 수행하며 다스린다고 믿는 갈래다. 두 종족이 전쟁을 벌였다면 그 중에서 승리하는 편의 신이 패배한 편의 신을 수하에 거느리게 된다. 이때 패배한 편 주민들은 그들이 섬기던 신을 버리고 승리한 편의 신을 섬기게 된다. 이것이 첫째 갈래의 보기라면 두 번째 갈래는 한 지역에 농사를 관장하는 신과 다산(多産)을 주관하는 신이 따로 있으며 그 밖에 여러 가지 기능을 주관하는 신들이 따로 있어서 사람들은 그 필요를 채워주는 신에게 빌면 되었다.

　다신교와 유일신교는 신의 성격도 다르다. 다신교에서는 믿어왔던 신이 제 기능을 못하면 그를 버리고 다른 신을 믿는 게 예사다. 그게 자연스럽다. 앞에서 말한 전쟁의 예에서 보듯이 자기들을 보호해주던 신이 다른 신에게 패배하면 아무리 오랫동안 그를 믿어왔다 해도 주저 없이 버리고 다른 신에게로 옮겨갔다. 자기들을 보호해야 할 신이 전쟁에서 졌는데도 불구하고 그를 고집할 이유가 없었던 거다. 한편 다양한 신들이 각각의 역할과 기능을 담당한다고 믿는 다신교에서는 특정한 한 신에게 배타적으로 충성할 이유가 없었다. 필요와 목적에 따라서 적절히 충성심을 배분하면 됐던 거다. 농사를 지을 때는 농경의 신에게 제사를 바치고 자식을 낳고 싶으면 다산의 신에게 제물을 바치며 먼 길을 떠날 때는 여행을 관장하는 신에게 제사를 드리면 됐다. 그 어느 신도 배타적인 충성을 요구하지 않았으니 사람 편에서도 그럴 이유가 없었다.

　하지만 유일신교에서는 완전히 이야기가 달라진다. 유일신은 믿는 사람에게 '모든 것'을 원한다. 전적인 충성과 배타적인 헌신을 요구한다. 충성을 바칠 다른 신이 없기 때문이기도 하지만 그보다는 유일신의 성격 때문이다. 유일신교에서 신은 다른 신들과 각축할 이유가 없다. 경쟁상대가 없기 때문이다. 거기에도 '낮은 신들'(lesser gods)이나 '천사들'이 있지만 그들의 권한은 유일신의 그것과는 비교할 수도 없다. 또한 유일신은 다신교에서 여러 신의 역할과 기능을 모두 갖고 있는 절대적인 존재다. 그러니 전적인 충성과 배타적인 헌신과 사랑을 기대할 수밖에 없다. 파이를 나눠줄 신이 없으니 혼자 가질 수밖에.

유일신은 믿는 사람들에게 전적인 충성과 헌신뿐 아니라 전적인 '신뢰'도 요구한다. 곧 무조건 믿으라는 것인데 이게 바로 유일신교의 핵심이다. 여기서는 속된 말로 묻지도 따지지도 말고 유일신을 믿어야 한다. 믿음직하지 않아도 무작정 믿어야 한다. 믿어야 하는 이유도 모르고 믿을만한 행동을 하지 않아도 무조건 믿어야 한다. 무슨 일이 벌어져도, 설령 믿는 자에게 불리한 일이 벌어져도 신뢰를 버리지 말아야 한다. 왜냐하면 유일신이니까! 신이라고는 유일신밖에 없고 나머지는 모두 상대도 안 되는 작은 신이거나 거짓 신이니까! 게다가 유일신은 사람이 헤아릴 수 없을 정도로 넓고 높고 깊으니까! 다신교에는 신의 신비(mystery)라든지, 알 수 없는 신 (unknowable God)이라든지, 숨은 신(hidden God)이라든지, 붙잡을 수 없는 애매한 현존(Elusive Presence - 사무엘 테리엔의 구약신학서 제목) 같은 개념이 없다. 그것들은 오직 유일신교에만 있는 개념이고 거기서만 의미 있는 사상이다.

우리가 믿는 하느님은 '수퍼갑' 유일신 야훼인가?

선악과 이야기에서 하느님은 유일신이다. 여기서 하느님은 아담과
하와가 선악과를 따 먹은 걸 뒤늦게 알았고 선선한 바람이 부는 저
녁에 동산을 산책하는 등 사람인 것처럼 묘사됐지만 그분은 아담과
하와에게 배타적인 충성과 전적인 신뢰를 요구한 유일신이다. 그런
데 첫 사람들은 이 하느님의 지시를 어겼다. 그분의 말을 전적으로
신뢰하지 않았던 거다. 욥기가 사람이 이해할 수 없는 창조세계의
신비한 질서를 이야기하면서 이유 없이 고난당해도 무조건 하느님
을 신뢰하라고 말하는 것처럼, 그리고 유일신을 믿고 신뢰하는 것
은 보상여부와는 상관없다고 말하는 것처럼 선악과 이야기는 그걸
먹지 말라는 하느님의 지시는 무조건 지켜졌어야 했다고 말한다.

전에는 이 이야기가 첫 사람들이 하느님에 대한 신뢰를 버리고
선악을 아는 지식을 취한 이야기로 이해됐다. 이유도 밝히지 않은
채 무조건 선악과를 먹지 말라고 하는 전적인 신뢰의 요구를 선악
과를 먹으면 얻게 될 지식에 대한 욕망과 맞바꾼 이야기라고 말이
다. 하지만 나는 이 이야기가 교환에 대한 이야기는 아니라고 본다.
왜냐하면 그렇게 해서 얻은 선악을 아는 지식에 대한 이야기가 거
의 없기 때문이다. 그보다는 유일신 하느님이 사람에게 묻지도 따

지지도 않는 전적인 신뢰를 요구했지만 사람이 그것을 거부한 이야기로 읽는 게 옳다고 본다.

한 마디만 덧붙이면, 이 이야기가 전적인 신뢰와 배타적인 헌신에 관한 이야기라고 해서 이것을 '반계몽주의'를 조장하는 이야기로 읽는 건 옳지 않다. 묻지도 따지지도 않고 신뢰한다는 말은 곧 두뇌 사용을 멈추란 말이 아니다. 신앙을 지성적으로 이해하고 납득하려는 태도를 버리란 뜻도 아니다. 지성을 포기하라는 것이 아니라 하느님을 전적으로 신뢰하라는 말이다. 우리는 신앙에 대해 물어야 할 것은 물어야 한다. 신앙은 질문할수록 깊어진다. 묻고 또 물어도 하느님 신비의 바닥에 이를 수 없는데 그나마 묻지도 않는다면 뭘 알 수 있겠는가? 신앙에 있어서 이해와 신뢰는 상호배타적이지 않다. 신앙의 세계에서는 이해가 신뢰로 인도하고 신뢰가 이해를 깊게 해준다.

이 장 제목이 '갑질하는 하느님'이다. 요즘 유행하는 '갑질'이란 말이 그리 고상하진 않지만 내용에 어울린다고 여겨서 그 말을 사용했다. '갑질'은 쌍방 간의 계약에서 우월한 위치에 있는 사람을 가리키는 '갑'이란 말에 '행동'을 가리키는 속된 표현인 '질'을 붙여서 만들어진 말이다. 우월한 위치에 있는 쪽이 열등한 위치에 있는 쪽을 함부로 대할 때 '갑질'이란 말을 쓴다.

선악과 이야기는 하느님이 갑질한 이야기다. 왜 선악과를 먹으면 안 되는지 이유를 알려주지도 않고 그냥 먹지 말라고 한 이야기이기 때문이다. 갑이 이렇듯 갑질을 했지만 을인 아담, 하와, 뱀은 꼼짝없이 그 갑질을 감수해야 했다. 하느님의 행위가 추악하고 비열하다는 이야기는 아니지만 하느님이 수퍼갑으로서 절대 권력을 행사한 건 부인할 수 없다. 그분은 자신이 왜 그런 생각을 하고 그런 계획을 세우고 그렇게 행동하는지를 누구에게 설명할 필요도 없고 동의를 얻을 필요도 없다. 바로 이런 존재가 유일신이다. 다신교의 신들은 이렇게 못한다. 그들에겐 그런 권위가 없다.

그렇다면 유일신을 믿는 사람은 찍소리도 하지 말고 유일신이 하라는 대로 복종해야 할까? 묻지도 따지지도 말고 도살장에 끌려가는 소처럼 죽은 듯이 따라야 하나? 그렇지는 않다. 유일신이 매사에 원칙도 계획도 없이 기분 내키는 대로 행동하는 게 아니라 다신교의 신들보다 더 원칙적이고 더 계획적으로 행동하기 때문에 유일신을 믿는 사람은 하느님의 원칙과 계획이 뭔지를 탐구하고 또 탐구해야 한다. 구약성서의 유일신은 인격적인 하느님이므로 소통이 가능하다. 그러니 우리는 유일신 하느님이 사람의 역사에 어떤 계획을 갖고 있고 어떻게 이끌어가시려는지를 묻고 또 물어야 한다. 하느님께서 그것을 사람과 나눌 의무는 없지만 말이다. 그래서 그리스도교에서 하느님의 '계시'는 '은총의 사건'이다. 출애굽기 19장 33절 말씀대로 "야훼는 은혜 베풀고 싶은 사람에게는 은혜를 베풀고 긍휼을 부어주고 싶은 사람에게는 긍휼을 부어주는 하느님"이다.

이게 무슨 하느님이냐고 생각할 사람도 있을 거다. 이런 '독재자' 같은 신을 왜 믿어야 하냐고 말이다. 믿기 싫으면 안 믿으면 된다.

다만 구약성서의 야훼가 이런 신이란 것은 분명한 사실이다. 그럼 지금 우리가 믿는 하느님은 구약성서의 수퍼갑 유일신 야훼인가? 나는 그렇지 않다고 생각한다. 우리가 믿는 신은 유일신과 다신교의 신들 중간 어디쯤에 있는 '어정쩡한' 신이다. 하느님에게 전적인 신뢰와 배타적인 충성을 바치지 않기 때문에 우리가 유일신을 믿는다고 말하기는 어렵다. 하지만 우리가 믿는 하느님이 구약성서의 하느님과 무관하진 않다. 왜냐하면 구약성서에서 야훼가 스스로 수퍼갑의 지위를 포기하고 굳이 안 했어도 될 행동을 함으로써 자신을 사람들과의 '관계' 속으로 밀어 넣었기 때문이다. 이것이 바로 하느님과 이스라엘 사이에 맺어진 '언약'(covenant)이다. 이에 대해서는 아브라함 얘기를 다룰 때 말할 기회가 있을 것이다.

2장

문명충돌? 아니, 원초적 살인의 추억!

언제부터 살인을 나쁜 짓으로 여겼을까?

《분노의 포도》와 《에덴의 동쪽》을 쓴 존 스타인벡은 이런 말을 했다. "이 열여섯 절(창세기 4:1-16)은 시대와 문화와 인종과 상관없이 모든 인류의 역사다." 그가 창세기 1-11장이 종족 분화 이전의 이야기임을 알았든 몰랐든 그는 창세기의 성격을 제대로 알았던 것 같다. 아담과 하와 이야기가 그렇듯 가인과 아벨 이야기도 개인 간의 사건 이야기가 아니라 인류 전체의 이야기다.

이 이야기는 고밀도로 압축되어 있다. 그만큼 상상력을 발휘할 여지가 많다는 뜻이다. 상상력을 발휘해서 빈 곳을 메워가지 않으면 읽을 수 없는 게 이 이야기다. 예를 들면 이런 것들이다. 왜 가인과 아벨은 야훼에게 제물을 바쳐야 했나? 신에게는 반드시 제물을 바쳐야 하는가? 그렇다면 그들은 그걸 어디서 누구에게 배웠나? 아담과 하와가 야훼에게 제물을 바쳤다는 얘긴 없지 않았나? 왜 야훼는 아벨의 제물은 반겼고 가인의 제물은 반기지 않았을까? 아벨이 자기 제물을 야훼가 반겼다는 사실을 알았다는 말은 없는데 가인은 야훼가 자기와 자기 제물을 반기지 않았음을 어떻게 알았을까? 아벨의 제물은 제단에서 사라졌고 가인의 제물은 그대로 있었나? 왜 가인은 누군가가 자기를 죽일까 봐 두려워했을까? 가인의 아내는 어디서 나타났을까? 세상에는 아담, 하와, 가인, 아벨만 있는 걸로 되어 있는데 말이다. 언제부터 살인을 나쁜 짓으로 여겼을까? "살인하지 말라"는 계명은 훨씬 나중에 주어지지 않았나? 어떤 행위는 계명과 상관없이 본래 나쁘다고 인식됐던 건가?

이런 질문들에 대해서 가인과 아벨 이야기는 아무 대답도 내놓지 않는다. 그래서 학자들은 이 이야기가 본래는 복잡한 구성과 세부 내용을 가진 독립적인 이야기였는데 구약성서에 들어온 후 지금의 모양으로 축소됐다고 추측해왔다. 그렇게 추측할 근거가 그리 충분치는 않지만 말이다. 이 이야기뿐 아니라 전후 연결이 부자연스럽거나 설명 없는 빈 공간이 많은 이야기에도 비슷한 추측이 적용됐다. 하지만 이에 대한 반론도 만만치 않다. 앞의 추측대로 이야기가 다듬어졌다면 이해하기 어려운 내용은 이해하기 쉬워져야 하지 않나? 연결도 자연스럽지 않고 읽기도 어려운데 그걸 다듬어졌다고 말하는 게 맞는가 말이다. 따라서 그렇게만 볼 게 아니라 달리 볼 수도 있다고 생각된다. 곧 이 이야기는 처음부터 '의도적'으로 연결이 잘 안 되고 빈 공간이 많게 쓰였다고 말이다. 읽는 사람이 상상력을 발휘해서 연결이 안 되는 부분은 연결하고 빈 공간은 메워가면서 읽도록 본래부터 의도됐다고 말이다. 요즘엔 이런 글이 드물지 않다. '의도'가 지나치면 독해할 수 없겠지만 정도를 벗어나지 않으면 오히려 읽는 재미가 있을 수 있다. 요즘 저자들이 그렇다면 옛날 저자라고 해서 그런 의도로 쓰지 말란 법이 있겠나. 이 주장 역시 입증할 길은 없지만 말이다.

야훼가 그랬다면 그런 줄 알면 되는가?

작가 존 스타인벡이 한 말이 아니더라도 가인과 아벨 이야기는 꼼꼼히 읽어볼만하다. 우선은 해석을 붙이지 말고 문장을 따라가면서 읽어보자.

1절에선 이렇게 말한다. "아담이 자기 아내 하와와 동침하니 아내가 임신하여 가인을 낳았다. 하와가 말하였다. '야훼의 도우심으로 내가 남자 아이를 얻었다.'" 전반부엔 문제가 없다. 우리말로나 영어로나 히브리 원어로나 뜻이 분명하다. 그런데 후반부는 그렇지 않다. 하와는 "야훼의 도우심으로 내가 남자 아이를 얻었다"고 했다. 영어로도 "I have gotten a man with the help of YHWH." 로 되어 있어서 별 문제 없어 보이지만 히브리 원문을 직역하면 "내가 야훼와 더불어(with YHWH) 남자(a man)를 낳았다"가 된다. 영어와 우리말 번역은 하와가 야훼와 성관계를 갖는 걸 상상할 수 없어서 '도우심으로'라는 말을 덧붙였지만 원문에는 그런 말이 없다. 시작부터 곤혹스럽다. 전반부에선 아담과 하와가 동침했다고 해놓고는 왜 후반부에선 '아담과 더불어'가 아니라 '야훼와 더불어'라고 말할까? 자식은 부모의 결합을 통해 생겨나지만 궁극적으론 야훼의 창조물임을 강조하려는 뜻일까? '동침하다'는 행위를 표현할 때 구약성서가 '알다 to know'라는 동사를 사용한다는 점은 이젠 널리 알려져 있다.

2절은 이렇다. "하와는 또 가인의 아우 아벨을 낳았다. 아벨은 양을 치는 목자가 되고 가인은 밭을 가는 농부가 되었다." 텍스트는 하와가 누구와 동침해서 아벨을 낳았다고 적시하지 않는다. 아벨이 가인의 아우임이 당연해 보이는데 굳이 '가인의 아우'라고 해서 그 사실을 밝힌 이유는 뭘까? 둘 사이의 긴밀한 관계를 보여주고 싶었을까? 그렇게 긴밀한 관계인데도 불구하고 살인을 저질렀다는 말을 하려고 했을까? 그 뒤엔 둘의 직업을 밝힌다. 이 대목에 근거해서 이 얘기를 유목문화와 농경문화 사이의 갈등으로 보는 해석이 생겼다. 일종의 문화인류학적 해석인데 과연 이게 둘 사이의 기나긴 갈등의 기원을 밝히는 이야기일까? 그 답을 텍스트 안에선 찾을 수 없다.

3절은 "세월이 지난 뒤에 가인은 땅에서 거둔 곡식을 야훼께 제물로 바치고"라고 했다. '세월이 지난 뒤에'를 영어성서는 'in the course of time'이라고 번역했는데 애매한 표현이다. 세월이 얼마나 지났다는 말도 없고 뭘 하는 중인지도 밝히지 않으니 말이다. 히브리 원문을 직역하면 '마지막 날들에 at the end of days'라고 읽어야 한다. 이걸 농사에서 한 순환이 끝나는 시점으로 읽는 학자가 있는데 그게 더 그럴듯해 보인다. 뿌릴 때가 있으면 거둘 때가 있고 우기와 건기가 반복되는 것처럼 농경문화에서 시간은 순환적(cyclic)이니 말이다.

4절과 5절이 문제다. "아벨은 양 떼 가운데서 맏배의 기름기를 바쳤다. 야훼께서 아벨과 그가 바친 제물은 반기셨으나 가인과 그가 바친 제물은 반기지 않으셨다. 그래서 가인은 몹시 화가 나서 얼굴빛이 달라졌다." 이 구절에는 많은 문제가 있다. 위에서 말한 문제들 말이다. 양 치는 목자가 양을 제물로 바친 건 자연스럽다. 농부가 곡식을 제물로 바친 게 자연스러운 것처럼 말이다. 그런데 왜 야훼는 아벨과 그의 제물은 반겼고 가인과 그의 제물은 반기지 않았을까? 그냥 뚜렷한 이유도 없이 야훼 마음대로이니 묻지도 따지지도 말아야 하나? 야훼가 그랬다면 그런 줄 알면 되는가? 이래서야 무서워서 야훼께 제물을 바치겠나? 또한 왜 '가인이 바친 제물', '아벨이 바친 제물'이라고 말하지 않고 '가인과 그가 바친 제물', '아벨과 그가 바친 제물'이라고 했을까? 제물 바치는 사람과 제물은 둘이 아니라 하나란 뜻인가? 야훼가 제물을 '반겼다'는 말과 '반기지 않았다'는 말은 또 무슨 뜻일까? 반겼다는 말을 제물을 '받았다'는 뜻으로 이해할 수 있는데 그럼 왜 '받았다'고 하지 않고 '반겼다'고 했을까? 구약성서에 제물을 '받다'는 말이 흔한데 말이다. 이 이야기 전체의 의미가 이 부분에 달려 있다는 생각이 든다. 안 그런가? 하지만 이 대목은 전체에서 가장 빈 곳이 많은 부분으로 상상력이 절실하게 필요한 곳이기도 하다.

6절은 "야훼께서 가인에게 말씀하셨다. '어찌하여 네가 화를 내느냐? 얼굴빛이 달라지는 까닭이 무엇이냐? 네가 올바른 일을 하였다면, 어찌하여 얼굴빛이 달라지느냐?'"라고 읽는다. 우리말 성서가 '얼굴빛이 달라지는 까닭이 무엇이냐?'라고 번역한 대목을 영어성서는 'why has your countenance fallen?'라고 번역했는데 이는 히브리 원문을 직역한 것이다. 우리말로 직역하면 '왜 네 얼굴을 떨어뜨렸느냐?' 정도가 되겠다. 야훼가 제물을 반기지 않아서 가인이 얼굴을 떨어뜨렸다는 거다. 고개를 숙였다는 건데 이게 뭘 상징하는지에 대해서는 다양한 추측이 가능하다. 분노의 표현일 수도 있고 실망이나 좌절의 표현일 수도 있겠다. 다음으로 "네가 올바른 일을 했으면"과 7절에 나오는 "네가 올바르지 못한 일을 하였으면"(인용한 새번역 성서에는 조건절임이 분명히 드러나 있지 않다)이란 조건절도 문제다. '올바른 일'이나 '올바르지 못한 일'이 뭘 가리키는지 분명치 않다. 일반 윤리의 문제인지 제물 바치는 것과 관련된 문제인지가 분명치 않다. 마지막에 "어찌하여 얼굴빛이 달라지느냐?"는 지나친 의역이다. 히브리 원문에는 '올리기' 또는 '치켜 올리기'란 뜻을 가진 부정사 한 단어뿐이다. 영어성서 RSV는 "will you not be accepted?"라고 모호하게 번역했고 JPS는 "there is uplift"라고 직역하다시피 했다. 분명한 건 이것이 '조건절'이란 점이다. 올바른 일이 뭐가 됐든 '만일' 네가 그걸 했다면 고개를 들라는(또는 들 거라는) 이야기다.

7절은 "네가 올바르지 못한 일을 하였으니 죄가 너의 문에 도사리고 앉아서 너를 지배하려고 한다. 너는 그 죄를 잘 다스려야 한다"라고 말한다. 첫 문장은 조건문이므로 "만일 네가 올바르지 못한 일을 하였다면"이 정확한 번역이다. 그렇다면 "죄가 너의 문에…"라는 말이다. 성서에서 '죄'란 단어가 처음 등장한 곳이 이곳이다. 여기서 '문'이 대문이나 성문을 가리키는 게 아님은 쉽게 짐작할 수 있다. 그럼 어떤 문일까? 마음의 문? 영혼의 문? 어디가 됐든 죄가 문에 '도사리고'(또는 '웅크리고') 앉아 있다는 말은 '외부'에서 노리고 있다는 뜻이 되겠다. 이에 대해 마르틴 부버(Martin Buber)는 죄가 "우리 안에 있기 때문에 바깥세상에 존재할 수 있는 거다"라는 알쏭달쏭한 이야기를 했는데 한 번쯤 생각해볼 만하지 않나 싶다. 죄가 마음(또는 영혼)의 문 밖에서 성난 개처럼 웅크리고 앉아 물어뜯으려 노리고 있다. 그러니 가인은 그 죄를 잘 다스려야 한다. 그런 뜻에서 RSV는 "you must master it"라고 번역했는데 JPS는 "you can be its master"라고 번역함으로써 약간 다른 뉘앙스를 풍긴다. '다스려야 한다'는 당위가 아니라 '다스릴 수 있다'는 가능성으로 이해하니 말이다.

8절은 "가인이 아우 아벨에게 말하였다. '우리 들로 나가자.' 그들이 들에 있을 때에 가인이 그의 아우 아벨을 쳐 죽였다"라고 말한다. 여기도 메워야 할 공간이 있다. 히브리 원문에는 "가인이 아우 아벨에게 말하였다." 다음에 "우리 들로 나가자"라는 말이 없다. 가인이 말은 했는데 그 내용은 빠진 채 곧바로 "그들이 들에 있을 때…"로 이어진다는 거다. 누가 봐도 말이 안 된다. 뭔가 빠진 게 틀림없다. 그래서 아람어 번역인 타르굼은 "이리 오라, 우리 들로 나가자"라는 말을 집어넣었고 다른 번역본들이 이를 따랐다. 타르굼의 첨가는 이유 있는 해석 행위라고 할 수 있다. 말을 했는데 내용이 없는 건 이치에 맞지 않으니까. 하지만 그런 결론을 내리기 전에 꼼꼼히 따져보는 게 맞다. 왜 가인은 아벨을 하필 '들'로 데리고 갔을까? 그가 왜 아벨을 쳐 죽였는지도 궁금하다. 가인과 그의 제물을 반기지 않은 분은 야훼인데 왜 아벨을 죽였는지도 궁금하다. 아벨에게 무슨 죄가 있다고….

9절은 "야훼께서 가인에게 물으셨다. '너의 아우 아벨이 어디에 있느냐?' 그가 대답하였다. '모릅니다. 제가 아우를 지키는 사람입니까?'"라고 읽는다. 누구나 이 내용이 결정적인 부분이란 느낌을 받을 거다. 창세기 2장에서 야훼가 아담에게 "네가 어디 있느냐?"고 물었듯이 여기서도 야훼는 가인에게 "너의 아우 아벨이 어디에 있느냐?"라고 묻는다. 아벨이 어디 있는지, 가인이 아벨에게 무슨 짓을 했는지 야훼가 정말 몰라서 물었을까? 그런 것처럼 보인다. 알면서도 모른 척하고 묻지는 않았을 거다. 반면 가인은 아벨이 어디 있는지, 자기가 그에게 무슨 짓을 했는지 알면서도 모른 척했다. 게다가 불쾌하다는 듯이 "제가 아우를 지키는 사람입니까?"라고 따지면서 말이다. 이 대목은 심리적으로나 윤리적으로나 많은 문제를 갖고 있다. 그것을 따지기 전에 '거 참 나쁜 놈이네…'하는 생각이 먼저 들지만 말이다.

10절은 "야훼께서 말씀하셨다. '네가 무슨 일을 저질렀느냐? 너의 아우의 피가 땅에서 나에게 울부짖는다'"라고 말한다. 클라우스 베스터만(Claus Westermann)은 "네가 무슨 짓을 저질렀느냐?"라는 물음을 성서에 나오는 '기념비적인 문장 중 하나'라고 불렀다. 하느님은 불의를 그냥 지나치는 법이 없다는 거다. 죽은 자, 특히 억울하게 살해된 자의 피가 하느님 들으라고 땅에서 울부짖는다는 이야기는 구약성서뿐 아니라 민간신앙에서도 드물지 않게 볼 수 있다. 민수기 35장 33절에도 비슷한 이야기가 있다("너희가 사는 땅을 더럽히지 말아라. 피가 땅에 떨어지면, 땅이 더러워진다. 피가 떨어진 땅은 피를 흘리게 한 그 살해자의 피가 아니고서는 깨끗하게 되지 않는다."). 가인과 아벨 이야기 전체를 통해 아벨은 한 마디도 말하지 않는다. 그는 죽어서야 말한다. 정확하게 말하면 땅에 쏟아진 그의 피가 목소리를 높여 하느님께 울부짖는다. 자기 얘길 들어 달라고….

11절은 "이제 네가 땅에서 저주를 받을 것이다. 땅이 그 입을 벌려서 너의 아우의 피를 너의 손에서 받아 마셨다"이다. 첫 문장의 뜻이 모호하다. RSV는 "you are cursed from the ground"라고 번역했는데 JPS는 "you shall be more cursed than the ground"라고 번역했다. 둘의 의미가 적지 않게 다르지만 히브리 원어로는 둘 다 가능하다. 전치사 '민 min'에는 비교급 '~보다'(than)와 '~으로부터'(from) 두 가지 뜻이 모두 있으니 말이다. JPS는 3장에서 아담과 하와가 한 짓 때문에 땅이 저주받은 사실을 염두에 두고 이 문장을 가인이 그때 저주받은 땅보다 더 큰 저주를 받았다는 의미로 이해했다.

12절은 "네가 밭을 갈아도 땅이 이제는 너에게 효력을 더 나타내지 않을 것이다. 너는 이 땅 위에서 쉬지도 못하고 떠돌아다니게 될 것이다"이다. 이제부터 가인은 땅을 갈아봤자 헛심만 쓰게 될 뿐이다. 그는 한 곳에 정착하지 못하고 떠돌아다니는 방랑자가 될 것이다. 본래부터 떠돌아다니는 유목민과 달리 농사짓던 사람이 떠돌이가 된다는 것은 엄청난 저주다.

13절은 "가인이 야훼께 말씀드렸다. '이 형벌은 제가 짊어지기에 너무 무겁습니다'"로 읽는다. 사람을, 그것도 동생을 죽여 놓고 떠돌아다니는 게 너무 무거운 짐이란다. 정녕 남의 고통은 작아 보이고 자기 고통은 커 보이는 게 사람인가? 수많은 사람을 죽여 놓고도 얼굴색 하나 변하지 않고 고고하게 클래식 음악을 감상하는 게 사람이니 가인을 '철면피'라고 부르는 건 지나친 말일 수도 있겠다. 그가 뻔뻔하다는 것은 부인할 수 없지만 말이다.

14절은 "오늘 이 땅에서 저를 쫓아내시니 하느님을 뵙지도 못하고 이 땅 위에서 쉬지도 못하고 떠돌아다니게 될 것입니다. 그렇게 되면 저를 만나는 사람마다 저를 죽이려고 할 것입니다"라고 읽는다. 우리말 성서는 둘 다 '이 땅'이라고 번역했지만 히브리 원어로는 전자는 '먼지의 표면으로부터'(from the face of the dust)이고 후자는 '땅 위에서'(on the earth)이다. 전자는 '먼지', '티끌'을 의미하는 '아다마'이고 후자는 '땅'을 가리키는 '에레쯔'다. 왜 둘을 구별했을까? '야휘스트'(J)에 따르면 사람은 '아다마'에서 와서 '아다마'로 돌아가게 되어 있는데 거기서 쫓겨난다는 게 무슨 뜻일까? 또한 누가 가인을 죽이려 한다는 걸까? 세상엔 언제부턴지 무대에서 사라져버린 아담과 하와, 그리고 가인 밖에 없지 않은가. 부모가 자기를 죽일 가능성은 희박하고, 대체 누가 자기를 죽일 거라고 이토록 두려워하나 말이다. 자기가 동생을 죽였으니 부모도 자기를 죽일 수 있다고 본 걸까? 또한 누군지 모를 그 사람은 왜 가인을 죽이려는 걸까? 보복일까? 그렇다면 누가 보복한다는 걸까? 보복은 피살자와 관계있는 사람이 하는 게 아닌가.

15절은 "야훼께서 그에게 말씀하셨다. '그렇지 않다. 가인을 죽이는 자는 일곱 갑절로 벌을 받을 것이다.' 야훼께서는 가인에게 표를 찍어 주셔서 어느 누가 그를 만나더라도 그를 죽이지 못하게 하셨다"라고 했다. 이것은 '눈에는 눈으로 이에는 이로!'를 뛰어넘는다. 가인을 죽인 자는 일곱 갑절로 벌 받을 거라니 그를 죽이면 일곱 번 죽이는 걸로 보복하겠단 얘긴가? 하느님이 이런 짓을 하신다는 것도 납득할 수 없지만 더 이해할 수 없는 건 왜 그래야 하는가 하는 점이다. 가인을 이처럼 아낀다면 야훼는 왜 그와 그의 제물을 반기지 않았을까? 야훼는 가인에게 표를 찍어주어 그를 보호하셨단다. 구약학자들은 이 '표'가 무엇이고 어떤 기능을 하는지를 두고 논쟁을 거듭해왔지만 결론은 내려지지 않았다.

16절은 "가인은 야훼 앞을 떠나서 에덴의 동쪽 놋 땅에서 살았다"이다. 이 구절 덕분에 스타인벡이 소설을 썼고 엘리아 카잔이 영화를 만들었으며 제임스 딘은 스타가 됐다. 가인은 에덴의 동쪽, 야훼가 없는 곳("야훼 앞을 떠나서")인 놋에서 살았단 이야기다. 하느님은 무소부재하지 않다.

'죄'가 문에서 웅크리고 있다

각 절이 무슨 뜻인지 대충 이야기했으니 이제는 이 이야기의 문제점들을 살펴볼 차례다. 이 이야기는 '원형적 이야기'(archetypal story)다. 곧 세상에서 벌어지는 다양한 사건이나 현상의 근원적이고 근본적인 의미를 말하는 얘기란 뜻이다. 이 이야기에는 농경과 목축, 제사, 살인, 죄, 추방, 하느님을 떠난 삶 등이 구약성서에서 처음으로 등장한다. 그것들이 갖고 있는 의미가 뭔지를 생각해보는 것도 바로 이 이야기다.

창세기 2, 3장처럼 여기서도 하느님은 사람들과 친밀한 관계를 갖고 있다. 서로 대화를 나눌 정도로 가깝다. 에덴에서 하느님이 아담에게 "네가 어디 있느냐?"고 물었듯이 여기서도 가인에게 "너의 아우 아벨이 어디에 있느냐?", "네가 무슨 짓을 저질렀느냐?"라고 묻는다. 하느님은 살인자 가인에게 벌을 내리지만 두려워서 떠는 그를 안심시키기도 한다. 그를 죽이는 자에겐 일곱 갑절로 보복하겠다는 약속도 했고 그것도 모자라서 가인의 몸에 '표'를 찍어줘서 그를 죽이지 못하게 했다. 참으로 자애로운 하느님 아닌가. 살인자에게 '눈에는 눈 이에는 이!'로 보복하지 않고 오히려 그를 보호해주니 말이다.

하지만 가인에겐 이처럼 자애로운 하느님이 가인의 잠재적 가해자에겐 지나치게 가혹했다는 사실을 우리는 어떻게 이해해야 할까? 모든 것을 자기 마음대로 하는 '갑질'을 하느님은 여기서도 하는가? "나는 은혜를 베풀고 싶은 사람에게는 은혜를 베풀고 긍휼을 부어주고 싶은 사람에게는 긍휼을 부어준다"(출애굽기 19:33)는 유일신의 절대주권이 여기서도 발휘되는가?

다신교가 절대 대세인 세상에서 유일하게 유일신을 믿던 이스라엘이 얼마나 당혹스러웠을지 짐작할 만하다. 매우 곤혹스러웠을 거다. 야훼를 믿지만 이해할 수 없는 것도 많았을 터이다. 다신교를 믿었다면 문제가 없었을 텐데 유일신을 믿기에 곤혹스러운 점이 한둘이 아니었을 것이다. 모든 게 하느님 마음대로인 줄은 알았지만 그래도 거기에 의미를 부여하고 그걸 이해해보려고 노력하고 인과관계를 따져보려고 애썼던 그들의 고뇌가 느껴진다는 말이다.

왜 야훼가 아벨과 그의 제사는 반겼고 가인과 그의 제사는 반기지 않았는지 그들로선 알 도리가 없었을 거다. 가인과 아벨이 야훼께 제사를 드렸다. 제사가 뭔가? 왜 사람은 신에게 제사를 드리는가? 그게 그들의 삶에서 어떤 역할을 했을까? 그걸 통해서 어떤 목적을 이루려 했을까? 이에 대해선 수많은 주장과 이론이 있지만 결국 제사란 신의 마음을 얻기 위한 행위다. 결과적으로 그걸 통해서 신이 누구를 좋아하는지 드러나는 게 제사다. 제사에는 신의 마음을 얻으려는 노력과 그에 대한 신의 평가와 판단이 드러나 있는데 그 기준이 무엇인지는 전적으로 신에게 달려 있다. 사람은 그것이 뭔지 추측할 수 있을 뿐이다.

가인과 아벨이 야훼에게 제물을 바쳤다. 각각 자기가 거둔 것으로 말이다. 제물의 종류에서 신의 선호와 비선호의 이유를 찾는 것은 옳지 않다. 구약성서에서는 둘 다 적법한 제물이니 말이다. 유목문화와 농경문화의 충돌로 보는 것도 맞지 않다. 이스라엘은 둘 중 하나에 속한 게 아니라 둘 다 경험했다. 정착생활을 하기 전 그들은 반(半)유목, 반(半)농경생활을 했다. 텍스트가 '가인과 그가 바친 제물', '아벨과 그가 바친 제물'이라고 표현한 것에 지나치게 무게를 두는 것도 타당해 보이지 않는다. 제사의 정당성이 궁극적으로 제물의 재료에 달려 있지 않고 그걸 바치는 사람의 마음가짐에 달려 있음을 모를 정도로 어리석은 사람이 있을까? 신이 제물이 뭔지에 따라 좌우될 정도로 어리석다고 여길 멍청한 사람이 과연 있을까?

따라서 야훼가 가인의 제물을 반기지 않았던 건 그를 아벨과 비교, 평가, 판단해서 아벨과 구별한 행위였음에 분명하다. 가인과 그의 제물은 '반기기엔 부족한' 인물 됨됨이 및 제물로 평가됐다는 거다. 그런데 이 판단이 돌이킬 수 없는 최종적인 것이었다면 설화자가 다음 얘길 이어갈 이유가 없었을 터인데 설화자는 거기서 이야기를 끝내지 않고 살인사건과 그 이후의 이야기로 이어갔다. 이것은 제사 수납 여부가 전체 얘기의 클라이맥스가 아니란 뜻이다. 정작 하려는 말은 그게 전부가 아니란 거다. 할 이야기가 더 있다는 말이다. 가인과 그의 제물을 반기지 않았다는 게 곧 그를 최종적으로 싫어하거나 미워한 건 아닐 수 있다. 막말로 가인이 '어, 내가 뭘 잘못한 모양이네. 그럼 다시 하지 뭐….' 할 수도 있지 않았냐는 거다. 그렇지 않다면 얘길 더 이어갈 이유가 없지 않나 말이다. 안 그런가?.

야훼가 자기와 자기 제물을 반기지 않자 가인은 화가 나서 얼굴을 떨구었다. 이런 그에게 야훼가 묻는다. 왜 화를 내냐고, 왜 얼굴을 떨구냐고. 그 다음에 야훼는 조건문 형식의 두 마디 말씀을 한다. 만일 네가 올바른 일을 한다면(미완료형) 고개를 들어라! 만일 네가 올바르지 않은 일을 한다면 죄가 네 문에 웅크리고 앉아서 널 다스리려 하는데 너는 그 죄를 다스려야 한다(또는 다스릴 수 있다)! '올바른 일'이 뭔지는 구체적으로 밝히지 않는다. 일반적인 윤리일 수도 있고 제사를 제대로 드리는 것일 수도 있다. 어쨌든 야훼가 가인과 그가 바친 제물을 반기지 않은 게 그의 운명을 최종적으로 결정짓진 않았다는 이야기다. 여전히 그에게 미완료 조건절을 적용하는 걸 보면 아직 그에겐 상황을 바꿀 기회가 있다. 올바로 행한 후에 고개를 들면 된다. 아직은 끝이 아니다. 물론 그가 올바르지 않은 일을 한다면 죄라는 사나운 개에 물어뜯길 수 있다. 죄가 마음(영혼) 문에 웅크리고 앉아서 널 물어뜯으려 하니 고개를 들고 그 머리통을 밟아라!

여기에 성서에서 처음으로 '죄'란 말이 등장한 것을 두고 구약학자들이 얼마나 많은 주장을 내놓았겠나! 그것들을 모두 살피는 건 어차피 불가능하고 몇 가지만 이야기하련다. 우선 '죄'를 가리키는 히브리어 '하타'의 어원이 '과녁을 빗나가다'라는 뜻임은 널리 알려져 있다. '가르침'을 뜻하는 '토라'가 '과녁을 향하다'란 뜻이므로 둘은 대조되는 뜻을 갖는다. 과녁을 향하는 게 토라인데 그걸 빗나간 게 죄란다. 어원은 그렇고, '죄'가 문에서 웅크리고 있다고 했는데 그것은 이미 행해진 게 아니라 행해질 가능성이 있는 뭔가를 가리키는 말로 보는 게 맞겠다. 영어로 'culpability'란 말이 여기 딱 맞는다. 그러니까 가인은 제사를 잘못 드려서 죄를 지은 게 아니라 죄지을 가능성에 노출된 것이다.

넘어서는 안 되는 선을 넘다

가인은 끝내 고개를 들지 않았다. 대신 그는 아우를 살해할 계획을 세운다. 설화자는 8절에서 가인이 아벨에게 말했다고 하곤 그 내용은 전하지 않는다. 이를 아쉬워한 타르굼이 "이리 오라, 우리 들로 나가자"라는 말을 집어넣었다고 앞에서 말했다. 논리적으론 타르굼이 옳다. 이야기의 흐름 상 그래야 했다. 하지만 설화자가 의도적으로 둘 사이에 있어야 할 대화를 빼버렸다고 볼 수는 없을까? 설화자의 머릿속에 들어갈 수 없으니 그의 생각을 알 도리가 없지만 이 이야기의 처음부터 끝까지 가인과 아벨이 한 마디도 대화하지 않는 게 우연은 아닐 거라는 추측은 가능하지 않을까? 무대에 등장하는 하느님, 아담, 하와, 가인, 아벨 중 가장 존재감 없는 인물은 아담이고 그 다음이 아벨이다. 둘의 공통점은 한 마디도 말하지 않는다는 거다. 정말 그럴까? 아담의 경우는 그렇지만 아벨은 아니다! 그는 말을 했다! 죽은 다음이긴 하지만 말이다. 살아 있을 때 가인과 소통하지 못해서 죽어서 하느님에게 울부짖었다고 볼 수는 없을까?

설화자는 이 효과를 극대화하려고 둘 사이에 있어야 할 대화를 의도적으로 뺀 게 아닐까? 여러분의 생각은 어떠신가?

"너의 아우 아벨이 어디에 있느냐?"라는 말은 아벨의 위치뿐 아니라 그가 놓여 있는 상황, 둘 사이의 관계까지를 묻는 물음이다. 가인은 모른다고 딱 잡아뗀다. 잡아떼면 하느님이 모를 거라고 생각했을까? 아담과 하와는 숨긴 했지만 거짓말하진 않았다. 그런데 가인은 자기가 살해한 아벨이 어디 있는지 모른다고 거짓말을 했다. 그는 하느님을 속일 수 있다고 생각했을까? 하느님을 그렇게 '헐렁한' 존재로 본 걸까?

가인은 왜 아벨을 살해했을까? 그에게 무슨 죄가 있나? 가인과 그가 바친 제물을 반기지 않은 건 아벨이 아닌 야훼였다. 그런데 가인의 분노는 아벨을 향했다. 왜? 감히 하느님에게 화낼 수는 없으니 아벨을 속죄양으로 삼았을까? 분노를 쏟을 데를 찾지 못하다가 만만한 아벨에게 퍼부은 걸까? 프로이드는 때론 죄에 대한 인식이 범죄행위를 앞선다고 말했다. 죄의식은 죄의 결과가 아니라 동기가 될 수 있다는 말이다. 가인은 하느님에 대해 신뢰와 증오라는 두 개의 상반된 감정을 동시에 갖고 있었다. 하느님을 믿었지만 자기 제물을 반기지 않아서 하느님을 미워하게 된 거다. 그는 증오를 마땅히 하느님에게 쏟아야 했지만 그러기엔 하느님이 너무 강했다. 그래서 하느님을 대체할 존재를 찾아야 했는데 그게 아벨이었다는 거다. 가인이 아벨을 죽인 건 대상을 잘못 찾은 증오심(displaced hatred) 때문이다. 아벨이 어디 있는지 모른다고 말했을 때 가인은 아우에 대해서 심리적인 장벽을 쌓았다. 이제 아벨은 아우가 아니라 하느님 대신 분노를 받아야 할 대상이 됐다.

그의 무도함은 여기서 그치지 않는다. 그는 퉁명스럽게 "제가 아우를 지키는 사람입니까?"라고 말했다. 둘 사이가 이렇게 멀었나? 언제 이렇게 멀어졌을까? 둘은 서로에게 극도로 무관심했나? "내가 아우를 지키는 자입니까?"라는 말은 관계의 단절 선언이 아닌가? 본래부터 둘 사이엔 아무 관계도 없었다는 뜻으로도 읽힌다. 그렇다면 이는 모순이다. 아벨을 '아우'라고 부르면서 관계없을 수는 없으니 말이다. '아우'가 뭔가? 그건 '관계' 아닌가. 우리식의 2촌 관계가 형제/자매관계다. 부모자식 다음으로 가까운 게 형제/자매인데 "제가 아우를 지키는 사람입니까?"라니! 네가 아니면 누가 지키는데?

이렇게 가인은 넘어서는 안 될 선을 넘었다. 하느님이 창조한 세상에서 나는 너를 지키는 자여야 하고 너는 나를 지키는 자여야 한다. 그게 사람과 사람 사이의 관계인데 가인은 그걸 부정했다. 굳이 프로이드의 이론에 따르지 않더라도 아벨은 가인의 다른 모습임이 어렵지 않게 보인다. 그리고 신은 둘 모두가 투영된 형상(image)이다. 가인이 아벨을 죽임으로써 그는 형제를 죽였고(fratricide), 자신을 죽였으며(suicide), 동시에 하느님을 죽였다(deicide). 구약학자들은 가인과 아벨의 관계를 유목문화와 농경문화의 충돌이나, 농부 사울(사무엘상 11:5)과 목동 다윗(사무엘상 16:11)의 갈등 등으로 처음부터 갈라놓고 봐왔다. 이 역시 옳지 않다. 텍스트는 둘(또는 하느님과 더불어 셋)

사이의 뗄 수 없는 유대관계를 줄곧 강조한다. 둘(셋)은 본래부터 남이 아니다. 둘(셋)이 본래부터 대립적이었다고 보는 건 옳지 않다. 둘(셋)은 이 사건으로 인해 갈라졌고 관계가 깨졌지만 본래는 그렇지 않았다. 제사가 주된 원인이 아니다. 그게 일련의 사건들을 촉발했지만 제사보다는 살인과 그 후의 책임회피가 관계의 단절을 가져온 주된 원인이었다. 이 상황에서 땅에서 울부짖는 아벨의 피는 무엇을 상징하는가? 그건 올바른 관계의 회복을 호소하는 억울한 죽음의 울부짖음이 아니겠는가!

그 다음엔 시선이 온전히 '땅'으로 향한다. 아벨의 피가 '땅'에서 야훼에게 울부짖고, 가인이 '땅'보다 더 저주를 받을 것인데 그 까닭은 '땅'이 그 입을 벌려서 아벨의 피를 가인의 손에서 받아 마셨기 때문이다. 그래서 이후로는 가인이 밭을 갈아도 '땅'이 그에게 효력을 나타내지 않을 거고 그는 '땅' 위에서 쉬지 못하고 떠돌아다니게 될 것이란다. 이에 가인이 엄살을 부리며 자기를 '땅'에서 쫓아내니 이제 하느님을 보지도 못하고 이 '땅' 위에서 쉬지도 못하고 떠돌아다니게 될 것이라고 호소한다. 그렇게 되면 만나는 사람마다 자기를 죽이려 할 거란다. 이에 야훼는 그를 죽인 자에게 일곱 갑절로 복수할 것이고 가인에게 표를 찍어 줘 누구도 그를 죽이지 못하게 하겠다고 약속한다. 이에 가인은 야훼 앞을 떠나 에덴의 동쪽 놋 '땅'에서 살았다는 걸로 이야기가 끝난다. 땅, 땅, 땅…. 부동산 이야기도 아닌데 땅이 너무 많이 나오는 거 아니냐고 불평할 만하다.

가인은 아담이 저지른 짓으로 인해 땅이 당한 저주보다 더 큰 저주를 받아야 했다. 아벨의 피가 흐르는 땅은 그에게 소출을 내주지 않을 거다. 가인은 아벨을 죽여 땅 어딘가에 묻었지만 바로 그 때문에 아벨은 어디나 존재하게 됐다. 참 대단한 역설 아닌가! 가인은 아벨을 죽여 무존재로 만들려 했지만 오히려 그로 인해 아벨은 온 땅에 울부짖음으로 현존하게 된 거다. 이 때문에 농부 가인은 한 곳에 정착하지 못하고 떠돌아다녀야 했다. 어딜 가도 아벨의 울부짖음이 들렸다. 그는 쫓겨나서 하느님 얼굴을 못 보게 됐지만 아벨의 울부짖음은 어디서나 들렸다. 아벨은 울부짖음으로 부활한 거다. 그는 하느님을 향해 울부짖는다. 사랑받던 자의 울부짖음 때문에 하느님은 졸지도 잠자지도 못한다. 되돌릴 수 없는 상실을 영원히 되새겨 주는 게 이 울부짖음이다. 시편 94편의 시인도 이와 비슷한 맘이었지 싶다.

야훼님, 야훼님은 복수하시는 하느님이십니다.
복수하시는 하느님, 빛으로 나타나십시오…
누가 나를 위하여 일어나서 악인을 치며,
누가 나를 위하여 일어나서 행악자들을 대항할까?
야훼님께서 나를 돕지 아니하셨다면
내 목숨은 벌써 적막한 곳으로 가 버렸을 것이다(1, 16-17절).

가인은 살해당할지 모른다는 공포에 시달린다. 강박증 환자가 된 거다. 아우를 가차 없이 살해한 그가 누군가에게 살해당하는 공포에 시달리는 건 또 무슨 아이러니인가. 가인의 방랑은 혼돈(chaos)을 상징한다. '계명'은 삼라만상을 창조한 하느님과 피조물인 사람 사이에 놓여 있는 다리(bridge)다. 세상의 질서는 계명을 지킴으로써 유지된다. 계명이 지켜지지 않으면 세상은 태초의 혼돈으로 돌아간다. 아담과 하와 때문에 땅이 가시덤불과 엉겅퀴를 낼 것이란 이야기(창세기 3:18)와 가인의 방랑이 이걸 상징한다. 하느님의 아들들과 사람의 딸들의 결합(창세기 6:2)이 낳은 혼돈과 바벨탑으로 인한 언어의 혼란 역시 계명을 어긴 결과 초래된 혼돈상을 보여준다. 그래서 "만일 네(가인)가 올바른 일을 하였다면…"이라는 조건절이 갖는 무게는 무겁기만 하다. 올바른 일을 한다면 이런 혼돈은 벌어지지 않을 것이다.

사람인 '너'없인 하느님인 '나'는 의미없다

구약성서 종교는 유일신 종교다. 여럿이 아니라 오직 하나의 신이 모든 걸 갖고 있고 모든 걸 주관한다고 믿는다. 그에게 권력을 나눠받을 다른 신들은 존재하지 않는다. 신은 절대 권력자다. 하지만 동시에 유일신 야훼는 사람 없이는 의미가 없는 신이다. 야훼는 관계 속에서 존재한다. 구약성서는 이 점을 강조한다. 하느님과 사람의 관계는 철저하게 '나와 너 I and Thou'의 관계(마르틴 부버)다. 성서는 이런 하느님과 사람의 상호성을 질릴 정도로 반복해서 말한다. 사람인 '너' 없인 하느님인 '나'는 아무 의미도 없고 그 반대도 마찬가지다. 둘 다 철저하게 독립적이고 자유로운 인격이므로 둘의 관계는 '나와 그것 I and It'의 관계가 아니다. '나와 너'의 관계인 거다. 이스라엘이 하느님의 백성으로 선택된 것도 수동적인 행위가 아니다. 하느님은 그들을 선택하기로 선택했고 그들은 선택되기로 선택한 것이다!(they chose to be chosen)

하느님의 권위와 힘은 강제력과 구별된다. 하느님의 힘은 사람이 올바르게 행하는지 여부와 뗄 수 없이 관련되어 있다(7절). 이럴 때 '의존'이란 말은 적절하지 않아 보이지만 내용상으론 그렇다. 세상 질서는 사람들이 계명을 준수하는가 여부에 달려있다. 그래서 "만일 네가 올바르게 행한다면…"이란 문장이 매우 중요하다. 세상질서가 여기에 의존하고 있으니 말이다. 하지만 하느님은 올바르게 행하도록 가인에게 강요하진 않았다. 하느님은 그의 도덕적 결단에 이래라 저래라 간섭하지도 않았다. 이처럼 가인조차 하느님의 정당한 파트너로 존중되고 있지 않은가. 그래서 하느님의 전능(omnipotence)은 사람과의 끊임없는 소통을 통해 하느님이 할 수 있는 모든 조절과 통제를 포기하는 데 있다고 말할 수 있다. 무능(impotence)은 전능(omnipotence)의 한 부분이라는 말이 그래서 나왔다.

가인은 아우를 죽이고 추방당해 하느님 없는 땅을 방황했다. 마지막 절은 그가 에덴 동쪽 '놋' 땅에서 살았다고 한다. 이게 무슨 방랑인가? '놋' 땅에 정착했다면서! 그런데 '놋'이란 말이 히브리어

'방랑하다'의 언어유희라면 어떤가? 가인은 정착해서 방황했고 방황하며 정착했다는 뜻으로 읽어야 할까? 이 얘긴 끝까지 멋을 잃지 않는다.

3장

우리 하느님이 달라졌어요!

야훼께서는 사람의 죄악이 세상에 가득 차고 사람의 마음에 생각하는 모든 계획이 언제나 악한 것뿐임을 보시고서 땅 위에 사람을 지으셨음을 후회하시며 마음 아파하셨다. 야훼께서는 탄식하셨다. "내가 창조한 것이지만 사람을 이 땅 위에서 쓸어버리겠다. 사람뿐 아니라 짐승과 땅 위를 기어 다니는 것과 공중의 새까지 그렇게 하겠다. 그것들을 만든 것이 후회되는구나." 그러나 노아만은 야훼께 은혜를 입었다(창세기 6:5-8).

노아는 야훼 앞에 제단을 쌓고 모든 정결한 집짐승과 정결한 새들 가운데서 제물을 골라 제단 위에 번제물로 바쳤다. 야훼께서 그 향기를 맡으시고서 마음속으로 다짐하셨다. "다시는 사람이 악하다고 하여서 땅을 저주하지는 않겠다. 사람은 어릴 때부터 그 마음의 생각이 악하기 마련이다. 다시는 이번에 한 것 같이 모든 생물을 없애지는 않겠다. 땅이 있는 한 뿌리는 때와 거두는 때, 추위와 더위, 여름과 겨울, 낮과 밤이 그치지 아니할 것이다"(창세기 8:20-22).

풀어야 할 압축파일

잊을 만하면 중동 어딘가에서 노아의 방주 한 조각이 발견됐다는 소식이 들린다. 그때마다 기다렸다는 듯이 성서가 꾸며낸 이야기가 아닌 역사적 사실임이 입증됐다고 환희에 차서 소리치는 사람들이 있다. 그들은 진정 성서가 역사적 사실이란 게 그깟 나뭇조각 하나 발견되어 입증됐다고 믿는 걸까? 그게 올바른 믿음일까? 나뭇조각이 발견되지 않았다면 노아 방주 이야기는 꾸며냈거나 못 믿을 이야기가 되나?

우린 노아가 어느 시대 사람인지 전혀 가늠하지 못한다. 대략이라도 그렇게 못한다. 그를 신화적 인물로 보는 사람들이 많은 게 이상하지 않은 이유가 여기 있다. 연대를 가늠하지 못하니 말이다. 성서를 글자 그대로 믿어야 한다는 사람은 노발대발할 일이지만 그들도 노아의 연대를 제시하지 못하는 건 매일반이다. 사정이 이러니 나뭇조각이 발견됐어도 그게 노아 방주의 파편인지 여부를 입증할 방법은 없다. 반증할 길도 없지만 말이다. 어찌됐든 나무 한 조각에 큰 의미를 부여하는 것은 말이 안 된다. 그런 걸로 성서의 역사성을 입증하려는 태도 자체가 문제다. 역사적 사실이 아니면 성서의 가치가 없어지나? 성서가 역사적 사실성 여부에 무관심하진 않지만 그렇다고 해서 전적으로 거기 좌우되지는 않음을 잊지 말 일이다.

앞장에서 나는 구약성서에 나오는 많은 이야기가 축약됐거나 빈 곳이 많다고 했다. 설명이 필요한 대목에서 불친절하게 설명 없이 넘어간 경우도 많고 복잡다단한 내용이 짧은 문장 안에 함축된 경우도 많다. 굳이 말하지 않아도 독자들이 안다고 전제하기에 일언반구 설명하지 않고 넘어가는 경우도 많다. 그래서 독자가 나서서 빈 곳은 메우고 압축파일은 풀면서 읽어야 하는 경우가 많다. 노아 이야기가 그렇다. 이 이야긴 창세기 6-9장까지 길게 펼쳐져 있어서 상당히 상세해 보이지만 그래도 메워야 할 공간과 풀어야 할 압축파일이 많다.

2014년에 대런 애로노프스키 감독의 영화 〈노아〉가 개봉됐다. 영화는 개봉되기 전부터 사람들의 주목을 끌었다. 특히 기독교인들은 기대 반 우려 반으로 개봉을 기다렸다. 영화 스토리가 알려지기 전에는 많은 기독교인들이 영화를 단체관람하려 했다가 내용이 알려지자 취소했다는 이야기를 들었다. 그 이유는 영화가 성서 이야기와 크게 다르기 때문이란다. 하기는 정체불명의 나뭇조각 하나에 흥분하는 사람들에게 성서 이야기를 제멋대로 바꾸는 일은 용납할 수 없는 '폭거'였을 거다. 영화 이야기는 글 중간에 필요할 때마다 해보겠고, 여기서는 한 마디만 하겠다. 나뭇조각 하나에 성서에 대한 신뢰성을 거는 게 더 큰 문제일까, 아니면 상상력을 발휘해서 성서 이야기 중에 있는 빈 곳을 메워 가는 게 더 큰 문제일까? 전자는 '불안'에서 나오고 후자는 '용기'에서 나온다면 나는 후자를 선택하겠다. 나는 노아 이야기가 하느님의 뜻과 말씀을 담고 있는 하느님 말씀이라고 믿는다. 나뭇조각이 발견되든 발견되지 않든 상관없이 말이다. 나도 노아 이야기가 상상력을 사용할 것도 없이 술술 읽히면 좋겠다. 하지만 안타깝게도 그렇지 않으니 우리는 용기 있게 상상력을 발휘해서 빈 곳을 메워가면서 읽을 수밖에 없다. 애로노프스키가 영화에서 그랬듯이 말이다.

대체 사람이 무슨 짓을 했다고 하느님이 후회하고 탄식까지 했을까?

흔히 이 이야기를 '노아 홍수 이야기'라고 부르지만 내용을 읽어보면 이야기의 초점은 홍수 사건 그 자체에 놓여 있지 않다. 이 이야기는 세상을 뒤덮은 홍수라는 자연현상에 대한 이야기가 아니라 그 사건 전후에 하느님과 사람의 가슴을 뒤흔들었던 사건에 대한 이야기다. 40일 내내 쏟아져 땅을 뒤덮은 물 못지않게 사납게 출렁거렸던 것은 하느님의 '마음'이었고 사람의 '영혼'이었다. 창세기 6-9장은 이것을 이야기한다.

사람은 자기 마음속도 제대로 들여다보지 못하는데 어떻게 하느님 마음을 들여다보겠나. 하지만 사람이 못 하는 일을 설화자(narrator)는 수시로 한다. 설화자가 하느님 마음속 생각을 넌지시 독자들에게 알려주는 것으로 이야기가 시작된다.

"야훼께서는 사람의 죄악이 세상에 가득 차고 마음에 생각하는 모든 계획이 언제나 악한 것뿐임을 보시고서 땅 위에 사람 지으셨음을 후회하시며 마음 아파하셨다"(창세기 6:5-6).

어떤가? 흥미진진하고 호기심이 마구 솟구치지 않는가? 하느님
이 '탄식'까지 하셨다니 말이다. 대체 사람이 무슨 짓을 했다고, 얼
마나 어떻게 악한 행동을 했다고 하느님이 사람 지은 걸 후회하고
마음 아파했으며 탄식까지 했을까! 이 질문에 답하려면 우선 텍스
트를 꼼꼼히 읽고 거기서 답을 찾아야 한다. 그런데 안타깝게도 우
리의 텍스트 창세기 6-9장에선 답을 찾을 수 없다. 그렇다면 앞장
과 뒷장을 살펴봐야 한다. 앞장에선 그럴만한 이야기가 안 나온다.
물론 가인과 라멕이란 악인이 등장하지만 그 정도의 악인들 때문에
야훼가 사람 만든 걸 후회했다고 여겨지지는 않는다. 안 그런가? 가
인이 아우를 죽인 일과 라멕이 자기에게 상처를 입힌 사람을 죽이
고 자기를 해칠 사람은 일흔일곱 갑절의 보복을 하겠다고 큰소리친
게 잘한 짓은 아니지만 그것 때문에 세상 사람들을 다 쓸어버린다
는 것은 설득력이 없다. 도둑질 좀 했다고 사형시킬 수는 없지 않는
가!

그래서 고대 해석자들과 후대 학자들은 홍수심판의 이유를 다른
데서 찾았다. 그들이 주목한 구절은 창세기 6장 1-4절이다.

"사람들이 땅 위에 늘어나기 시작하더니 그들에게서 딸들이 태어났다.
하느님의 아들들이 사람의 딸들의 아름다움을 보고 저마다 자기들의 마
음에 드는 여자를 아내로 삼았다. 야훼께서 말씀하셨다. '생명을 주는 나

의 영이 사람 속에 영원히 머물지는 않을 것이다. 사람은 살과 피를 지닌 육체요 그들의 날은 백이십 년이다.' 그 무렵에, 그 후에도 얼마 동안 땅 위에는 네피림이라고 하는 거인족이 있었다. 그들은 하느님의 아들들과 사람의 딸들 사이에서 태어난 자식들이었다. 그들은 옛날에 있던 용사들로서 유명한 사람들이었다"(창세기 6:1-4).

'사람의 딸들'이 누군지는 분명하다. 말 그대로 사람의 딸, 곧 여자를 가리킨다. 문제는 '하느님의 아들들'이 누구냐 하는 거다. 구약성서에는 '신화'(myth)가 없다고 믿는 사람들에겐 천상의 신적 존재와 지상의 사람이 성관계를 갖는다는 이야기는 어불성설이다. 그래서 '하느님의 아들'이 왕을 가리킨다느니 엘(El) 신을 섬기는 목축업자를 지칭한다느니 하는 다양한 방식으로 이들 신분을 규정했지만 모두 근거는 박약하다.

고대 중동과 지중해 지역의 신화에는 신과 사람이 결합하는 이야기가 흔하다. 이것도 그중 하나로 볼 수 있겠다. 이야기는 천상에 사는 신적 존재(흔히 '천사'라 불리는 존재)가 지상 여자들의 아름다움에 반해 그들과 결혼해서 '네피림'이라는 거인족을 낳았다는 거다. 후대 전승은 이들을 '타락한' 천사라고 규정하는데 본래 이야기에도 그렇게 볼 근거가 전혀 없지는 않다. 그게 야훼 맘에 들지 않았다니까 말이다. 거인족에 대해서는 구약성서에 별다른 기록이 없다. 민수기 13장 32-33절에 가나안을 정탐한 일부가 "우리가 탐지하려고 두루 다녀 본 그 땅은 그곳에 사는 사람들을 삼키는 땅이다. 또한 우리가 그 땅에서 본 백성은 키가 장대 같은 사람들이다. 거기에서 우리는 또 네피림 자손을 보았다. 아낙 자손은 네피림의 한 분파다. 우리는 스스로가 보기에도 메뚜기 같았지만 그들의 눈에도 그렇게 보였을 것이다"라고 보고한 데에 네피림이 등장하지만 여기에는 신화적 색채가 없다. 그런 점에서 창세기 6장 이야기와 구분된다. 그밖에 에녹 1서, 집회서, 희년서 등에서는 모두 거인족이 악당으로 묘사된다.

노아 홍수와 관련된 이런 종류의 이야기를 다 하려면 끝이 없다. 이 이야기의 기원과 문학적 성격에 대해서는 이미 한 세기 전에 규명된 바 있다. 이 이야기가 바빌론의 길가메시 서사시에 나오는 홍수 이야기와 쌍둥이처럼 닮았다는 주장은 이젠 상식에 속한다. 신(바빌론에서는 '신들')이 홍수를 일으키기로 결정했다는 점, 한 사람에게만 그 결정을 알렸다는 점, 그의 가족만 구원된다는 점, 그가 신(들)의 지시에 따라 방주를 짓는다는 점, 신(들)의 지시에 따라 동물들을 방주에 태운다는 점, 새를 통해 홍수가 끝났음을 알게 된다는 점, 방주가 산위에 머문다는 점, 감사의 제사로 이야기가 마무리된다는 점 등이 같은데 어떻게 서로 상관없다 하겠는가. 이 정도로 비슷하면 요즘엔 '표절'에 해당된다. 길가메시 서사시가 발견된 이후 오랫동안 이 사실이 널리 알려지지 않은 이유는 하느님 계시로서의 성서의 권위가 추락하는 걸 막으려는 학계와 교계의 '담합' 때문이 아닐까 싶다.

이것 말고도 이 이야기에는 풀어야 할 문제가 한둘이 아니다. 창세기 6-9장에 J 문서와 P 문서, 두 갈래의 이야기가 얽혀 있음이 알려진 것도 한 세기가 넘었다. 벨하우젠(Julius. Wellhausen)이 정리한 소위 '문서가설'(documentary hypothesis) 이야기다. 1970-80년대에 우리나라 구약학계에서 이런 얘길 하면 경을 쳤다. 이 문제로 학교에서 쫓겨난 교수도 있다고 들었다. 그때 이미 서구학계에선 이 가설을 넘어서고 있었는데 말이다. 서구학계에서는 창세기, 나아가서 오경 전체를 하나의 문학단위로 읽는 추세로 가고 있었다. 그렇다고 비평 이전 시대로 돌아간 것은 아니지만 말이다. 문서가설을 전제하고 그 위에서 창세기와 오경을 하나의 큰 문학작품으로 읽었던 것이다. 이 흐름은 지금도 계속되고 있다. 지금 문서가설을 언급하는 학자는 그걸 더 정교하고 세련되게 다듬기 위해서가 아니라 그걸 넘어서서 새로운 이야기를 하는 '발판'으로 활용하기 위해서가 대부분이다.

홍수 이야기에는 유독 반복이 많은데 그 이유는 J 문서와 P 문서가 얽혀 있기 때문이다. 홍수가 인간의 죄악 때문이란 이야기, 그래서 하느님이 세상을 멸하기로 결심한 이야기, 홍수 예고, 노아에게 동물들과 함께 방주로 들어가라고 명령한 이야기, 홍수가 시작된 이야기, 방주 밖의 모든 생물이 죽었다는 이야기, 홍수가 끝나고 물이 줄어든 이야기, 배에서 나온 이야기, 다시는 홍수를 일으키지 않겠다고 약속한 이야기 등이 중복 서술되어 있다. 그중에 홍수의 이유, 방주에 들어간 동물의 숫자, 홍수의 기간, 마른 땅을 확인한 방법 등에 대해서 두 문서가 달리 보도한다. J 문서는 홍수의 이유가 사람의 악행 때문이라고 말하지만(6:5) P 문서는 땅이 부패했기 때문이라고 말한다(6:11). 배에 들어간 동물의 숫자도 J 문서는 깨끗한 동물과 부정한 동물 숫자가 달랐다고 전하지만(7:2-3) P 문서는 모든 동물이 한 쌍씩이었다고 전한다(7:6-10, 15). 홍수 기간에 대해서도 J 문서는 40일 동안 비가 온 후 61일 동안 계속됐다고(8:6-13) 말하지만 P 문서는 150일 동안 물이 차 있었고(7:24) 1년 동안 계속됐다고(8:13) 말한다. 가장 눈에 띠는 차이점은 J 문서가 마른 땅을 확인하려고 비둘기를 세 번 내보냈다고(8:8-12) 말하는 데 반해 P 문서는 까마귀를 한 번만 보냈다고(8:7) 말한다는 점일 게다.

이 중엔 적당히 얼버무릴 수 있는 차이도 있다. 홍수의 원인은 사람이 죄악을 저지른 결과 땅이 부패했다는 식으로 말이다. 하지만 방주에 들어간 동물의 숫자나 마른 땅을 확인하러 내보낸 새의 종류가 다른 점 등은 얼버무리기에는 너무도 뚜렷한 차이다. 성서에는 절대 오류가 없다고 믿던 시대에 이런 차이를 발견한 사람은 얼마나 고민했을까를 생각하면 지금도 안쓰럽다. 성서를 역사적, 학문적으로 연구하면서 이런 차이들이 '설명'되었다. 홍수 이야기에 두 가지 문서가 얽혀 있기 때문에 중복과 차이가 있다는 식으로 말이다. 그런데 사실 이보다 더 중요한 점은 최종편집자가 왜 이 차이들을 그대로 두었는지를 '이해'하는 것이 아닐까? 최종편집자가 시각장애인이나 바보가 아닌 이상 그런 차이가 있음을 모르지 않았을 터인데 왜 그는 한편을 제거하거나 양자를 조화시키지 않고 그대로 됐느냐는 말이다. 왜 그랬을까? 각각의 문서가 전하는 메시지가 '모두' 중요했기 때문이 아닐까? 이야기의 흐름이 어색해지더라도 둘다 후대에 전해야겠다고 여겼기 때문이 아닐까? 나는 그렇게 생각하지만 맞는 이야기인지 입증할 수는 없다.

계시, 받아도 고민 안 받아도 고민

홍수 이야기에는 메워야 할 공간도 많고 풀어야 할 압축파일도 많다. 그런데 그동안 성서학자들은 여기엔 관심을 덜 두고 서술된 이야기에만 집중하고 거기서 의미를 찾아내려 애써왔다. 하지만 성서학이 일반 문학비평 방법인 설화비평(narrative criticism)이나 수사비평(rhetorical criticism), 독자반응비평(reader response criticism) 등의 방법론을 성서 텍스트에 적용하기 시작한 1960년대 말 이후로는 상상력을 발휘해서 텍스트의 빈 공간을 메우거나 압축파일을 풀려는 노력을 기울여왔다. 애로노프스키의 영화 〈노아〉도 따지고 보면 이 방법을 활용해서 홍수 이야기를 스크린으로 옮겼다고 할 수 있겠다.

사람의 죄악이 너무 커서 그들을 땅위에서 쓸어버리기로 결심했다는 하느님의 의지를 밝힌 다음 설화자는 "그러나 노아만은 야훼께 은혜를 입었다"고 말한다. 사건의 전말을 모두 아는 우리에겐 이말이 뜬금없이 들리지 않지만 이 이야기를 처음 접하는 사람은 십

중팔구 고개를 갸우뚱할 거다. 왜, 노아에게 무슨 미덕이 있기에 그 사람만 야훼의 은혜를 입었는지가 궁금해서 말이다. 설화자는 자기도 그 궁금증을 이해한다는 듯이 바로 다음에 "노아는 그 당대에 의롭고 흠이 없는 사람이었다. 노아는 하느님과 동행하는 사람이었다"(9절)라고 말한다. 야훼는 사람과 세상이 속속들이 썩었다는 자신의 평가를 노아에게만 알려주고 그래서 그들을 홍수로써 심판할 터이니 방주를 지어 가족들과 짐승들이 살아남게 하라고 지시한다.

방주에 들어간 사람들과 짐승들을 제외하고 숨 쉬는 모든 짐승들이 몰살당한 재난에서 오직 노아 가족만 야훼의 은혜를 입었다면 거기엔 합당한 이유가 있어야 하지 않을까? "그는 의롭고 흠 없고 야훼와 동행하는 사람"이라는 서술은 그 이유를 설명하는 말이겠지만 그가 뭘 했기에 야훼에게 이런 칭찬을 들었느냐는 점은 여전히 궁금하다. 안 그런가?

고대 해석자들도 여기에 주목했다. 그들은 노아가 세상 사람들에게 회개를 촉구했을 거라는 추측으로 이 빈 곳을 메웠다. 시빌의 신탁, 요세푸스의 역사서, 신약성서 베드로후서, 외경 클레멘트 1서 등은 공통적으로 그가 회개를 선포했다고 전한다. 그게 하도 그럴듯해서 나는 정말 창세기 6장에 그런 이야기가 있는 줄 알았다. 그들도 그랬으니까 우리도 그렇게 못할 게 없다. 상상력을 발휘해서 '나의' 해석을 집어넣는 걸 너무 두려워하지 않아도 된다는 말이다. 나의 해석이 맞는지 틀린지, 받아들일지 말지는 다음 문제다. 그건 사람들이 받아들이냐 마느냐에 따라 결정된다. 노아가 의로웠다고 인정받은 이유는 그가 세상 사람들에게 회개를 선포했기 때문이란 해석이 텍스트적 근거는 없을지라도 사람들에게 받아들여졌던 것처럼 말이다.

이보다 더 궁금한 점은 노아가 온 세상을 물로 심판하겠다는 하느님의 말씀을 어떻게 받아들였을까 하는 것이다. '그래, 맞아. 세상은 마땅히 망해야 해! 하느님이 잘 결정하신 거야'라고 생각했을까? 아니면 '그들이 다 죽는 건 안 됐지만 그래도 다행이네. 나와 내 가족은 살게 됐으니…' 라고 생각하며 안심했을까? 그것도 아니면 '이를 어쩌지? 아무리 죄악이 극심해도 그렇지 세상을 몰살한다는 게 말이 돼? 나라도 뭐든 해야 하는 게 아닐까?' 하며 안절부절 했을까?

영화 〈노아〉는 홍수 계시를 받은 후 노아가 얼마나 고통스러워했는지를 잘 보여준다. 물론 성서에는 없는 이야기로 영화가 꾸며낸 대목이다. 이것을 요나서와 비교해보면 흥미롭다. 요나는 겨레의 원수인 니느웨 주민들이 회개하고 구원받는 걸 원치 않았다. 하느님이 왜 당신 백성의 원수까지 사랑하느냐는 거다. 니느웨 사람들에 대한 미움이 얼마나 컸으면 하느님의 지시를 어기고 다시스로 도망갔겠나. 악인이 구원받는다는 것도 기분 좋은 일은 아니지만 그들의 멸절을 지켜보는 것도 편치는 않은 일이었을 텐데 말이다. 악인이 심판받아 죽는 게 손뼉 치며 기뻐할 일이라면 노아가 어떻게 당대의 의인이고 하느님과 동행하는 사람이겠는가 말이다. 요즘 '불신지옥'을 외치는 사람들의 모습은 교리적으로 옳은지 그른지와 무관하게 기독교인으로서 취할 태도는 아닌 것이다.

영화 〈노아〉는 많은 논쟁거리를 던졌는데 그중 하나가 노아가 홍수 계시를 '말씀'이 아니라 꿈속에서 '이미지'로 받았다고 표현한 점이다. 영화는 노아가 야훼로부터 홍수에 대한 계시를 받았다고 확고하게 말하지는 않는다. 꿈은 하느님의 계시일 수 있지만 '개꿈'일 수도 있으니까. 따지고 보면 모든 계시는 어느 정도 주관적이다. 꿈의 경우는 더욱 그렇다. 꿈에 누군가 나타나서 이래라저래라 했다고 해도 그분이 하느님인 걸 어떻게 확인하겠나. 꿈이 아닌 현실에서 하느님의 목소리를 들었다 해도 그 목소리의 주인공이 하느님인지 어떻게 확신하겠냐는 말이다. 극단적으로 말해서 악마가 하느님 모습을 하고 나타날 수도 있지 않은가. 영화는 홍수 계시가 말씀이 아니라 이미지로 주어졌다고 표현함으로써 이 점을 잘 지적했다고 생각한다. 계시를 받고 그걸 확인하는 과정은 부득불 주관적일 수밖에 없다.

그래서 영화 속 노아는 고민에 고민을 거듭한다. 꿈 속에서 본 이미지대로 홍수가 닥칠지 확신할 수 없기 때문이다. 성서 설화자는 하느님 마음까지 다 읽을 수 있지만 노아야 어디 그런가? 말씀이든 이미지든 그는 그것을 '해석'하지 않으면 안 되었다. 말씀은 이미지보다는 덜 하지만 그래도 해석해야 하는 건 매 한 가지다. 애로노프스키가 말씀대신 이미지로 야훼의 메시지를 표현한 이유는 해석자인 노아에게 더 큰 여지를 주기 위해서였을 게다. 노아는 아들 함의 배우자를 찾으러 사람들이 사는 마을에 갔다가 식량을 구하기 위해 딸까지 파는 사람들의 악행을 목격하고 하느님이 세상을 멸절시키는 게 옳다는 사실을 확인했다. 하느님 계시의 진실성이 사람들이 살아가는 모습에서 확인된 것이다. 여기서 보듯이 하느님 계시의 진위를 확인하는 일은 쉬운 일이 아니다. 계시 받은 사람이 성서의 설화자처럼 하느님 마음속의 생각까지 알 수는 없으니 말이다. 그래서 계시를 받아도 고민이고 받지 않아도 고민이다. 계시를 받으면 그걸 어떻게 올바르게 해석할까 고민이고 못 받으면 당최 뭘 어떻게 해야 할지 몰라서 고민일 테니 말이다.

살아남은 자의 슬픔과 고통에서 벗어날 수 있을까

40일이 됐든 150일이 됐든 비가 오는 동안 방주 안에서 노아는 무슨 생각을 했을까? 밖에서 죽어가는 사람과 짐승에게 그는 아무 관심도 없었을까? 죽어가는 그들을 보면서 가슴 쥐어뜯으며 "왜? 대체 왜 이래야 합니까? 이게 최선입니까?"라고 하느님에게 울부짖지 않았을까? 텍스트는 비가 오는 동안 방주 안에서 무슨 일이 벌어졌는지, 그 안에 있던 사람들이 바깥 사정에 대해 어떤 감정을 가졌는지에 대해서 한 마디도 말하지 않는다. 이게 다 채워야 할 빈 공간이다. 그래서 영화는 몇 가지 사건들을 만들어낸다. 노아와 함의 관계가 좋지 않았던 이유는 노아가 함의 짝인 나엘을 구하려 하지 않았기 때문이란 이야기, 두발가인이 노아에 대한 함의 증오를 이용해 방주에 올라타서 노아와 다툰다는 이야기, 노아가 셈의 아내 일라가 낳은 쌍둥이 딸을 죽이려 했다는 이야기 등이 그것이다.

이렇듯 성서에 나오지 않는 얘길 꾸며냈다고 해서 영화는 기독교인들에게 환영받지 못했다. 그들에게는 이걸 다 성서를 '왜곡'하는 것으로 본 모양이다. 나는 영화가 성서를 '왜곡'했다기보다는 '해석'했다고 본다. 해석은 빈 공간을 메우고 압축파일을 푸는 작업이다. 해석하지 않고 이 이야기를 읽을 수 있을까? 감독은 그 작업을 수행했을 뿐이다. 그의 해석이 옳은가 그른가는 다른 문제다. 성서 이야기에 엄연히 빈 공간과 압축파일이 존재하니 그걸 메우고 풀어서 그렇지 않더라면 모호했을 메시지를 읽어냈다면 그것은 '왜곡'이라고 비난하지 말고 '해석'이라고 불러야 마땅하리라.

비가 멈추고 땅이 마른 후 노아 일행은 밖으로 나왔다. 방주를 나온 노아는 의인답게 야훼께 제사를 드렸다. 야훼는 번제의 향기를 맡고 마음속으로 이렇게 다짐했다고 한다.

"다시는 사람이 악하다고 하여서 땅을 저주하지는 않겠다. 사람은 어릴 때부터 그 마음의 생각이 악하기 마련이다. 다시는 이번에 한 것 같이 모든 생물을 없애지는 않겠다. 땅이 있는 한 뿌리는 때와 거두는 때, 추위와 더위, 여름과 겨울, 낮과 밤이 그치지 아니할 것이다."

여기서도 설화자는 야훼의 마음속 생각까지 꿰뚫어 알고 있다. 그러고 나서 야훼는 노아와 그 후손들과 더불어 다시는 홍수로 땅을 파멸시키는 일은 없으리라는 '언약'을 세우고 그 증표로 무지개를 세웠다고 했다. 하늘에 무지개가 설 때마다 야훼는 홍수로 벌하지 않겠다는 약속을 기억하겠다는 거다. 이 대목은 마지막에 살펴보기로 하고 여기선 노아가 술 취한 다음 벌어진 일에 대해 이야기해보자.

홍수가 끝난 후에 노아는 밭을 가는 사람이 되어 포도나무를 심었다. 하루는 그가 포도주를 마시고 장막에서 벌거벗고 잠들었단다. 성서에서 술 마시고 취한 사람 이야기는 여기서 처음 나온다. 술 취해 벌거벗고 잠이 들었다니 음주가는 행실을 조심할 일이다. 세 아들 중에 함이 이를 처음으로 발견했는데 아버지의 벗은 몸을 본 그는 그것을 가릴 생각은 안 하고 형들에게 이를 알렸다고 한다. 형들은 겉옷을 어깨에 걸치고 뒷걸음질 쳐서 장막 안으로 들어가 아버지의 몸을 덮어줬단다. 아버지의 벗은 몸을 보지 않고 말이다. 노아는 술에서 깬 뒤 아들들의 행위를 듣고 함에게는 저주를 퍼붓고 셈과 야벳은 축복했다는 내용이다.

이 얘길 어떻게 이해해야 할까? 아버지의 벗은 몸, 정확하게는 생식기를 봤다고 해서 "가장 천한 종이 되어 형제들을 섬길 것"이라니! 그게 그런 저주를 받아야 할만한 '악행'인가? 아버지의 벗은 몸을 보지 않은 다른 아들들은 함의 후손 가나안을 종으로 부릴 거라니, 그게 그만한 권력을 누릴만한 '선행'인가? 이것은 훗날 이스라엘이 가나안을 정복, 지배할 걸 미리 내다보고 한 말이거나 정복한 후에 그것을 과거로 투사해서 한 말이 아닐까? 학자들은 그렇게 추측한다. 아무리 노아가 집안에서 절대 권력을 휘두르는 가부장이라지만 이건 해도 너무하지 않나? 야훼의 '갑질'을 보고 배워서 그랬을까? 별 생각이 다 든다. 왜 이러나? 정말 이래도 되는 걸까? 권력을 이렇게 자의적으로 사용해도 괜찮은가?

이 문제가 내게만 곤혹스러운 것은 아니다. 고대로부터 지금까지 많은 해석자들이 이 이야기를 곤혹스러워 했고 따라서 어떻게든 이치에 맞게 해석해보려고 애써왔으니 말이다. 어떤 이는 이게 동성애에 대한 금지명령과 관계가 있다고 봤고 또 다른 사람은 가나안 사람들에 대한 이스라엘의 혐오감이 반영된 걸로 봤다. 모두 어느 정도 일리가 있는 해석이다. 나는 노아의 벗은 몸을 봤다가 경을 쳤다는 이야기가 하느님의 하체를 보면 안 된다는 이야기를 간접적으로 상징한다고 생각한다. 구약성서에서 가부장인 아버지는 하느님을 상징하기도 하니까 말이다. 이에 대해서는 졸저《하느님 몸 보기 만지기 느끼기》141-144쪽에서 비교적 상세히 서술했다.

그런데 노아가 '왜' 벌거벗고 잠이 들 만큼 술에 취했을까 하는 점에 대해서는 이야기한 사람이 별로 없다. 누군가가 이야기했겠지만 내가 과문(寡聞)한 탓에 이 문제를 심각하게 고민하고 쓴 글을 아직 못 만나봤을 수도 있다. 그는 왜 술을 취하도록 마셨을까? 그가 술을 마시지 말았어야 한다는 이야기는 물론 아니지만 말이다.

홍수 사건이 남긴 트라우마 때문이 아니었을까? 방주에 들어간 가족과 짐승 외에는 모두 죽었다. 그는 긴 세월 동안 방주를 만들면서 무슨 생각을 했을까? 고대 해석자들의 말대로 회개를 선포했다면 그걸 받아들이지 않는 사람들을 노아는 어떻게 생각했을까? 물이 빠진 후 방주에서 나와 살아남은 사람이 하나도 없는 세상을 보고 그는 무슨 생각을 했을까? 그는 그런 세상에서 어떻게 살았을까? 이야기는 "홍수가 있은 뒤에도 노아는 삼백오십 년을 더 살았다. 노아는 모두 구백오십 년을 살고 죽었다"(창세기 9:28-29)라는 건조한 말로 마무리된다. 그의 생애가 이러한 간단한 말로 정리될 수 있을까? 나는 그렇게 단순히 정리될 수는 없다고 본다. 그가 그 긴 세월을 어떻게 살았는지, 인류의 몰살을 경험하고 나서 제정신으로 잘 살았는지 궁금하다.

살아남은 자의 슬픔…. 살아남은 자의 고통…. 성서는 이에 대해 한 마디도 말하지 않는다. 노아는 과연 술 취하지 않고 맨 정신으로 남은 생을 살 수 있었을까? 정말 그럴 수 있었을까? 나치수용소에서 살아남은 프리모 레비(Primo Levi)는 전쟁이 끝난 훨씬 후에 스스로 목숨을 끊었다. 수용소에서 겪은 참혹한 경험이 그를 놔주지 않았기 때문일까? 노아는 방주 밖에서 죽는 사람들을 보면서 무슨 생각을 했을까? 평생 그 광경을 잊을 수 있었을까? 함에 대한 저주는 그의 정신적 불안이 낳은 또 다른 불행이 아니었을까?

이 대목에서 어쩔 수 없이 떠오르는 건 세월호 참사다. 참사가 벌어진지 2년도 더 지난 지금, 세월호 특별법을 다뤄야 할 특별위원회는 유명무실하고 국민의 세금 운운하면서 배의 인양도 지지부진하다. 돈은 핑계일 뿐 참변의 원인이 밝혀지는 게 두렵기 때문일 게다. 세월호 가족들은 오늘도 거리에 나와 있다. 노아 홍수와 세월호 참변이 오버랩 되면서 내 가슴에도 거센 물결이 출렁인다. 대한민국은 이런 트라우마에서 자유로울 수 있을까? 대한민국 국민은 이 악몽에서 벗어날 수 있을까? 살아남은 자의 슬픔과 고통에서 벗어날 수 있을까? 확신이 서지 않는다. 노란색만 봐도 죽어간 학생들이 떠오르는데 어떻게 거기서 자유로울 수 있겠나.

자신의 가슴을 도려낸 하느님

마지막으로 홍수로 세상을 멸절한 야훼의 심정이 어땠을까를 생각해보자. 궁금하지 않은가? 다행히 설화자는 미세하지만 그걸 엿볼 수 있는 실마리 하나를 남겨 놨다. 홍수가 끝난 후 야훼는 노아가 바친 제물 향기를 맡고서 마음속으로 이렇게 다짐했다고 한다.

"다시는 사람이 악하다고 하여서 땅을 저주하지는 않겠다. 사람은 어릴 때부터 그 마음의 생각이 악하기 마련이다. 다시는 이번에 한 것 같이 모든 생물을 없애지는 않겠다."

나는 처음 이 구절을 제대로 읽었을 때 말할 수 없는 분노로 치를 떨었다. 왜냐고? 그 엄청난 사건이 끝나고 모든 게 처음 있던 대로 돌아갔다니 어찌 분노하지 않을 수 있겠나. 이야기 서두에 야훼가 온 세상을 심판하기로 작정했을 때 그는 뭐라고 말했나. "사람의 죄악이 세상에 가득 차고 마음에 생각하는 모든 계획이 언제나 악한 것뿐임을 보시고서" 사람 지은 걸 후회했다고 하지 않았나. 그래서 물로 심판하기로 했다는 거 아닌가. 그렇게 심판한 후에, 그러니까 사람과 짐승을 모두 몰살시킨 다음에 하는 말이 "사람은 어릴 때부터 그 마음의 생각이 악하기 마련"이라고? 앞에선 "사람의 죄악이 세상에 가득 차고 마음에 생각하는 모든 계획이 언제나 악한 것뿐"이어서 심판해야겠다더니 나중엔 "사람은 어릴 때부터 그 마음의 생각이 악하기 마련"이기 때문에 다시는 물로 심판하지 않겠다니, 이게 대체 뭔 말인가? 홍수 전후에 하신 하느님의 말씀이 글자 그대로 똑같진 않지만 그 이야기가 그 이야기다. 그런데 앞에선 '그래서' 심판해야겠다더니 뒤에선 '그래서' 다시는 심판하지 않겠다니, 이게 말이 되냐는 거다.

옛 어른들이 말씀하시기를, 사람의 타고난 성격은 고치기 힘들다고 했다. 대개 공감할 것이다. 흔한 말로 은혜 받았다고 해서 사람 성격이 크게 달라지지는 않는다. 인격은 변하기가 참 어렵다. 노아 이야기도 마찬가지다. 사람의 악한 성질은 심판 후에도 달라지지 않았다고 말이다. 그럼에도 불구하고 야훼는 홍수 후에 사람들과 '새로운 언약'을 맺었다. 이때 맺어진 언약이 '새로운' 언약이라면 뭔가 달라져야 하는 게 아닌가? 그래야 그걸 '새롭다'고 할 수 있지 않나? 홍수 사건은 야훼가 '부분수술'로는 고칠 수 없다고 판단하고 '대수술'을 감행한 사건이다. 머리끝에서 발끝까지 다 고친 수술이었다는 이야기다. 하지만 그것으로도 고칠 수 없는 게 '사람의 마음'이었다. 대수술 후에도 사람의 마음은 언제나 악할 뿐, 달라지지 않았다는 거다.

그럼 이젠 어떻게 해야 하나? 홍수 심판 후에도 사람 마음이 달라지지 않았다면 이젠 어떻게 해야 할까? 남은 방법은 오직 하나 뿐,

야훼가 변하는 것뿐이다. '우리 아이가 달라졌어요!'가 아니라 '우리 하느님이 달라진 것 뿐이다'라는 거다. 야훼는 새 언약을 세우면서 "다시는 이번에 한 것 같이 모든 생물을 없애지는 않겠다. 땅이 있는 한 뿌리는 때와 거두는 때, 추위와 더위, 여름과 겨울, 낮과 밤이 그치지 아니할 것이다"라고 했다. 야훼는 다시는 이런 식으로 심판하지 않겠다고 작정한 거다. 야훼의 마음이 변했다! 야훼가 사람 대하는 방식이 달라진 거다. 사람이 달라지지 않았는데 사람과 하느님 사이의 관계가 달라졌다면 그 이유는 단 하나, 하느님이 변한 것밖엔 없다. 달리 해석할 수는 없지 않나.

이것을 우린 '은총'이라고 부른다. 싸구려 은총 아닌 비싼 은총이다. 값을 매길 수 없는 은총 말이다. 사람은 변하지 않았는데 하느님이 변해서 심판 대신 은총을 준다니까 이를 '공짜'라고, 횡재했다고 좋아라 날뛰는 사람은 '은총'이라는 말을 입에 올릴 자격이 없을 게다. 은총은 하느님 마음속에서 격렬하게 일었던 풍랑의 결과니까. 사람에게 은총을 주기 위해 하느님이 얼마나 큰 고통을 겪었는가 말이다. 하느님은 홍수라는 수술 칼로 사람의 환부를 도려내려고 했지만 그래봐야 소용없다는 걸 알고 자신의 가슴을 도려냈다. 그래서 하느님의 은총을 깨닫는다는 것은 그분 가슴의 상처에 손을 얹어 느끼는 걸 뜻하고 다시 그 손을 자기 가슴에 얹어 하느님의 아픔을 공감하는 것을 의미할 게다. 아마 그럴 것이다. 아니 분명히 그렇다.

4장

흩어져! 흩어지라니까

처음에 세상에는 언어가 하나뿐이어서 모두가 같은 말을 썼다. 사람들이 동쪽에서 이동하여 오다가 시날 땅 한 들판에 이르러서 거기에 자리를 잡았다. 그들은 서로 말하였다. "자, 벽돌을 빚어서 단단히 구워내자." 사람들은 돌 대신에 벽돌을 쓰고 흙 대신에 역청을 썼다. 그들은 또 말하였다. "자, 도시를 세우고 그 안에 탑을 쌓고서 탑 꼭대기가 하늘에 닿게 하여 우리의 이름을 날리고 온 땅 위에 흩어지지 않게 하자." 야훼께서 사람들이 짓고 있는 도시와 탑을 보려고 내려오셨다. 야훼께서 말씀하셨다. "보아라, 만일 사람들이 같은 말을 쓰는 한 백성으로서 이렇게 이런 일을 하기 시작하였으니 이제 그들은 하고자 하는 것은 무엇이든지 하지 못할 일이 없을 것이다. 자, 우리가 내려가서 그들이 거기에서 하는 말을 뒤섞어서 그들이 서로 알아듣지 못하게 하자." 야훼께서 거기에서 그들을 온 땅으로 흩으셨다. 그래서 그들은 도시 세우는 일을 그만두었다. 야훼께서 거기에서 온 세상의 말을 뒤섞으셨다고 하여 사람들은 그곳의 이름을 바벨이라고 한다(창세기 11장 1-9절).

바벨탑, 특이한 문명 현상들

2014년에 한 주간 동안 멕시코시티 장로교신학대학원에서 〈구약성서와 설교〉라는 과목을 집중 강의한 적이 있다. 내가 서반아어를 말할 줄 몰라서 통역자가 도와주었다. 매일 오전에 강의하고 오후에는 자유 시간이어서 통역해준 분과 함께 멕시코시티 이곳저곳을 돌아다녔다.

말이 안 통하는 게 그렇게 답답한 일인 줄 몰랐다. 통역이 없으면 나는 완전히 귀머거리요 벙어리였다. 세상에, 어쩜 그렇게 한 마디도 못 알아들을까. 그렇게 답답할 수 있는가 말이다. 얼마나 당황스러웠는지 모른다. 손짓발짓으로 소통이 가능하다는 말도 사실이 아니었다. 그것도 어느 정도는 말이 통해야 가능한 일이었다.

20여 년 전 처음 미국에 왔을 때가 생각났다. 그전까지는 영어를 듣고 말하는 훈련을 전혀 안 했기 때문에 처음엔 영어가 한 마디도 귀에 안 들어왔다. 영어하는 사람을 만나면 입이 얼어붙어서 한 마디도 할 수 없었다. 그때 진땀 흘린 걸 생각하면 지금도 아찔하다. 어찌어찌 대학원에 가서 공부하게 됐다. 신대원 졸업 후 10년 만에 공부를 재개했으니 구약이니 히브리어니 다 잊어버린 게 당연했는데 그것은 오히려 둘째 문제였다. 강의가 거의 귀에 들어오지 않았다. 하루 종일 굶어도 배가 고프지 않았고 소변도 마렵지 않았다. 그만큼 극심하게 긴장을 했던 것이다. 외국여행 하는 사람은 의사소통의 어려움을 겪게 마련이다. 그럴 때 답답한 건 물론이고 비참하다는 생각까지 든다. 능력의 부족을 탓하기도 하고 잘못된 언어교육을 탓하기도 하지만 이를 해결하는 방법은 시간과 노력뿐이다. 미국에서 산 지 20년이 넘었는데 영화를 보면 아직도 못 알아듣는 말이 많다. 귀가 이만저만 고생하는 게 아니다.

창세기 11장 바벨탑 이야기에는 특이한 내용이 많다. 이동, 정착, 도시, 언어, 벽돌, 역청, 이름, 탑 등 문명을 상징하는 단어들이 여기에 등장한다. 구약성서는 이런 문명 현상들이 어디서 왔다고 생각할까? 그것을 어떻게 이해하고 있을까? 구약성서가 이해하는 그대로 따라갈 필요는 없지만 그게 현대문명을 이해하는 데 도움이 된다면 꼼꼼히 따져볼 필요는 있겠다. 단순히 복고 취향만은 아니란 이야기다.

왜 꼭대기가 하늘에 닿는 탑을 쌓으려 했을까?

사람은 언제부터 언어를 사용했을까? 까마득한 옛날로 거슬러 올라갈 거다. 언어학자들은 기원전 3천 년 경, 지금부터 약 5천 년 전에 처음으로 사람이 문자를 사용하기 시작했다고 한다. 최초의 문자는 이집트의 상형문자와 메소포타미아의 수메르 문자란다. 지금까지 발견된 가장 오래된 문서는 남부 메소포타미아의 우룩(Uruk)에서 발견된 문서로 기원전 3천 백 년 경에 수메르어로 쓰였다. 앞으로 또 무엇이 발견될지 모르지만 지금까진 그렇단 이야기다. 땅 속에 뭐가 묻혀 있는지는 아무도 모르는 일이니까. 사람이 언어로 의사소통을 한 것은 그보다 훨씬 전이다. 언젠지는 분명치 않지만 벌거벗고 도끼 들고 사냥 다녔을 때도 사람은 말로 의사소통을 했다.

바벨탑 이야기는 창세기 1장에서 시작된 원역사(Ur-history)를 마무리한다. 이 이야기는 널리 알려져 있을 뿐 아니라 고대 중동문명권에는 이와 비슷한 이야기가 여럿 있다. 학자들은 이 이야기의 직접적인 배경은 메소포타미아에서 볼 수 있는 '지구라트'라고 말들 한다. 지구라트는 메소포타미아 여러 도시에 있던 탑 모양의 건축물로 꼭대기에 신전이나 제단 같은 게 있었다. 그래서 이것을 종교적 기능을 가진 건축물이라고 추측한다. 바벨탑 이야기에는 제단에 대한 언급이 없지만 말이다.

바벨탑 이야기는 "처음에 세상에는 언어가 하나뿐이어서 모두가 같은 말을 썼다"는 말로 시작된다. 모든 민족이 노아 후손에게서 비롯됐다는 창세기 10장과 더불어 이 이야기는 인류가 본래는 동질적이었다고 말한다. 그들은 "동쪽에서 이동하여 오다가 시날 땅 한 들판에 이르러서 거기에 자리를 잡았다." 가나안에서 보면 메소포타미아는 동쪽에 있고 '시날'은 메소포타미아를 가리키는 말이다. 이들이 메소포타미아에서 가나안을 향해 서쪽으로 이동했다면 이 이야기의 배경은 기원전 2,000-1,500년 사이 세 차례에 걸쳐 일어났던 대이동이 아니면 기원전 6세기 이스라엘이 바빌론 포로생활을 끝내고 가나안으로 귀환했던 시기라고 추측할 수 있다. 학자들이 이 얘길 바빌론으로부터의 귀향과 연결시키는 데는 이런 까닭이 있다. 원역사(창세기 1-11장)에는 '동쪽'이란 말이 모두 세 번 나온다. 아담과 하와가 에덴동산에서 쫓겨났을 때(3:24) 처음 나오고, 가인이 아벨을 죽인 후 거주한 놋이란 곳이 에덴의 '동쪽'이라고 했을 때(4:16)가 두 번째이며 그 다음이 여기다. 앞의 두 경우가 별로 안 좋은 의미로 쓰였으므로 앞으로 벌어질 사건도 안 좋은 의미를 가질 거라는 추측이 가능하다.

그들은 시날 들판에 자리 잡고 탑을 쌓기로 결정했는데 "돌 대신에 벽돌을 쓰고 흙 대신에 역청을 썼다"라며 탑을 어떻게 쌓을 것인지를 밝히고 있다. 탑의 재료가 뭔지 왜 밝혔을까? 건축업자들을 상대로 쓴 글도 아닌데 말이다. 이것들은 메소포타미아에서 사용된 건축 재료로써, 돌과 진흙을 사용하는 것보다 발달된 방식이고 내구성도 뛰어났다고 한다. 이야기의 배경이 메소포타미아의 발달된 문명임을 보여주는 또 다른 간접증거인 것이다.

하지만 이야기의 초점은 건축 재료가 아니라 왜 탑을 세웠는지에 맞춰져 있다. 그 답은 "자, 도시를 세우고 그 안에 탑을 쌓고서 탑 꼭대기가 하늘에 닿게 하여 우리의 이름을 날리고 온 땅 위에 흩어지지 않게 하자"라고 말한 데서 엿볼 수 있다. 탑을 세우기 전에 그들은 먼저 도시를 세우고 그 안에 탑을 쌓았다는데 설화자는 도시에는 관심이 없고 탑에만 초점을 맞춰서 이야기를 진행한다. 탑을 쌓은 목적은 "탑 꼭대기가 하늘에 닿게 하여 우리의 이름을 날리고 온 땅 위에 흩어지지 않게" 하려는 데 있었다.

이게 왜 잘못이었을까? 왜 하느님은 이 행위에 대해 "보아라, 만일 사람들이 같은 말을 쓰는 한 백성으로서 이렇게 이런 일을 하기 시작하였으니 이제 그들은 하고자 하는 것은 무엇이든지 하지 못할 일이 없을 것이다."라는 염려를 했을까? 도시를 세우겠다는 생각 때문이었나? 탑을 쌓으려고 했기 때문일까? 탑 꼭대기가 하늘에 닿지만 않았다면 아무 문제도 없었을까? 이름을 날리려 했던 '교만'이 문제였을까? 아니면 온 땅에 흩어지지 않으려던 게 하느님을 불편하게 만들었던가?

이 가운데 가장 그럴듯하지 않은 답은 도시를 세웠다는 것이다. '도시'를 세우는 일은 이스라엘뿐 아니라 누구나 했던 일이니 말이다. 도시가 당시 바빌론에 있던 '메트로폴리스'를 가리킨다면 거기서 뭔지는 확실치 않지만 모종의 '죄악'의 냄새를 맡았을 수도 있지만 그것은 아닐 터이다. 이스라엘 역시 도시에서 살아왔으니 도시를 세우는 일이 하느님의 마음을 불편하게 하진 않았을 거다.

그 다음에 생각할 수 있는 것은 '탑'을 쌓은 일이겠다. 이게 보통 탑이 아니라 '꼭대기가 하늘에 닿게' 하려는 탑이지 않은가. 그들은 하늘이 얼마나 낮다고 여겼기에 탑을 쌓아 하늘에 닿으려 했을까 하는 점이 궁금하다. 현대인이 보기에는 너무도 터무니없고 유치해서 웃음밖에 안 나온다. 과연 그들은 꼭대기가 하늘에 닿는 탑을 자기들이 쌓을 수 있다고 생각했을까? 우주가 얼마나 넓은지, 해와 달과 별들이 얼마나 높이 떠있는지 그들은 몰랐으니 높이 탑을 쌓으면 하늘에 닿는다고 생각했던 모양이다. 그레고리 라일리(Gregory Riley)는 《하느님의 강 *The River of God*》에서 우주가 얼마나 광대하고 하늘이 얼마나 높은지 사람이 알게 된 것은 그리 오래 전 일이 아니라 했다. 그걸 알고 난 후 비로소 하느님이 산다는 '하늘'이 물리적인 공간을 가리키는 게 아니라 추상적인 '초월'(transcendence)을 의미하게 됐다고 한다. 하지만 이건 먼 훗날 일어날 일이고 이 이야기의 배경이 되는 시대를 살던 사람들에게는 꼭대기가 하늘에 닿는 탑을 쌓는 게 가능했다고 믿었다는 거다.

그럼 왜 그들은 꼭대기가 하늘에 닿는 탑을 쌓으려 했을까? 목적이 무엇이었을까? 하느님을 보고 싶어서였을까? 하느님 말씀을 가까이서 듣고 싶어서였나? 고대 해석자들의 눈에는 그게 그렇게 긍정적으로 보이지 않았나 보다. 그런 '순수한' 목적으로 그랬다면 왜 하느님이 분노했겠나 말이다. 고대 해석자들은 하느님을 공격하거나 그 영역을 침범하려고 탑을 쌓았다고 이해했다. 텍스트에는 '공격'을 암시하는 단서는 없고 다만 "이름을 날리고 온 땅 위에 흩어지지 않게" 하려는 말만 있다. 하지만 희년서, 바룩 3서 등은 탑을 쌓은 행위를 하느님을 공격하는 걸로 해석했다. 유대인 학자 필로나 구약성서 아람어 번역인 타르굼 니오피티(Targum Neofiti)는 그들이 하느님과 '전쟁'을 하려 했다고까지 해석했다. 그들의 해석에 동의하지는 않더라도 어떻게든 텍스트를 '이해'해보려는 고대 해석자들의 끈질긴 노력이 가상하다. 안 그런가? 그들은 왜 자기들의 이름을 내려고 했을까? 텍스트는 독자들이 다 알고 있다는 듯이 그 이유를 밝히지 않는다. 그러니 우리는 추측할 수밖에 없다.

현대는 자기 PR시대다. 남이 자기를 알아주기 전에 내가 먼저 나를 알려야 한다는 거다. 요즘 젊은이들이 이력서에 한 줄을 넣기 위해 스펙 쌓기에 열중하는 것도 같은 맥락이다. 좋은 대학을 나와야 하고 해외연수도 다녀와야 하며 이름난 회사에서 인턴 경력도 쌓아야 좋은 직장을 얻을 수 있다. 옛날엔 그렇지 않았는데 요즘은 이름 날리는 게 미덕이 됐다. 옛날엔 하느님과 남을 높이고 자기를 낮추는 게 미덕이었지만 그렇다고 해서 사람이 이름 날리려는 게 하느님을 이 정도로 염려하게 했을까?

마지막 남은 옵션은 흩어지지 않으려 했다는 것이다. 내 세대는 어렸을 때 "뭉치면 살고 흩어지면 죽는다"는 말을 귀에 못이 박히게 들으면서 자랐다. 요즘은 "진보는 분열 때문에 망한다"는 말을 더 많이 듣는다. 뉘앙스는 다르지만 둘 다 단결을 강조한다. 문제는 왜, 뭘 위해서 뭉치는가 하는 데 있다. 분열은 모두 다 나쁜가? 부득이 흩어져야 하는 경우도 있지 않은가?

자연의 거대한 힘에 위협받으며 살던 고대인에게는 뭉치고 단결하는 게 자연스럽고 당연했다. 그 앞에서 사람은 너무도 왜소하고 약해서 집단을 이뤄야 생존할 수 있었던 거다. 흉년이 들어 다른 곳으로 이동해야 했을 때도 뭉쳐야 했다. 주거지 이동은 목숨을 건 모험이었으니 생존을 위해 뭉치는 게 필수였다. 그야말로 뭉치면 살고 흩어지면 죽었다.

이것이 왜 하느님을 화나게 했을까? 도시를 만들고 탑을 세워서 그것을 중심으로 뭉치려는 행위가 왜 하느님을 그토록 불편하게 만들었을까? 하느님 중심인 신본주의로 살지 않고 자기들이 세운 탑을 중심으로 인본주의적으로 살려 했기 때문일까? 그게 "생육하고 번성하여 땅에 충만하라!"(창세기 1:28)는 하느님의 명령을 거역하는 것이기 때문이었나? 안타깝게도 텍스트는 이에 대해 분명하게 답하지 않는다.

왜 하느님을 화나게 했을까?

하느님은 사람들의 행위를 지켜보고 진상을 파악한 다음 행동을 개시한다. 사태가 이 지경이 된 이유는 "사람들이 같은 말을 쓰는 한 백성"이란 데 있었다. 문제의 뿌리에 '동질성'이 있다고 판단됐다는 거다. 그게 왜 문제가 될까? 인류가 한 백성이니 같은 말을 쓰면 좋은 거 아닌가? 그렇다면 어딜 가나 누굴 만나나 소통문제는 없을 거 아닌가 말이다. 멕시코에 가도, 러시아에 가도 말이 안 통해 답답해하지 않아도 되니 얼마나 좋은가. 인류가 같은 언어를 쓴다면 세계는 지금보다 훨씬 더 평화롭지 않겠는가. 별별 생각이 다 들지만 모두 가정일 뿐이고 인류가 한 백성이고 언어가 하나라면 세상이 어떻게 될지는 누구도 모른다.

정작 문제는 그 다음이다. 하느님은 사람이 한 백성이고 같은 말을 쓰기 때문에 "이런 일을 하기 시작하였으니 이제 그들은 하고자 하는 것은 무엇이든지 하지 못할 일이 없을 것"이라고 판단한다. 오해하지 말자. 탑을 쌓은 사람들이 이 말을 한 게 아니다. 설화자가

한 것도 아니다. 하느님 자신이 이렇게 말씀했다. 사람이 하려고만
하면 하느님도 막지 못한다는 말을 그 누구도 아닌 하느님이 했다
는 이야기다. 하느님이 스스로 '무능'하다고 선언한 것이나 마찬가
지다! 사람이 하나로 똘똘 뭉쳐서 원활하게 소통하면서 탑을 쌓으
면 하느님도 막지 못한다는 거다.

　이 이야기의 전체 주제가 뭘까? 오랫동안 학자들은 이 이야기를
탑을 쌓아 하늘에 닿으려는 사람들의 '교만'과 '신성모독'에 대한
하느님의 심판으로 이해했다. 이 이야기의 메시지는 그렇게 이해되
어 왔다. 그런데 요즘은 탑 꼭대기가 하늘에 닿게 하려 했다는 대목
을 지나치게 해석한 걸로 보는 견해도 있다. 물론 '교만'과 '신성모
독'에 대한 이야기로 볼 수도 있지만 그게 이 이야기의 중심 메시지
는 아니라는 거다. 하느님이 탑을 무너뜨렸다는 언급이 없는 것도
교만이나 신성모독이 이야기 전체의 중심 메시지가 아님을 간접적
으로 보여주는 증거로 본다. 탑 꼭대기가 하늘에 닿는 게 그토록 중
대한 문제였다면 왜 하느님이 그걸 파괴하지 않았겠느냐는 이야기
다. 어떤가? 그럴듯하지 않은가?

　다신교에서는 신과 사람을 구분하는 경계선이 유일신교에 비해
서 불분명하다. 신이 사람처럼 행동하기도 하고 사람이 신처럼 행
동하기도 한다. 그런데 그게 크게 문제가 되지 않는다. 하지만 유일
신교에서는 그렇지 않다. 유일신교에서도 신을 사람처럼 묘사하는
경우가 없지 않지만 사람이 신의 영역에 침범하는 것은 엄격히 금
지되어 있다. 둘 사이의 경계가 명확하다. 신이 사람처럼 생각하고

말하고 행동하는 것은 문제가 없지만 사람이 신처럼 말하고 행동해서는 절대 안 된다. 이런 유일신교 안에서 사람이 탑을 쌓아 하늘에 닿으려 했던 거다. 사람들이 이런 짓을 하는 걸 목격하고 하느님은 '아하, 사람이 하려고만 하면 못할 게 없겠구나!' 하고 깨달았다. 사람들이 꼭대기가 하늘에 닿도록 탑을 쌓는 걸 보니 앞으로는 하려고만 하면 못할 게 없다는 걸 하느님이 알게 됐다는 말이다. 하지만 정말 이것이 이야기 전체의 주제라면 탑을 무너뜨리면 되지 않은가? 하지만 하느님은 그렇게 하지 않고 언어를 혼란시켜 탑 쌓는 걸 중단시켰다. 이 점은 탑을 쌓은 게 바람직하지 않은 건 아니지만 그게 이야기 전체를 이끌어가는 중심주제는 아님을 보여준다.

그래서 "우리(하느님과 천사들)가 내려가서 그들이 거기에서 하는 말을 뒤섞어서 그들이 서로 알아듣지 못하게" 했다. 학자들은 오래 전부터 이 대목을 원인론적(aetiological)인 이야기로 읽어왔다. 이 세상에 왜 다양한 언어가 존재하는가 하는 이유를 설명하려고 만들어낸 이야기라는 거다. 언어학자들이 들으면 실소할 주장이겠다. 세상에 다양한 언어가 존재하는 이유가 이렇게 단순할 리도 없거니와 이처럼 한순간에 이뤄진 일도 아니다. 언어의 분화는 오랜 시간에 걸쳐 수많은 경로를 거치면서 벌어진 현상이니 말이다.

그렇다면 이 이야기의 배경은 뭘까? 하버드대학에서 은퇴한 제임스 쿠걸(James Kugel)은 《성서를 어떻게 읽을 것인가? *How to Read the Bible: A Guide to Scripture, Then and Now*》라는 책에서 이런 이론을 펼친다. 여기서 혼란스런 언어는 지상에 존재하는 모든 언어를 가리키는 말이 아니라 수메르어, 아카디아어, 히브리어, 아람어 등의 고대 중동지역의 언어들을 가리킨다고 한다. 이들 언어를 배워본 사람은 무슨 이야기인 줄 짐작할 게다. 이들 언어는 수메르어를 빼면 모두 한 가족이다. 동일한 뿌리에서 태어나서 각자 다른 경로로 발전해왔던 거다. 스페인어와 포르투갈어의 관계가 이와 비슷하다. 두 언어의 뿌리가 같아서 스페인어를 하면 포르투갈어도 어느 정도 할 수 있다. 히브리어 단어의 뜻을 모를 때는 같은 어원의 아카디아어를 참조하면 뜻을 짐작할 수 있는 경우가 많다. 물론 이게 통하지 않아서 낭패를 볼 때도 적지 않지만 말이다. 좌우간 이 이야기는 다양한 언어의 존재를 긍정적인 '축복'이나 '다양성'으로 보지 않고 '징벌' 또는 '방지책'으로 보고 있음이 분명하다.

온 세계가 하나의 촌락처럼 서로 연결되어 있지만 그럼에도 불구하고 갈가리 나눠지고 찢어져서 바야흐로 '소통'의 문제가 초미의 관심사로 대두된 요즘은 이 이야기를 소통불능에 대한 이야기로 읽는다. 알레한드로 곤잘레스 이냐리투 감독의 2006년 영화 〈바벨〉은 제목을 창세기 11장 바벨탑에서 따온 게 분명하다. 이 영화는 소통의 문제를 다루는데 제목을 바벨탑에서 가져온 걸 보면 감독이 바벨탑 이야기를 소통에 관한 걸로 이해했음이 확실하다.

영화에서 리처드와 수잔 부부는 자식을 잃고 닥친 위기를 극복해보려고 모로코로 여행을 떠났는데 거기서 한 양치기 소년이 장난으로 쏜 총에 맞아 수잔이 부상을 당하게 된다. 영화는 이 작은 사건이 몇 개 대륙에 걸쳐서 연결되어 있음을 보여주면서 동시에 이렇게 그물망처럼 촘촘히 연결되어 있는 세계가 심각한 소통부재의 문제를 갖고 있음을 보여준다. 리처드 부부와 동승한 관광객들은 필경 이 사건이 국제적인 분쟁에서 비롯됐다고 판단하는데 사실 수잔이 맞은 총은 한 일본인이 모로코로 사냥하러 왔다가 모로코 인에게 선물로 주고 간 총이었다. 국제분쟁이나 테러와는 무관하게 우연히 일어난 사건이었던 거다.

한편 리처드와 수잔 부부가 일정대로 귀국하지 않자 미국에 있는 그의 집에도 문제가 생겼다. 부부의 아이를 돌봐주는 유모가 고향 멕시코에서 열리는 동생의 결혼식에 참석할 수 없게 된 거다. 그녀는 할 수 없이 리처드 부부의 딸을 데리고 멕시코로 간다. 아이만 혼자 두고 갈 수는 없으니 말이다. 미국에서 멕시코로 내려가는 건 어렵지 않은데 멕시코에서 미국으로 올라오는 건 보통 힘든 일이 아니다. 합법적인 서류를 갖고 있어도 줄을 서서 몇 시간이고 기다려야 한다. 미국 국경관리는 백인 여자아이를 멕시코 여자가 데리고 있는 걸 수상히 여겨서 조사하게 되고, 그러는 동안 유모의 동생은 달아나고…. 영화는 이렇듯 모로코에서 벌어진 총기사고에 크고 작은 많은 일들이 얽혀 있고 그게 어떻게 악화되어 가는지를 보여줌으로써 소통 장애의 문제를 다룬다.

소통의 문제는 최근 현대사회에서 중요하게 대두된 문제들 중 하나다. 요즘은 너도나도 소통을 말하지 않는가. 바벨탑 이야기가 소통의 문제를 다루고 있음을 부정할 사람은 없을 것이다. 그러면 소통의 문제가 바벨탑 이야기의 중심주제일까? 그렇진 않다. 교만과

알 수 없는 분

신성모독이 이 이야기 전체의 중심주제가 아니듯 소통의 문제도 전체의 중심주제는 아니다. 현대인에게는 심각한 주제임에 분명하지만 말이다.

아하~ 이런 깊은 뜻이!

그렇다면 이 이야기 전체의 중심주제는 무엇일까? 그것은 뭉치려는 사람들과 그들을 흩으려는 하느님 사이에 벌어진 충돌이다. 이야기 전체에서 가장 눈에 띄는 단어는 '흩어지다'는 뜻의 히브리어 동사 '푸츠'다. 이 동사는 아홉 절로 이루어진 이 이야기에 세 번이나 등장하는데(4, 8, 9절) 모두 중요한 의미를 담고 있다. 탑을 쌓으려는 목적이 '흩어짐'을 면하기 위해서였다고 말하고, 이에 대해 하느님은 언어를 혼란시켜 사람들을 '흩어지게' 만들었다고 서술한다. 그래서 사람들은 온 지면에 '흩어졌다'는 거다. 단어의 빈도수가 반드시 중요성과 비례한다고는 할 수 없지만 그래도 중요한 자리에 이 정도로 자주 등장한다면 관심을 기울일 이유가 충분하다.

　뭉쳐야 할 이유가 분명치 않거나 힘 있는 소수를 위해 다수에게 뭉칠 것을 강요한다면 의도를 의심하는 게 맞다. 소수의 이해가 전체의 이해와 같다고, 그게 공동선이라고 강변하는 경우가 많기 때문이다. 힘없고 가난해서 제 권리를 누리지 못하는 사람들을 위해 일하는 사람에게 공동선을 위협하고 사회분열을 조장한다는 죄 아닌 죄를 뒤집어씌우는 경우도 드물지 않다. 권력자들은 대중을 가능한 한 흩으려 애써왔다. 분할해서 통치하는 전략이다. 중산층과 서민을 나누고 정규직과 비정규직을 나누고 남자와 여자, 내국인과 외국인을 구분하고 분리하면 쉽게 통치할 수 있으니 말이다. 그래서 뭉쳐도 문제요 흩어져도 문제라고 생각하기 쉽다. 일종의 양비론인데 이건 힘 있는 자들이 자주 쓰는 전략이다. 정말 뭉쳐도 문제이고 흩어져도 문제일까? 바벨탑 사건도 이 문제와 관련이 있지 않을까?

하느님은 흩어지지 않으려는 사람들의 시도를 좋지 않게 여겼다. 진짜 문제는 도시를 만든 것도, 탑 꼭대기가 하늘에 닿게 하려 했던 것도, 교만하게 이름을 내려고 했던 것도 아니다. 진짜 문제는 그들이 흩어지지 않으려 했다는 데 있다. 하느님의 관심은 거기 맞춰져 있었다. 언어를 혼란시킨 것도 그 때문이다. 그들을 흩어버리기 위해서였던 거다. 왜 그랬을까? 왜 하느님은 흩어지지 않으려는 사람들을 부득부득 흩으려 했을까? 아쉽지만 텍스트에는 그 답이 없다. 그래서 학자들은 원역사 전체를 살펴봤는데 거기서 '흩어짐'이 일관된 흐름이란 사실을 발견했다. 하느님은 창세기 1장 28절에서 인류에게 "생육하고 번성하며 땅에 충만하고 땅을 정복하며 생물을 다스리라"고 명했는데 이게 제대로 실행되지 않았다. 그래서 하느님은 아담과 하와를 에덴에서부터 세상으로 내보냈다. 말하자면 흩을 준비를 했다는 거다. 홍수 후에는 어떻게 됐나? 노아의 세 아들과 그 후손들이 온 땅에 퍼졌다. 그렇게 퍼진 노아 후손의 족보가 창세기 10장에 전해진다. 바로 그 다음에 바벨탑 이야기가 나온다.

사람들이 동쪽에서 오다가 시날이란 곳에 도착해서 거기서 도시를 건설하고 탑을 세웠단다. 그러니까 그들은 도시를 건설하고 탑을 쌓기 전에는 '이동'하고 있었던 거다. 말하자면 그들은 '흩어지고' 있었다. 자의(自意)든 타의(他意)든 어쨌든 그들은 흩어지고 있었다. 다시 말해서 "땅에 충만하라!"는 하느님의 명령을 실행하고 있었다는 말이다. 그런데 그들이 시날에서 멈췄다. 거기서 도시를 건설하고 탑을 쌓았다. 흩어지기를 중단했다. 그래서 어떻게 됐나? 이들을 하느님은 어떻게 했나? 죽였나? 그렇지 않다. 탑을 무너뜨렸나? 그것도 아니다. 하느님은 그들을 다시 흩었다! 하느님은 그들을 흩었을 뿐, 다른 행동을 하지 않았다. 시날에 정착하기 전까지 그들이 해오던 걸 계속하게 만들었을 따름이다. 한 백성이고 언어가 같아서 흩어지기를 멈추자 그걸 못하게 하기 위해서 언어를 혼란시켰다.

그 동안 이 얘긴 '뭉침과 흩어짐의 대립'이란 틀로 읽혀왔다. '하나의' 백성이 '여러' 백성이 됐고 '하나의' 통일된 언어가 '다양한' 언어가 됐다는 식으로 말이다. 사람은 뭉치려 했는데 하느님은 흩으려 했다. 그런데 이 이야기를 잘 읽어보면 뭉침과 흩어짐이 대립하는 게 아니라 '정착'과 '흩어짐'이 대립한다. 하느님은 사람들이 이동하기/흩어지기를 바라는데 사람들은 그것을 거부하고 도시를 짓고 탑을 쌓고 정착하려 했다는 게 문제였다. 그래서 하느님은 강제로 그들을 흩었던 거다. 강제력을 사용하지 않고 언어를 혼란시킴으로써 그렇게 했다.

사람이 공동체를 이루고 사는 게 잘못이란 뜻은 아닐 게다. 흩어져서 땅에 충만하라는 말은 공동체를 이루지말라는 뜻이 아니다. 사람은 본래 공동체를 이루고 관계를 맺으면서 살도록 창조되지 않았던가. 아담이 홀로 있는 게 좋지 않아서 하느님이 하와를 창조하지 않았나 말이다. 문제는 이 공동체가 뻗어나가지 않고 정착하려 했던 데 있다. 흩어지라는 말은 남들과 떨어져 개별적으로 살라는 뜻이 아니라 공동체를 만들어서 뻗어나가란 뜻이다. 뻗어나가며 계속해서 새 공동체를 이루라는 뜻이다.

있는 듯 없는 듯 존재하라

'흩어지는 교회'가 교회에서 중요한 주제로 떠올랐던 때가 1960-70년대였으니 지금부터 4-50년 전 일이다. '모이는 교회'가 전부는 아니다. 교회는 모여서 기도하고 찬송하고 설교 듣고 친교 하는 것에 그쳐서는 안 되고 흩어져서 미션을 행하는 공동체여야 한다는 거다. 요즘은 '미셔널 처치'라는 말을 많이 쓰던데 그게 '흩어지는 교회'와 어떻게, 얼마나 다른지 나는 잘 모른다. 짐작컨대 큰 차이는 아닐 거다.

바벨탑 이야기를 '흩어지는 교회'라는 시각에서 긍정적으로 읽을 수도 있지 않을까 싶다. 그 이유는 이렇다.

첫째로 바벨탑 이야기는 '소통'이 과연 뭔가를 생각하게 만든다.

그들이 탑 건설을 중단한 것은 말이 통하지 않았기 때문이다. 하느님이 언어를 혼란시켰기 때문이다. 여기에는 언어소통 이상의 상징적인 의미가 있는 게 아닐까? 진정한 소통이 뭔지를 생각해볼 수 있지 않겠냐는 말이다. 같은 언어로 말하는데도 소통이 안 되는 경우가 많이 있다. 안 그런가? 너와 내가 소통한다는 것은 귀라는 감각기관으로 소리라는 자극을 받아들여서 그걸 뇌로 전달함으로써 내용을 파악하는 것 이상을 의미한다. "들어라, 이스라엘아!"란 말을 들어봤을 터이다. 신명기가 하느님의 말씀을 전할 때 사용하는 관용적인 표현이다. 하느님의 말씀을 듣는다는 건 발언된 말을 귀라는 감각기관으로 수용하는 데 그치지 않는다. 그것은 화자에 대한 신뢰를 바탕으로 선언되는 말이 가져올 새로운 현실에 자신을 개방하고 변화할 준비를 갖추는 것까지를 뜻한다. 진정한 소통은 언어의 소통을 뛰어넘어 마음의 소통과 영혼의 소통까지를 의미할 테니 말이다.

둘째로 이 이야기는 사도행전 2장에 나오는 오순절 성령강림 사건과 관련되어 있다. 오순절 사건은 바벨탑 사건의 패러디라고 할 수 있다. 바벨탑 사건에서 하느님은 언어를 혼란시켜 서로 알아듣지 못하게 했던 반면 오순절 사건에서는 성령의 은혜로 제자들이 방언을 말함으로써 생면부지의 사람들과 소통했다. 바벨탑 사건이 말문이 막혀 탑 쌓는 걸 중단하고 강제로 흩어진 사건이라면 오순절 사건은 막혔던 말문이 열리고 사람들 사이를 가로막고 있던 장벽이 무너져 소통이 이루어져 흩어진 사건이다. 그래서 예수의 제자들은 세상으로 흩어지는 공동체가 되었다. 바벨탑 때처럼 강제로 흩어진 게 아니라 자발적으로 흩어졌던 것이다.

오랫동안 한국교회는 모이는 일에 일방적으로 치중해왔다. '성장'이란 이름으로 그것을 정당화해왔다. 이 때문에 교회는 자기밖에 모른다는 지탄을 지속적으로 받아왔는데 그걸 아는지 모르는지 교회는 좀처럼 자신을 바꾸지 않는다. 전 세계에 한국 출신 선교사가 흩어져 있다고 한다. 전 세계 어떤 나라, 어떤 교회보다 타국에 선교사를 내보내는 일에 적극적인 교회가 바로 한국교회다. 그러나 고 이태석 신부 같이 선행으로 칭찬을 받는 개신교 선교사는 그리 많지 않아 보인다. 물론 보이지 않는 데서 복음의 씨앗을 뿌리려 노심초사하는 선교사도 있지만 대개는 수 세기 전 서구교회가 해왔던 바로 그 제국주의 선교를 계속하고 있다. 그리고 선교의 범위를 지나치게 좁게 잡아서 교인숫자 증가라는 실적을 올리는 데만 열중한다는 비판을 받고 있다. 지난 수십 년 동안 한국의 대형교회에서는 쪼개서 몸집을 줄이는 일이 유행처럼 벌어졌다. '분가'라는 이름으로 행해지는 이런 행태에 대해서도 반성과 비난의 소리가 높다. 변형된 모습의 교세확장이라는 거다.

이런 상황에서 우리는 바벨탑 이야기가 주는 메시지를 무겁게 받아야 하겠다. 하느님과 같아지려는 오만이든 인위적인 수단으로 하느님과 소통하려는 시도든 탑을 쌓는 것은 올바른 일이 아니다. 바벨탑 이야기는 스스로 녹아 없어져 물 전체를 짜게 만드는 소금처럼, 어디 있는지 찾을 수는 없지만 밀가루 반죽 전체를 부풀리는 누룩처럼 사회 곳곳에 흩어져 있는 듯 없는 듯 존재하며 예수의 복음을 실천하는 교회가 되라는 메시지가 아니겠는가. 흩어지는 교회든 미셔널 처치든, 그도 아니면 뭐가 됐든 간에 사회 속으로 흩어져서 사회 전체를 짜게 하고 부풀리는 역할을 우리더러 하라는 메시지가 아니겠나 말이다.

5장

아무리 그래도 아들을 제물로 바치라니…

새롭게 알게 된 하늘의 하느님

목사와 버스 운전사가 천국에 갔는데 운전사는 대궐 같은 집을 배정받았고 목사는 초라한 집을 배정받았단다. 목사가 베드로에게 왜 그러냐고 물었더니 베드로 왈, "당신이 설교할 때 청중은 졸았지만 운전사가 운전할 땐 하도 위험하게 운전해서 승객들이 '주여, 여기서 살려주신다면 교회에 잘 나가겠습니다'라고 기도했다. 너는 사람들을 졸게 만들었고 저 친구는 기도하게 만들었으니 큰 집에 살 자격이 있는 거다." 연설이 됐든 설교가 됐든 글이 됐든 지루하지 않아야 하는 건 매 한 가지다. 존 웨슬리는 설교시간에 한 사람이라도 졸면 설교를 중단했다지 않나.

　이런 이야기로 글을 시작하는 건 이 글 내용이 사람들에게 익숙한 이야기, 곧 아브라함이 아들을 제물로 바치려던 이야기이기 때문이다. '다 아는 얘긴데 뭐 특별한 게 있을라구…'라고 생각할 터이니 말이다. 글쎄, 정말 그럴까? 잘 안다고 생각하는 사람에게 뜻밖에 몰랐던 측면이 있고 영화도 다시 보면 처음에는 못 봤던 장면이 있지 않은가. 그런 마음으로 읽어주길 바란다.

아브라함 집안사람들이 고향 갈대아 우르를 떠난 건 그가 아니라 아버지 데라가 주도한 일이었다. 창세기 11장 31절이 그렇게 전한다.

"데라는 아들 아브람과 하란에게서 난 손자 롯과 아들 아브람의 아내인 며느리 사래를 데리고 가나안 땅으로 오려고 바빌로니아의 우르를 떠나서 하란에 이르렀다. 그는 거기에다가 자리를 잡고 살았다. 데라는 이백오 년을 살다가 하란에서 죽었다"(창세기 11:31).

애초에 가나안 땅으로 가려던 사람은 아브라함이 아니라 데라였다. 그땐 '아브람'이었던 그는 아버지가 가자는 대로 따라 갔을 뿐이다. 데라는 목적지 가나안까지 가지는 못하고 하란에서 죽었지만 말이다.

고대 해석자들이 대답해야겠다고 느낀 물음은 '대체 야훼는 왜 아브라함에게 고향을 떠나라고 명했을까?' 하는 거였다. 창세기는 아브라함 이야기 서두에 이미 야훼가 그에게 축복의 약속을 줬다고 밝힌다. 왜, 대체 그런 약속을 했을까? 창세기를 지금의 차례대로 읽는 사람은 그가 누군지 아직은 잘 모른다. 아브라함이 뭘 잘 했다고 그에게 대단한 축복을 약속했는가 말이다. 아브라함에게 고향을 떠나야 하는 이유도 밝히지 않은 채 말이다.

고대 해석자들은 데라를 '희생'해서 아브라함을 살리려 했다. 그럴만한 근거가 없지는 않다. 여호수아서를 보면 여호수아가 백성들에게 이렇게 연설한다.

"야훼 이스라엘의 하느님이 이렇게 말씀하셨습니다. '옛날에 아브라함과 나홀의 아비 데라를 비롯한 너희 조상은 유프라테스 강 건너에 살면서 다른 신들을 섬겼다. 그러나 내가 너희 조상 아브라함을 강 건너에서 이끌어 내어 그를 가나안 온 땅에 두루 다니게 하였으며 자손을 많이 보게 하였다…"(여호수아 24:2-3). 아브라함의 조상들은 메소포타미아에서 다른 신들을 섬겼단다. 데라를 포함해서 말이다. 데라가 야훼를 몰랐고 다른 신들을 섬겼다면 그는 왜 가나안으로 가려 했을까? 그건 알 수 없지만 야훼에게 명령받은 게 아닌 건 분명하다.

아브라함은 어땠나? 그는 자기 아버지와 달랐을까? 달랐다면 어떻게 달랐고 왜 달랐을까? 위에서 인용한 여호수아 연설에선 명시하진 않지만 달랐다고 전제하는 듯하다. 창세기 26장 4-5절에서 야훼 하느님이 아브라함의 아들 이삭에게 "너의 자손이 하늘의 별처럼 많아지게 하고 그들에게 이 땅을 다 주겠다. 이 세상 모든 민족이 네 씨의 덕을 입어서 복을 받게 하겠다. 이것은 아브라함이 나의 말에 순종하고 나의 명령과 나의 계명과 나의 율례와 나의 법도를 잘 지켰기 때문이다"라고 말했지만 그건 나중 일이니 이 물음에 대한 답은 될 수 없다.

하지만 이만하면 고대해석자들이 상상의 나래를 펴기엔 충분하다. 아브라함이 갈대아 우르에서도 다른 신들을 섬기지 않았다고 해석하기에 넉넉하다는 말이다. 그래서 기원전 2세기 문서로 추정되는 유딧서는 이스라엘의 조상이 '갈대아인'임을 전제하고 그들 중 아브라함을 포함한 일부가 조상들의 관습을 버리고 '새롭게 알게 된 하늘의 하느님'을 예배했기 때문에 갈대아에서 쫓겨났고 후엔 하느님의 지시를 받아 가나안 땅으로 옮겨갔다고 전한다(유딧서 5:6-9). 희년서는 더욱 구체적이다. 아브라함이 아버지 데라에게 "이런 우상들에게 우리가 무슨 도움과 유익을 얻겠습니까? 하늘 하느님을 예배하세요"라고 말하자 데라가 "아들아, 잠자코 있어라. 그렇지 않으면 그들이 널 죽일 거다"라며 두려워했다는 거다(희년서 11:16-17; 12:2, 6-7). 하지만 그들도 이 이상으로 더 나아가지는 못했다. 아브라함이 어떻게 야훼의 부름과 지시를 받았는지, 그는 뭘 근거로 그 부름에 순종했는지에 대해선 침묵하니 말이다. 하긴 상세하고 구체적인 해석을 덧붙이기엔 전승의 분량이 너무 적기는 하다. 하지만 분명한 사실은, 왠지 모르지만 좌우간 야훼의 부름을 그가 전 존재를 걸만큼 중대한 일로 받아들였다는 거다. 그가 여행한 거리가 총 9백마일(1,440 킬로미터) 정도라는데 당시 그 정도의 여행은 목숨을 걸어야만 할 수 있는 일이었다.

자신의 패를 다 보여준 하느님

마르크스주의 철학자 에른스트 블로흐(Ernst Bloch)는 이스라엘이 '하느님 안에 있는 가나안'(Canaan in God)을 찾아야 했는데 '가나안 안에 있는 하느님'(God in Canaan)을 찾았다고 말한 적이 있다. 단어의 순서 하나 바꿔 이토록 다른 의미가 되게 하는 언어능력도 감탄스럽지만 '하느님 안에 있는 가나안'을 설파한 사상의 깊이를 보면 더 감탄하게 된다. 지금도 땅을 두고 팔레스타인 사람들과 전쟁을 벌이는 이스라엘 사람들이 이 말을 들었으면 얼마나 좋을까 싶다. 모름지기 야훼 하느님의 백성이라면 한갓 땅덩어리 가나안이 아니라 '하느님 안'에 있는 가나안을 추구해야 한다는 걸 그들이 깨달았다면 지금 벌어지는 참상은 일어나지 않았을 텐데 말이다.

각설하고, 이번에 살펴볼 이야기는 널리 알려져 있는 아브라함이 이삭을 야훼 하느님에게 번제물로 바치려 했던 이야기다. 이 이야기는 유명할 뿐 아니라 독자를 곤혹스럽게 만드는 이야기이고 구약성서를 비판하는 데 가장 자주 동원되는 내용이기도 하다. 세상에 자식을 제물로 바치라는 신이 어디 있고 바치란다고 정말 바치는 아버지가 어디 있겠나. 대체 누가 그런 신을 믿겠나. 요즘 같으면 아브라함은 영락없이 '광신자'라 불릴 게다. 오죽하면 이 이야기를 두고 칸트가 "도덕률을 어기는 이런 명령을 하느님이 했을 리 없다"고 단언했겠나.

이야기 서두에는 "하느님이 아브라함을 시험해 보시려고"(창세기 22:1) 이 일을 도모했다고 말한다. 한편으론 놀랍고 다른 한편으론 '김새는' 언급이다. 하느님도 시험을 해봐야 뭘 알거나 확인할 수 있다고 말하니 놀랍고, 처음부터 이야기의 성격을 '시험'으로 규정하여 달리 해석할 여지를 주지 않으니 허탈해진다.

야훼가 아브라함을 '시험'했다면 그에 대해 모르거나 확인할 게 있었다는 이야기다. 그렇지 않은가? 여기서 교리적 의미에서 하느님의 '전지전능' 같은 사상은 설화자에게 없다. 그럼 곤란해 할 사람이 많겠지만 말이다. 그들 중에는 하느님은 애초에 아브라함이 어떻게 행동할지 알았다고 억지 부리는 사람도 있지만 그건 논리적으로 말이 안 된다. 12절에서도 "네가 너의 아들, 너의 외아들까지도 나에게 아끼지 아니하니 네가 하느님 두려워하는 줄을 내가 '이제 알았다'(for now I know that you fear God)"라고 말하지 않는가. '이제 알았다'는 말은 그 전에는 몰랐다는 뜻이 아닌가. 교리의 잣대를 들이대지 않고 이야기는 이야기로 읽는 것이 우리에겐 필요하다. 그렇지 않으면 이 이야긴 아무 의미도 없다.

야훼 하느님은 아브라함과 언약을 맺었을 때(창세기 15장) 자신이 어떤 신인지를 다 보여줬다. 자신의 패를 다 보여준 셈이다(이에 대해선 다음 글에서 더 이야기해보겠다). 그래서 야훼는 언약의 파트너 아브라함이 과연 자신과 맺은 언약을 잘 지킬지 알고 싶었던 거다. 그의 됨됨이를 알아야 어떻게 대처할지 결정할 게 아닌가 말이다.

하지만 설화자는 불안했던 모양이다. 독자들이 야훼를 사람 제물이나 바치라고 명령하는 무자비하고 원시적인 신으로 오해할까 봐 말이다. 그래서 서두에 이 사건의 목적을 아브라함에 대한 '시험'이라고 천명한 게 아닐까 싶다. 그렇게 되면 김은 새겠지만 오해받는 일은 없을 테니 말이다. 나는 이렇게 밖에 달리 해석할 길을 찾지 못하겠다.

하느님만 바라보기가 어디 그리 쉬운가?

이 이야기의 전체적인 분위기는 '침묵'과 '적막'이란 말로 표현할 수 있다. 등장인물들은 말을 많이 하지 않는다. 그래서 가끔 하는 말에 심오한 의미가 담겨 있다. 설화자의 설명도 장황하지 않다. 이야기에 여백이 많다. 독자가 해석하고 의미를 부여해야 할 여지가 많다는 뜻이다. 하지만 여백이 많으면 이해하기가 어렵다. 이 문제를 설화자는 잘 짜인 구조로 메운다. 청자(聽者)나 독자(讀者)에 대한 배려가 눈에 띄는 대목이다.

이야기는 세 부분으로 나눌 수 있는데 각각은 누군가가 아브라함을 부르면 그가 대답하는 형식으로 짜여있다. 첫 번째에선 야훼 하느님이 "아브라함아!"하고 부르고 그가 "예, 제가 여기 있습니다"라고 대답한다. 이에 야훼는 "너는 아들, 네가 사랑하는 외아들 이삭을 데리고 모리아 땅으로 가거라. 내가 너에게 일러주는 산에서 그를 번제물로 바쳐라"라고 명령한다. 두 번째에선 이삭이 아브라함을 "아버지!"라고 부르자 아브라함이 "내가 여기 있다"라고 대답했고 이삭은 "불과 장작은 여기에 있는데 번제로 바칠 어린 양은 어디에 있습니까?"라고 묻는다. 마지막에는 천사가 "아브라함아!"라고 부르자 이번에도 그가 "예, 제가 여기 있습니다"라고 대답하자 천사는 "그 아이에게 손을 대지 말아라! 그 아이에게 아무 일도 하지 말아라! 네가 너의 아들, 너의 외아들까지도 나에게 아끼지 아니하니 네가 하느님 두려워하는 줄을 내가 이제 알았다"라고 말했다고 되어 있다. 아브라함은 세 번 모두 똑같이 "내가 여기 있다"고 대답한다. 대화 상대방과 내용은 다 다르지만 그의 대답은 똑같았다. 유대교에선 이 이야기를 '아케다'(Akedah 또는 Aqedah)라고 부르는데 이는 히브리어로 '묶는다'는 뜻이다. 아브라함이 야훼에게 번제로 바치기 위해 이삭을 '묶었다'는 데서 온 말이다.

이야기는 위기가 발생해서 심화됐다가 해결되는 것으로 구성되어 있다. 위기를 발생시키는 이는 야훼다. 아브라함을 시험하겠다는 거다. 그럴 이유가 있었나? 그가 그럴만한 빌미를 제공했던가? 이집트에 내려갔을 때 아내를 누이라고 속인 일이 있었지만 그때 야훼에게 혼이 난 쪽은 속인 아브라함이 아니라 속아서 사라를 취했던 파라오가 아니었던가. 설령 그 일 때문에 아브라함이 의심스러워졌다 해도 그게 자식을 제물로 바치란 시험을 할 정도는 아니지 않는가. 이삭을 제물로 바치라는 야훼의 명령은 비윤리와 패륜의 강요를 뛰어넘는 엄중한 신학적 문제를 야기한다. 이삭은 단순히 아브라함의 늦둥이만이 아니라 야훼가 그를 통해 아브라함의 후손이 하늘의 별처럼 많게 만들겠다고 말씀하신 '약속의 아들'이기 때문이다. 그러니까 이삭이 번제로 바쳐진다면 야훼는 자기가 한 약속을 깨는 믿지 못할 신이 되는 셈이다.

이 명령에 아브라함이 어떤 반응을 보였는지 텍스트는 말하지 않는다. 침묵이 유일한 반응이다. 그는 침묵하면서 여행 준비를 한다. 나귀 등에 안장을 얹고 번제에 쓸 장작을 쪼개 갖고서 이삭과 두 종을 데리고 길을 떠난다. 그의 침묵에 대해서 키에르케고르가 쓴 글

역시 침묵과 적막이 지배한다.

적막을 깨뜨린 이는 이삭이다. 그는 궁금했다. 갖고 가는 짐을 보니 번제를 드리러 가는 게 분명한데 제물이 없으니 말이다. "불과 장작은 여기에 있는데 번제로 바칠 어린양은 어디에 있습니까?"라는 물음은 누군가는 물어야 할 당연한 질문이다. 아브라함에게는 이삭을 바치라는 야훼의 명령을 받았을 때에 이어 두 번째 위기의 순간이었다. 아들에게 사실을 다 말해야 할지, 아니면 끝까지 숨겨야 할지를 두고 그는 고민했을 거다. 둘 중 어느 편이든 아버지로서 여간 가슴 찢어지는 일이 아니었을 터이고….

"애야, 번제로 바칠 어린양은 하느님이 손수 마련하여 주실 것이다." 아브라함이 한 대답이다. 우린 이 말을 어떻게 봐야 할까? 흔히 그렇듯이 아브라함의 굳건한 믿음의 표현으로 봐야 할까? 일의 결말을 아는 우리에겐 그렇게 보일지 모른다. 하지만 그렇지 않은 사람에게도 그럴까? 왠지 대답을 피하는 느낌을 주지 않는가? 양을 하느님이 손수 마련해준다면 장작과 불씨는? 하느님은 중요한 것만 직접 마련해주고 나머지는 사람이 마련해야 하는 걸까? 아브라함이 앞을 미리 내다보고 한 말은 아닐 게다. 그건 논리적으로도 맞지 않는다. 앞날을 내다보기까지 하는 사람을 '시험'할 게 뭐가 있겠나?

문장을 잘 읽어보면 이런 해석이 가능하다. 어린양은 하느님이 손수 '마련하여' 줄 거란 문장에서 우리말과 영어는 '마련하다'(provide)라는 동사를 쓰지만 히브리어 원문은 '보다'(see)라는 동사를 쓴다. 따라서 원문을 그대로 옮기면 "하느님이 손수 번제로 바칠 어린양을 보실 것이다"가 되는데 이렇게 번역하면 문장이 어색해지니까 영어나 우리말 성경이 '보다'를 '마련하다'로 번역했다고 짐작된다. 여기서 오해가 생긴다. 이 문장의 주어는 아브라함이 아닌 하느님인데 아브라함이 어린양을 볼 거라는 오해 말이다. 이 문장의 뜻은, 하느님은 모든 걸 보고 있다고 아브라함이 믿었다는 것이다. 이걸 아브라함의 '믿음'이라고 부른다면 그것은 자기가 봤기에 믿는 게 아니라 하느님이 보고 있음을 믿는다는 뜻이 되겠다.

이렇듯 하느님을 전적으로 믿고 모든 걸 그분에게 맡기는 것, 이것이 바로 믿음이다. 뭘 봤거나 알거나 이해했다고 믿는 게 아니라 그냥 하느님이 하시는 일이니까 무조건 믿고 맡기는 게 믿음이다. 시편 37편에는 이런 믿음이 잘 표현되어 있다.

악한 자들이 잘 된다고 해서 속상해하지 말며,
불의한 자들이 잘 산다고 해서 시새워하지 말아라.
그들은 풀처럼 빨리 시들고 푸성귀처럼 사그라지고 만다.
야훼만 의지하고 착한 일을 하여라.
그분의 미쁘심을 간직하고 이 땅에서 살아라.
기쁨은 오직 야훼에게서 찾아라.
야훼께서 네 마음의 소원을 들어주신다.
네 갈 길을 야훼께 맡기고 야훼만 의지하여라.
야훼께서 몸소 도와주실 것이다.
너의 의를 빛과 같이 너의 공의를 한낮의 햇살처럼 빛나게 하실 것이다.

잠잠히 야훼를 바라고 야훼만 찾아라.

가는 길이 언제나 평탄하다고 자랑하는 자들과,

악한 계획도 언제나 이룰 수 있다는 자들 때문에 안달하지 말아라.

현대인에게 이런 믿음을 찾아보긴 쉽지 않다. 너무 많이 알고 너무 구체적이고 세밀하게 계산하기 때문이다. 우리가 아무리 하느님을 잘 믿는다고 해도 그분이 우리의 '전부'는 아니다. 하느님에게 모든 걸 걸고 살진 않는다는 말이다. 우리는 너무 많은 걸 갖고 있고 할 수 있는 게 아주 많다. 많은 걸 갖고 있고 많은 걸 할 수 있는데 하느님만 바라보기가 어디 그리 쉽겠는가?

그분이 하느님이니까 믿을 수 있는가?

이윽고 아브라함 일행이 목적지에 당도했다. 그는 거기서 제단을 쌓고 그 위에 장작을 벌여 놓고서는 이삭을 묶어서 제단 장작 위에 올려놓았다. 하느님이 손수 한 미래의 약속을 이룰 '씨앗'을 하느님에게 제물로 바치려는 거다. 이 약속은 아브라함이 애원해서 야훼가 마지못해 해준 게 아니다. 야훼가 주도적으로 한 약속이다. 아브라함의 의사와는 무관하게 말이다. 그런데 그 약속을 야훼가 주도해서 무효로 돌리려는 게 말이 되는 일인가. 사람이 이런 짓을 해도 말이 안 되는데 하느님이야 오죽하겠나 말이다.

단도직입적으로 말하자. 이 이야기는 뭘 말하려는가? 야훼 하느님이 말도 안 되고 이해할 수도 없이 행동할 때 우린 어떻게 해야 하나를 묻는 이야기가 아닐까? 하느님이 자기가 한 약속을 깨는 터무니없는 행동을 할 때 우린 어떻게 해야 하는지를 보여주는 이야기 아닌가 말이다. 좀 더 풀어서 이야기해보자.

하느님은 근본적으로 사람이 알 수 없는 분이다. 하느님은 사람이라는 그릇에 담기는 존재가 아니다. 사람 생각에 갇혀 있지 않아서 하느님이다. 그래서 성서도 하느님은 측량할 수 없는 분이라 하지 않던가(욥기 5:9; 9:10; 시편 139:6). 아브라함도 예외없이 하느님이 어떤 분인지 다 알지 못했다. 그는 다 알지 못하는데도 불구하고 하느님을 믿을 수 있는가, 무조건 신뢰할 수 있는가를 시험받았던 거다. 이와 비슷한 '시험'을 욥도 받았다. 욥은 자기가 왜 그런 혹독한 고통을 겪어야 하는지 알 도리가 없었다. 그만한 죄를 저지르지 않았는데도 불구하고 느닷없이 닥친 고난이기에 그는 하느님에게 항의하고 저항했다. 그럴 수밖에 없지 않은가. 지은 죄가 있을 테니 무조건 하느님에게 회개하고 용서를 빌라는 친구들의 충고는 그에게 견딜 수 없는 모욕이었겠다. 회개도 인정하고 수긍할 수 있어야 하는 거 아닌가.

우린 흔히 하느님은 정의롭다고 말한다. 하느님은 사랑이라고 믿는다. 성서도 그렇게 말한다. 그러면 우린 하느님이 정의롭기 때문에 믿는가? 하느님이 사랑이기 때문에 믿나? 하느님이 정의롭지 않으면 안 믿을 건가? 사랑이 아니면 하느님을 안 믿겠는가 말이다.

하느님은 정의롭기 때문에 믿는 것도 아니고 사랑이기 때문에 믿는 것도 아니다. 그냥 하느님이기 때문에 믿는 거다. 하느님을 이렇게 저렇게 정의하고 규정하고, 그렇기에 하느님을 믿는다면 그건 믿음에 '조건'을 붙이는 게 아닐까? 진짜 믿음이 '조건 없이' 믿는 것이라면 하느님에 대해서 그 어떤 조건도 붙이지 말아야 하는 게 아닌가 말이다.

아브라함이 받은 시험이 바로 이것이 아닐까 싶다. 그에게 미래를 약속했고 그걸 지키기 위해 이삭을 태어나게 했다고 해서 하느님을 믿는다면 그는 믿음의 조상이 될 자격이 없는 게 아닐까? 이미 준 약속과 미래를 취소하겠다고 해도 그 하느님을 믿을 수 있는가를 이 이야기는 묻고 있다. 미래를 약속하고 성취한 하느님을 믿는 건 어렵지 않다. 그런 보장이 있다면 하느님을 믿지 않는 게 이상하지 않겠나. 문제는 그걸 취소하는 하느님도 믿을 수 있는가에 있다. 아브라함이 받은 시험은 바로 이것이었다. 산상수훈 말씀도 같은 뜻이리라.

그러므로 내가 너희에게 말한다. 목숨을 부지하려고 무엇을 먹을까 또는 무엇을 마실까 걱정하지 말고, 몸을 보호하려고 무엇을 입을까 걱정하지 말아라. 목숨이 음식보다 소중하지 않으냐? 몸이 옷보다 소중하지 않으냐? 공중의 새를 보아라. 씨를 뿌리지도 않고, 거두지도 않고, 곳간에 모아들이지도 않으나, 너희의 하늘 아버지께서 그것들을 먹이신다. 너희는 새보다 귀하지 않으냐? 너희 가운데서 누가 걱정한다고 해서 제

알 수 없는 분

수명을 한 순간인들 늘일 수 있느냐? 또는 제 키를 한 자인들 크게 할 수 있느냐? 어찌하여 너희는 옷 걱정을 하느냐? 들의 백합꽃이 어떻게 자라는가 살펴보아라. 수고도 하지 않고 길쌈도 하지 않는다. 그러나 내가 너희에게 말한다. 온갖 영화를 누린 솔로몬도 이 꽃 하나만큼 차려 입지 못하였다. 믿음이 적은 사람들아, 오늘 있다가 내일 아궁이에 들어갈 들풀도 하느님께서 이와 같이 입히시거든 하물며 너희들을 입히시지 않겠느냐? 그러므로 무엇을 먹을까 무엇을 마실까 무엇을 입을까 하고 걱정하지 말아라(마태복음 6:25-31).

이렇게 사는 사람이 얼마나 될까? 묻지도 따지지도 않고 무조건 하느님을 신뢰하는 사람이 얼마나 될까? 물론 하느님은 정의롭고 사랑이 넘치지만 그렇다고 해도 그게 하느님을 믿고 신뢰하는 조건은 아니다. 그렇지 않아도 믿을 수 있냐는 거다. 하느님이 모순되더라도 믿을 수 있냐는 거다. 그냥 하느님이니까. 아무리 말도 안 되는 행위를 하고 모순되더라도 그분이 하느님이니까 믿을 수 있을까? 나는 그럴 수 있을까? 여러분은 그럴 수 있는가?

6장

자신을 묶은 야훼, 너무나 약한 아브라함

야훼께서는 저에게 무엇을 주시렵니까?

구약학자들은 창세기 15장을 중요하게 여긴다. 그 장이 창세기에서 가장 오래된 텍스트이기 때문이란다. 창세기는 다양한 저자에 의해, 여러 세대를 거쳐 작성됐는데 그 중에서 15장이 가장 오래 된 텍스트라는 거다. 이런 판단의 근거는 짐승을 죽여서 그걸 둘로 쪼갠 다음 서로 마주 보게 놓고 언약을 맺은 행위가 원시적이라는 데 있다.

이 텍스트가 중요한 이유는 단순히 오래됐기 때문이 아니라 하느님과 아브라함(이름이 바뀌기 전이니 '아브람') 사이에 '언약'(covenant)이 맺어진 이야기이기 때문이다. '언약'은 유대교와 그리스도교에서 중요한 의미를 갖는다. 그리스도교에서는 "아브람이 야훼를 믿으니 야훼께서는 아브람의 그 믿음을 의로 여기셨다"라는 6절이 사도 바울에 의해 '믿음으로 의롭다고 일컬어진다'는 '이신칭의'(justification by faith) 교리의 근거로 여기니 더욱 그렇다.

야훼는 '환상' 가운데 아브람에게 말씀하셨다. 이런 일이 아브라함에겐 드문데 여기선 야훼가 환상 가운데 나타나 그에게 "두려워하지 말라"고 말했다는 거다. 뭔지 몰라도 두려워할 만한 상황이 있었던 모양인데 좌우간 야훼는 그를 안심시키려 했다. 야훼의 약속이 성취되지 않을 수도 있다는 불안을 가리키지 않나 싶은데 그것 역시 텍스트 상의 근거가 없는 추측일 뿐이다. 야훼의 약속이 성취될 기미가 없었던 것은 물론 맞다. 그는 아직 땅도 갖지 못했고 후손 역시 생길 기미가 없었으니 말이다. 따라서 아브라함이 "야훼 나의 하느님, 야훼께서는 저에게 무엇을 주시렵니까? 저에게는 자식이 아직 없습니다. 저의 재산을 상속받을 자식이라고는 다마스쿠스 녀석 엘리에셀뿐입니다. 야훼께서 저에게 자식을 주지 않으셨으니 이제 저의 집에 있는 이 종이 저의 상속자가 될 것입니다"(2-3절)라고 하소연한 건 이해할 만하다. 상속할 자식이 없을 때 종에게 상속하는 게 당시 관습이었다. 주인이 원하면 그렇게 할 수 있었다.

그런데 야훼는 고집스럽게도 상속자는 그가 아니라 아브라함의 몸에서 태어날 아들임을 강조한다. 그러나 가임기를 훨씬 넘긴 부부가 뭘 근거로 그 말을 믿으란 얘기인가? 그걸 믿을 근거는 약속한 분이 야훼 하느님이란 사실뿐이었다. 야훼는 아브라함의 마음을 읽었는지 그를 바깥으로 데리고 나가서 이렇게 말했단다.

"하늘을 처다보아라, 네가 셀 수 있거든 저 별들을 세어 보아라. 너의 자손이 저 별처럼 많아질 것이다"(5절).

다음 절은 "아브람이 야훼를 믿으니 야훼께서는 아브람의 그런 믿음을 의로 여기셨다"고 적는다. 이 구절은 두 가지 서로 다른 해석이 가능하기 때문에 논란이 되어왔다. 우리말 성서는 모두 "아브람이 야훼를 믿으니 야훼께서는 아브람의 그 믿음을 의로 여기셨다"고 번역했는데 사실 이는 '번역'(translation)이 아니라 '해석'(interpretation)에 가깝다. 번역자의 생각이 많이 들어가 있다는 말이다.

영어성서는 히브리 원문을 그대로 옮겨서 "And he believed YHWH; and he reckoned it to him as righteousness."라고 번역했다. 여기서 'he'라는 인칭대명사가 주격으로 두 번, 목적격으로 한 번, 모두 세 번 쓰였고 비인칭대명사 'it'이 한 번 쓰였다. 가장 먼저 나오는 'he'는 목적어가 야훼이므로 아브라함을 가리키는 게 분명하다. 등장인물은 아브라함과 야훼 둘뿐이니 말이다. 그 다음에 나오는 'he'는 야훼와 아브라함 둘 다 가능하다. 곧 "야훼는 그것을 자신(또는 아브라함)에게 의로 여겼다"로 번역하는 것도 가능하고 "아브라함은 그것을 자신(또는 야훼)에게 의로 여겼다"도 가능하다는 이야기다. 비인칭대명사 'it'이 뭘 가리키는지도 확실치 않다. 우리말 성서는 아브라함의 '믿음'을 가리킨다고 이해했는데 그것은 명백히 의역이다. 그게 아니라 앞 문장 전체를 가리키는 걸로 보는 게 맞다. 곧 '아브라함이 야훼를 믿었다는 사실'을 의롭다고(또는 '옳다고') 여겼다고 말이다. 그리스도교는 "야훼는 아브람의 믿음을 의로 여기셨다"라고 이해한 반면 유대교는 "아브라함은 자손이 별같이 많아질 거라는 야훼의 약속을 옳다고 여겼다"라고 이해했다. 문법으로나 의미로나 둘 다 가능하긴 한데 유대교와 그리스도교는 서로 다른 신학을 갖고 있어서 이 문장을 달리 해석한 거다.

이제부터 야훼는 당신 마음대로 할 수 없다!

야훼는 전에 했던 땅에 대한 약속을 다시 한 번 반복하는데 아브라함은 그 약속이 이뤄진다는 표징을 달라고 말한다.

"야훼 나의 하느님, 우리가 그 땅을 차지하게 될 것을 제가 어떻게 알 수 있습니까?"

그러자 야훼는 제물로 바칠 짐승들을 가져오라고 했고 이에 아브라함이 암송아지, 암염소, 숫양, 산비둘기, 집비둘기 등을 가져오자 그것들의 몸통 한 가운데를 쪼개서 그 가운데로 사람이 지나갈 정도로 거리를 두고 서로 마주보게 차려 놓았다. 무척 엽기적인 장면이다.

이게 엽기의 끝은 아니다. 해 질 무렵 아브라함이 잠들자 깊은 어둠과 공포가 그를 짓눌렀단다. 가위에 눌리는 것처럼 말이다. 해 지고 어둠이 짙게 깔리자 갑자기 연기 나는 화덕과 타오르는 횃불이 나타나서 쪼개 놓은 희생제물 사이로 지나갔다고 했다. '어둠'은 야훼를 직접 보지 못하게 하는 방편이고 '연기 나는 화덕'과 '타오르는 횃불'은 야훼의 임재를 상징한다. 곧 야훼가 친히 아브라함이 놓아둔 짐승들 사이를 지나갔다는 거다.

이렇게 해서 야훼와 아브라함은 언약을 맺었다. 쪼개놓은 짐승은 언약 당사자 어느 편이든 언약을 어길 땐 그런 신세가 될 것임을 보여주는 것이다. 말로만 언약을 맺은 게 아니라 짐승을 죽여 반을 갈라놓고서 어기면 그런 신세가 됨을 똑똑히 보면서 언약을 맺은 거다. 피가 뚝뚝 떨어지는 가운데 말이다.

우리는 이 텍스트를 언약의 하위 당사자 아브라함이 언약을 깨면 쪼개진 짐승 신세가 된다고 이해해왔다. 안 그런가? 하지만 언약은 쌍방이 맺는 것으로서 그게 지켜지면 쌍방 모두에게 혜택이 돌아가고 어기면 쌍방 모두 타격을 입게 되어 있다. 언약 당사자 중엔 높은 자리를 차지하는 편이 있고 낮은 자리에 놓이는 편이 있지만 어겼을 때 처벌받는 것은 양편이 같다. 높다고 해서 처벌이 면제되진 않는다는 거다. 그러니 언약을 어겼을 때 쪼개진 짐승의 처지가 되는 건 아브라함만이 아니다. 야훼도 마찬가지다. 야훼라고 처벌이 면제된다면 그게 어떻게 정당한 언약이겠나.

우리는 야훼가 언약을 어기는 일은 벌어지지 않는다고 가정해왔다. 하지만 텍스트를 잘 읽어보면 그렇지 않다. 언약이 왜, 무엇 때문에 맺어졌는지를 기억하시라. 그것은 야훼의 약속에 대해서 아브라함이 징표를 요청했기 때문에 맺어졌다. 초점은 아브라함의 신실함이 아니라 야훼의 신실함에 놓여 있다는 말이다. 땅과 후손의 약속에는 아브라함이 해야 할 의무가 없다. 아브라함은 땅이든 후손이든 달라고 야훼에게 요청하지 않았다. 그런데도 야훼는 아브라함에게 그걸 주겠다고 약속했으므로 아브라함은 그 약속이 지켜진다는 징표를 달라고 했던 거다. 따라서 언약을 어겼을 때 쪼개진 짐승 신세가 되는 편은 야훼다. 물론 아브라함도 마찬가지지만 텍스트의 관심은 아브라함이 아닌 야훼에게 놓여 있다는 이야기다. 그런 의미에서 6절에 대한 유대교식 해석에도 일리가 있다.

남과 관계를 맺고 뭔가를 약속하고 맹세하는 것은 스스로를 구속하는 일이다. 자신을 묶는 일이다. 관계를 맺지 않고 약속하지 않으면 굳이 안 해도 될 걸 약속했기 때문에 해야 하니 그건 자신을 구속하는 일임에 분명하다. 구약성서에서 언약은 '맹세를 동반한 관계 맺기'라고 정의할 수 있다. 야훼와 노아가, 야훼와 아브라함이, 야훼와 모세를 중재자로 해서 이스라엘이, 야훼와 다윗이 언약을 맺었다는 말은 언약 당사자 모두가 자신을 묶고 스스로를 구속했다는 뜻이다. 흔히 '하느님' 하면 힘, 권능, 무한한 지식, 전지전능, 무소부재, 주권 등을 떠올린다. 하느님은 그것들을 모두 갖고 있는 존재라고 믿는다. 이 모든 것을 가능케 하는 근본은 하느님의 '절대자유'다. 하느님이 절대적으로 자유롭지 않으면 힘도 권능도 지식도 의미 없다. 야훼가 무언가에 매여 있어서 권능과 주권을 자유롭게 쓸 수 없다면 그게 무슨 하느님인가 말이다. 그래서 하느님 하면 그 무엇도 거리끼지 않고 아무데도 속박되지 않은 절대자유를 떠올리는 것이다.

그런데 이렇게 절대자유한 야훼가 언약관계에 스스로를 묶었다는 거다. 굳이 맺지 않아도 될 언약을 맺음으로써 자신을 부자유한 상태로 몰아넣은 거다. 이제부터 야훼는 당신 마음대로 할 수 없다! 스스로 맹세했으니 그걸 어기지 못한다. 야훼는 절대적으로 자유롭지는 않다. 아브라함이 애걸한 것도 아니고 야훼 자신이 주도적으로 언약을 맺었으니 그걸 어떻게 먼저 깨겠나. 그러면 쪼개진 짐승 꼴이 될 텐데…. 구약성서에서 야훼에 대한 생각이 틀을 갖추고 구체화되기 시작한 지점이 바로 여기라고 나는 믿는다. '절대자유'인 야훼가 아브라함과 언약을 맺고 '관계' 속으로 자신을 밀어 넣어 스스로 묶인 상태가 되는 바로 그 지점이 구약신학의 출발점이다.

겁쟁이 소리를 들을 아브라함의 발언

아브라함에 대해 마지막으로 살펴볼 이야기는 그가 거짓말을 한 사건이다. 이 사건은 아브라함 일행이 가나안에 도착한 후 얼마간 시간이 흐른 후에 벌어졌다. 가나안 땅에 기근이 들어 아브라함 일행은 이집트로 내려갔다. 가나안은 전적으로 비에 의존해서 농사짓는 곳이므로 가뭄이 치명적이었고 이집트는 나일 강의 거대한 수자원을 이용해서 농사짓는 지역이므로 가뭄에 덜 취약했다. 가뭄이 닥치면 가나안 사람들이 식량을 구하러 이집트로 내려갔다는 기록이 많이 남아 있다.

아브라함 일행도 기근이 들자 이집트로 내려갔는데 이집트에 가까이 갔을 때 아내 사래('사라'로 바뀌기 전이다)에게 "여보, 나는 당신이 얼마나 아리따운 여인인가를 잘 알고 있소. 이집트 사람들이 당신을 보고서 당신이 나의 아내라는 것을 알면 나는 죽이고 당신은 살릴 것이오. 그러니까 당신은 나의 누이라고 하시오. 그렇게 해야 내가 당신 덕분에 대접을 잘 받고 또 당신 덕분에 이 목숨도 부지할 수 있을 거요"라고 말했단다. 이게 무슨 말인가? 아내 사래가 무척 아름다워서 이집트 사람들이 자길 죽이고 그녀를 차지하려 할 테니 누이라고 속여서 목숨을 부지하겠다는 이야기다. 요즘 같으면 '겁쟁이' 소릴 들을 발언을 그는 아무렇지도 않게 했다. 보통사람 같으면 그럴 수 있겠다 싶지만 야훼의 약속을 믿고 고향을 떠나 온갖 고초를 겪은 끝에 가나안까지 온 사람에겐 어울리지 않는 말 아닌가. 이런 아브라함을 어떻게 봐야 할까? 자기만 살겠다고 아내를 남에게 넘겨주려 한 행위는 그가 '믿음의 조상'일지라도 잘못된 것이다.

그들이 이집트에 도착했을 때에 우려한 대로 이집트인들이 사라의 아름다움을 보고 그녀를 곧장 파라오의 궁전으로 데려 갔단다. 파라오는 그녀가 맘에 들었는지 아브라함을 잘 대접했고 큰 재산까지 안겨줬다. 하지만 야훼는 이 일로 인해 파라오 집에 무서운 재앙을 내렸고 파라오는 어떻게 알았는지 아브라함이 재앙의 원인임을 알고 그를 불러 심하게 꾸짖었다.

"어찌하여 너는 나를 이렇게 대하느냐? 저 여인이 너의 아내라고 왜 일찍 말하지 않았느냐? 어찌하여 너는 저 여인이 네 누이라고 해서 나를 속이고 내가 저 여인을 아내로 데려오게 하였느냐? 자, 네 아내가 여기 있다. 데리고 나가거라."

이 말로 미루어보면 재앙은 파라오와 사라 사이에 모종의 불미스런 일이 벌어진 후에 닥친 것 같다. 고대해석자들은 그게 아니라고 사라를 적극 방어하지만 말이다. 어쨌든 이야기는 파라오가 아브라함 일행을 나라 밖으로 쫓아내는 걸로 마무리된다.

이와 똑같은 이야기가 창세기 20장에도 나온다. 다른 점이라고는 상대방이 이집트 왕 파라오가 아니라 그랄 왕 아비멜렉이란 점이다. 그런데 이번엔 아브라함이 아내를 누이라고 말한 게 거짓말이 아니라고 말한다. 12절에서 아브라함은 "사실을 말씀드리면 나의 아내가 나의 누이라는 것이 틀린 말은 아닙니다. 아내는 나와는 어머니는 다르지만 아버지는 같은 이복누이이기 때문입니다"라고 말이다.

이게 사실일까? 우리에겐 확인할 길이 없지만 만일 사실이라면 왜 이집트에선 그 사실을 밝히지 않았을까? 거기선 왜 꿀 먹은 벙어리처럼 잠자코 있었는가 말이다. 그래서 창세기 20장 12절을 아브라함이 거짓말한 게 아님을 보여주기 위해 후대에 삽입된 구절로 보는 학자들도 있다. 하지만 그러면 문제가 더 커진다. 그렇다면 아브라함과 사라는 근친상간한 게 되니 말이다. 그 정도가 아니라 남매가 혼인한 셈이니 이는 일회성 근친상간보다 더 중한 문제가 아닐 수 없다. 혹 떼려다 혹 붙인 셈이 되는 거다.

말이 나온 김에 근친상간에 대해 좀 살펴보자. 레위기 18장 6절은 근친상간을 엄격히 금지한다.

"너희 가운데 어느 누구도 가까운 살붙이에게 접근하여 그 몸을 범하면 안 된다. 나는 야훼다. 너는 네 아버지의 몸이나 마찬가지인 네 어머니의 몸을 범하면 안 된다. 그는 네 어머니인 만큼 너는 그의 몸을 범하면 안 된다. 너는 네 아버지가 데리고 사는 여자의 몸을 범하면 안 된다. 그 여자는 네 아버지의 몸이기 때문이다. 너는 네 누이의 몸을 범하면 안 된다. 네 아버지의 딸이든지 네 어머니의 딸이든지 집에서 낳았든지 낳아서 데리고 왔든지 그 여자의 몸을 범하면 안 된다"(레위기 6-9절).

이렇듯 구약성서는 근친상간을 단호히 금하지만 실제로 행해진 경우가 제법 된다. 소돔과 고모라 멸망 후 간신히 살아남은 롯의 딸들이 후손을 만들려고 아버지와 동침한 것(창세기 19:30-38)은 태곳적 일이니 논외로 하더라도, 유다와 다말의 경우(창세기 38장), 다윗의 아들 암논과 이복누이 다말의 경우(사무엘하 13장), 그리고 자기 입으로 근친관계임을 자백한 아브라함과 사라의 경우 등이 그것이다. 유다와 다말은 다말의 계획에 따라 유다가 다말을 성매수한 경우이고 암논과 다말은 암논이 다말을 강간한 경우다. 아브라함과 사라는 지극히 정상적인 관계인 줄 알았는데 창세기 20장에 와서 그들이 근친임이 알려진 경우다.

신명기 22장 28-29절은 남자가 처녀를 강간했을 경우 남자는 여자 아버지에게 은 오십 세겔을 지불하고 그녀와 결혼하라고 규정한다. 어떤 남자가 약혼하지 않은 처녀에게 욕을 보이다가 두 사람이 다 붙잡혔을 때에는 그 남자는 그 처녀의 아버지에게 은 오십 세겔을 지불해야 한다. 그리고 그 여자에게 욕을 보인 대가로 그 여자는 그의 아내가 되고 그는 평생 동안 그 여자와 이혼할 수 없다.

현대인의 눈에는 강간범에 대한 처벌이 너무 관대해 보이지만 이 규정엔 분명한 목적이 있다. 강간당한 여자는 강간한 남자 이외에 다른 남자와는 절대로 결혼할 수 없었다. 따라서 그녀의 생존을 보장하는 길은 싫어도 강간범과 결혼하는 것밖에 없었다. 자기를 강간한 남자와 제대로 살 수 있을지는 의문이지만 말이다.

유다와 다말은 시아버지와 며느리이니 우리 상식으론 결혼할 수 없는 사이지만 고대 중동에선 전혀 불가능한 일이 아니었다. 이집 트, 특히 이집트 왕실에서는 아버지와 딸이 결혼하는 경우가 드물 지 않았다. 근친이란 게 큰 문제는 아니었던 거다. 물론 유다와 다말 이 결혼했다는 이야기는 없다. 암논과 다말은 경우가 좀 다르다. 암 논이 다말을 강간하려 하자 그녀는 그건 이스라엘에서 매우 수치스 런 일이라고 저항하면서 아버지 다윗 왕에게 둘의 결혼을 허락해 달라는 청을 넣으라고 애원한다. 여기서 다말은 위에 인용한 신명 기 22장의 규정을 따르고 있다. 둘의 결혼을 아버지에게 허락받자 는 거였다. 하지만 암논은 다말의 말을 듣지 않았다. 그녀를 강간하 고 나니까 바로 그녀가 싫어졌기 때문이란 거다. 그가 이복동생이 자 다말의 오라비인 압살롬에게 살해됐을 때도 별 동정심이 일어나 지 않는 건 이 때문일까? 나만 그런가?

다시 아브라함과 사라 이야기로 돌아오면, 아브라함은 자기가 살 겠다고 아내를 누이라고 속였다가 아비멜렉이 분노하자 사실은 아 내가 이복누이라고 변명했지만 이로 인해 그는 더 깊은 수렁에 빠 진다. 근친상간을 금하는 레위기 18장 6절 이하의 규정을 어겼으니 말이다. 이걸 어떻게 이해해야 할까? 학자들에 따르면 이스라엘을 포함해서 고대 중동지역에선 근친상간에 대해 비교적 관대했다고 한다. 레위기 18장은 상당히 후대의 상황을 반영하는 규정이란 거 다. 함무라비 법전은 아버지와 딸이 동침하면 사형에 처하라고 규정하지만 고대 메소포타미아 신화들에선 신들과 여신들이 자기 자식과 동침하는 경우가 드물지 않다. 이집트에선 이시스(Isis)와 오시리스(Osiris) 신화에서처럼 파라오가 자기 누이와 결혼하는 경우가 흔했다. 이스라엘은 예외였을까? 그렇진 않았다고 본다. 학자들이 이스라엘의 조상이라고 여기는 후리족(the Hurrians)은 아내를 누이라고 불렀단다. 아브라함은 이를 따랐을 뿐이란 거다. 요약하면, 구약성서가 근친상간을 금하는 것은 분명하지만 이 금령은 후대에 나온 것이고 적어도 아브라함 시대엔 그게 엄격하게 지켜지진 않았다고 하겠다.

하느님은 왜 아브라함을 시험했을까

이 이야기는 뭘 말하려는 걸까? 이렇게 '사소한' 이야기에선 존재 이유나 의미를 찾기가 어렵다. 게다가 창세기에는 똑같은 이야기가 세 개나 있다(12장, 20장은 아브라함과 사라, 26장은 이삭과 리브가). 똑같은 사건이 세 번이나 일어나진 않았을 거다. 이런 이야기가 민간에 널리 퍼져있었는데 설화자가 그걸 아브라함과 이삭이 겪은 걸로 썼다고 본다. 이 주장을 축자영감을 믿는 근본주의자가 들으면 펄쩍 뛰겠지만 말이다. 좌우간 이 이야기가 대체 왜 여기 있는지, 뭘 말하려고 후대에 전했는지 궁금하다.

이 이야기에 따르면 아브라함이 약속의 땅 가나안에 들어가서 처음 겪은 게 기근이었다는 점이 우선 눈에 띤다. 가나안이 '젖과 꿀이 흐르는 땅'이라고 불리지만 거기 무슨 젖이 있고 어디 꿀이 흐른단 말인가. 가나안은 기근에 극도로 취약한 척박한 땅일 뿐이다. 나일 강이 흐르는 이집트나 티그리스 강과 유프라테스 강이 흐르는 메소포타미아에 비해서 훨씬 척박한 땅이란 이야기다. 따라서 아브라함이 기근을 만난 것은 가나안에선 흔한 일이었다.

내게 이 사건은 가나안이 단순히 지리적 장소를 가리키는 데 그치지 않고 그 이상을 의미함을 보여주는 얘기다. 곧 '젖과 꿀이 흐르는' 가나안은 중동 어딘가에 있는 물리적 공간을 가리키는 데 그치지 않고 '하느님 안에 있는 가나안'(Canaan in God)을 넌지시 지시한다고 말이다. 내 보기엔 아브라함이 도착한 가나안은 '진정한' 가나안이 아니다. 그가 의식했든 의식하지 못했든 상관없이 말이다.

아브라함은 이집트에서 곤혹스런 일을 겪었다. 아내와 자기 목숨 중 하나를 택해야 했다. 이게 그의 믿음에 대한 시험이었을까? 창세기 22장처럼 명백하게 '시험'이란 말이 쓰이진 않았지만 이것도 시험이라면 시험이겠다. 무슨 시험을 이렇게 많이 봐야 하나 싶은 생각도 들긴 하지만 말이다.

이야기의 전개상 이때까진 하느님이나 아브라함이나 할 것 없이 상대에 대해 아는 게 별로 없다. '탐색'이 필요한 때였다. 권투로 치면 양편 모두 잽을 던지며 탐색하던 때였다. 이렇듯 하느님이 누군지 모르는 상황에서 아브라함이 고향을 떠난 건 엄청난 모험이었다. 갈대아 우르에 살던 아브라함이 어떻게, 얼마나 야훼를 알았겠

나. 그의 행위가 높이 평가받는 이유가 여기 있다. 이는 하느님에 대해서도 마찬가지다. 아브라함을 불렀을 때 하느님도 그를 알지 못했다. 설화자는 이 전제 위에서 얘길 풀어간다. 하느님이 아브라함을 '시험'해야 했던 이유가 여기 있다. 그의 됨됨이를 알아야 했다. 만일 이집트에서의 사건이 하느님의 계획에 따라 일어난 일이었다면 하느님은 이를 통해서 아브라함을 더 많이 알고자 했던 거라고볼 수 있다. 여기서 전지전능한 하느님 운운하는 말은 제발 하지 말자. 그 전제론 아무 것도 얻을 수 없으니 말이다.

아브라함은 불합격했다. 그가 벌을 받진 않았지만 이집트에 내린 재앙이 간접적으로 이를 보여준다. 그가 어떻게 행동했어야 하는지는 확신을 갖고 말하기 어렵다. 사라가 아내임을 당당히 밝혔다면 하느님이 그를 지켜줬을까? 누가 그걸 알겠나. 역사에만 '만약'이 없는 게 아니라 이야기에도 '만약'은 없다.

그는 불합격했지만 소득이 전혀 없진 않았다. 하느님과 아브라함이 서로를 더 잘 알게 됐으니 말이다. 앞으로 긴 여정을 함께 걸어가야 할 동반자가 서로를 더 잘 알게 됐으니 그건 적지 않은 소득이라 하겠다. 아브라함이 매사에 성공했다면 그는 현실감 없는 인물에 그쳤을 터이다. 실제로 우린 살면서 많은 실패를 경험한다. 그게 우릴 괴롭히지만 그 실패가 최종적인 게 아니기에 좌절해선 안 된다. 다음 기회가 있는 법이니 말이다. 아브라함은 같은 실패를 한 번더 겪었지만 그것도 마지막은 아니었다. 신앙도 삶도 단판승부가아니다. 그것은 길고 긴 여정이다.

마지막으로 이스라엘이 어떤 마음으로 이 얘길 후손들에게 전했을까를 생각해보자. 이 이야기는 '약자'의 이야기다. 루저의 이야기다. 생존하기 위해서 아내까지 포기해야 했던 사람은 분명 약자요 루저다. 젖과 꿀이 흐른다는 약속의 땅에 들어간 아브라함의 신세가 딱 그랬다. 생존하기 위해서는 아내도 포기해야 했던 것이다. 하느님의 약속을 받았다고 현실이 곧 파라다이스로 변하지는 않았다.

이 변변치 않은 이야기를 왜 후손에게 전했을까? 이야기의 전달자가 개천에서 태어나 용이 된 자였다면 '그럼에도 불구하고' 아브라함처럼 결국엔 크게 성공했다고 말하고 싶어서 이 이야기를 전했을 거라고 추측할 수 있겠다. 하지만 그가 용이 되지 못하고 여전히 약자로 남았다면 생존을 위해서 아내까지 포기해야 했던 자기 삶의 적나라한 실상을 후대에 알리려고 이 얘길 전했을 것이다. 전자는 비올 때 우산을 씌워주려는 사람이고 후자는 같이 비를 맞아주려는 사람이라고 말할 수 있지 않을까?

7장

이삭의 트라우마

짧고 건조한 이삭의 탄생 이야기

10여 년 전에는 1950년대에 태어나 1970년대에 대학을 다닌 40대를 가리켜서 '긴 세대'라고 불렀다. 한국사회 여러 분야에서 맹활약을 벌이던 386세대에 밀렸기에 붙여진 이름이라고 기억한다. '긴 세대'가 기분 좋은 말일 수는 없다. 이전 세대와 이후 세대 사이에 끼어서 제 역할 못하는 세대란 뜻이니 말이다. 내가 바로 그 세대다.

이삭을 가리켜 '긴 족장'이라고 부르면 그도 기분 좋을 리 없겠다. 그에 대한 전승이 독립적으로 남아 있지 않고 양으로 보나 내용으로 보나 훨씬 많고 다양한 아브라함과 야곱 전승에 묻혀 있으니 '긴 족장'이란 이름이 틀렸다고 볼 수는 없겠다. 많은 구약성서 학자들이 이삭 이야기를 독립된 전승으로 보지 않는 이유가 여기 있다. 물론 분량이 적다고 무게감이 작은 것은 아니다. 아브라함 전승을 관통하는 중심주제는 땅과 후손에 대한 약속이다. 그 중에 후손에 대한 약속이 이삭에게서 성취됐으므로 이삭 이야기를 꼼꼼하게 읽어

볼 이유는 그것만으로도 충분하다.

앞의 글에서 다뤘던 이야기, 곧 아브라함이 그랄 왕 아비멜렉에게 아내를 누이라고 거짓말했던 이야기(창세기 20:1-18) 바로 다음에 이삭의 탄생 이야기가 나온다. 오랫동안 기다리고 기다려온 바로 그 이야기 말이다.

야훼께서는 말씀하신 대로 사라를 돌보셨다. 사라에게 약속하신 것을 야훼께서 그대로 이루시니 사라가 임신하였고 하느님이 아브라함에게 약속하신 바로 그 때가 되니 사라와 늙은 아브라함 사이에서 아들이 태어났다. 아브라함은 사라가 낳아 준 아들에게 이삭이라는 이름을 지어 주었다. 이삭이 태어난 지 여드레 만에 아브라함은 하느님이 분부하신 대로 그 아기에게 할례를 베풀었다. 아브라함이 아들 이삭을 보았을 때에 그의 나이는 백 살이었다. 사라가 혼자서 말하였다. "하느님이 나에게 웃음을 주셨구나. 나와 같은 늙은이가 아들을 낳았다고 하면 듣는 사람마다 나처럼 웃지 않을 수 없겠지." 그는 말을 계속하였다. "사라가 자식들에게 젖을 물리게 될 것이라고 누가 아브라함에게 말할 엄두를 내었으랴? 그러나 내가 지금 늙은 아브라함에게 아들을 낳아 주지 않았는가!"(창세기 21:1-7)

오랫동안 기다렸던 약속의 아들이 태어난 이야기치고는 너무 짧고 건조하지 않은가? 뭔가 곡절이 더 있어야 할 거 같지 않은가 말이다. 늙은 아브라함과 사라에게 무작정 아들을 약속해놓고 중간에 그토록 우여곡절을 겪게 해서 '과연 약속이 지켜질까?' 싶어 노심초사 가슴 졸이게 만들어놓고 그 약속이 성취된 얘길 이렇게 간단하게 하다니! 독자들로 하여금 노부부에게 한껏 감정이입하게 해놓고서 한다는 이야기가 "때가 되니 사라와 늙은 아브라함 사이에서 아들이 태어났다"고? 그게 전부라고? 뭔가 더 드라마틱한 이야기가 나올 걸 예상한 독자들을 실망시키는 싱거운 서술이 아닐 수 없다. 여기엔 분명히 그 어떤 의도가 있을 텐데 그게 뭔지 알 수가 없다. 그래서 우린 어안이 벙벙할 뿐이고….

확실한 사실은 이삭의 탄생 과정이 대부분의 부부가 경험하는 자연적인 출생 과정과는 달랐다는 점이다. 그것은 하느님의 약속이 성취된 특별한 사건으로서 그로 인해 하느님의 신실성이 확인된 사건이다. 이런 일을 흔히 '기적'이라고 부르는데 말이 나온 김에 '기적'이 뭔지 한 번 따져보자.

기적이 뭔가? 사람들은 기적을 특별한 일, 일어날 수 없는 일이 일어난 걸로 여긴다. 자연법칙을 거슬러서 일어난 일을 기적이라 부르기도 한다. 구약성서에 '기적'이란 게 있을까? 기적이 '절대로 일어날 수 없는 일'을 가리킨다면 구약성서에는 기적이란 게 없다고 말해야 한다. 하느님은 맘만 먹으면 뭐든지 할 수 있으니 '절대로 일어날 수 없는 일' 같은 건 없다는 말이다. 사람은 할 수 없는 일이 있지만 하느님에게 그런 일은 없다. 궁극적으로는 세상에서 일어나는 모든 일이 하느님이 한 일이니 '기적'이란 게 있을 리 없다. 하느님이 약속했지만 성취될 수 없을 것 같던 일이 실제로 일어났을 때 그걸 '기적'이라고 부르는 것은 적절치 않다. 이삭의 탄생은 '기적'이 아니라 실현되기 어려워 보이는 하느님의 약속이 실현된 사건이라고 보는 게 옳다.

이삭이 태어나자 사라는 하느님이 자기에게 '웃음'을 주셨고 사람들도 그 얘길 들으면 자기처럼 웃을 거라고 했다(창세기 21:6). '이삭'이란 이름도 웃음과 관계가 있다. 사라는 이 말을 만면에 웃음을 띠고 했을 거다. 그렇지 않겠는가?

구약성서에는 '웃음'이란 말이 얼마나 많이 나올까? 사람이든 하느님이든 구약성서에는 웃는 이야기가 별로 안 나온다. 그때라고 웃을 일이 없었을 리 없는데 왜 그런지 구약성서에는 웃는 이야기가 거의 없다. 가뭄에 콩 나듯 등장하는 웃음도 대개 환한 웃음이 아니라 조소에 가깝다. 그렇지 않은 경우는 "그분께서 네 입을 웃음으로 채워 주시면 네 입술은 즐거운 소리를 낼 것이니…"(욥기 8:21)나 "그때에 우리의 입은 웃음으로 가득 찼고 우리의 혀는 찬양의 함성으로 가득 찼다. 그때에 다른 나라 백성들도 말하였다. '야훼께서 그들의 편이 되셔서 큰일을 하셨다'"(시편 126:2) 정도가 환한 웃음의 경우이고 나머지는 대부분 '웃음거리'나 '비웃음'을 가리킨다(창세기 39:14; 열왕기상 9:7; 역대하 7:20; 29:8; 욥기 12:4; 시편 43:13; 79:34 등 참조).

그래서 사라의 웃음은 특별하다. 그녀는 야훼가 아브라함에게 아들을 약속하는 걸 몰래 들었을 때(창세기 18:12)와 이삭이 태어났을 때(창세기 21:6), 모두 두 번 웃었다고 전한다. 월터 브뤼그만(Walter Brueggemann)은 이 웃음에 깊은 의미가 있다고 봤다. 구약성서에서 웃음은 인간적으론 이해할 수도 없고 설명할 수도 없는 새로움을 받아들였을 때 보여주는 행위라는 거다. 이삭이 태어났을 때 사라가 '웃었다'고 말함으로써 설화자는 아브라함 부부의 삶에 새로운 시대가 열렸음을 보여줬단다. 그럴듯한가?

브뤼그만의 장점은 이런 통찰에 있다. 그는 한 시대를 풍미한 세계적인 구약성서 학자다. 그는 생존하는 구약학자들 중에서 가장 많은 책과 논문을 쓴 사람들 중 하나다. 그런데 주석적 관점으로 보면 그는 가끔은 확실한 근거를 대지 않고 주석적 결론을 내리는 경우가 있어 비판받곤 한다. 하지만 구약신학자(Old Testament theologian)로서 그는 다른 사람들에게서는 찾아볼 수 없는 번득이는 영감과 통찰을 보여준다. 게다가 그는 미국 성서학자에게 찾아보기 어려운 '아래로부터' 성서를 읽는 시각을 옹호하는 학자다. 그는 주석학자와 설교자의 중간 어디쯤 자리 잡고서 양쪽을 연결하는 역할을 하고 있다고 보인다.

'마구 들이대는' 이삭의 기도

이스라엘의 다른 족장들과 비교하면 이삭에게는 몇 가지의 특징이 있다. 첫째로 그는 아브라함, 야곱, 요셉처럼 떠돌아다니지 않았다. 도망치거나 쫓겨난 적도 없다. 아브라함은 야훼의 지시를 받아 갈대아 우르에서 가나안까지 약 9백 마일이나 되는 길을 걸었다. 뿐만 아니라 그는 이집트로 내려가기도 했다. 가나안 이곳저곳을 떠돌아다니기도 했다. 야곱 역시 아버지와 형을 속이고 삼촌이 사는 밧단 아람까지 먼 길을 가야 했고 요셉도 이집트에 종으로 팔려갔으니 자기 의지와 상관없이 먼 길을 여행한 셈이다. 이들에 비하면 이삭은 붙박이 정착생활을 했다고 하겠다. 요즘같이 교통수단이 발달해서 지구 전체가 하나의 촌락이 된 시대에도 미국에는 한평생을 태어난 주(state) 바깥으로 한 번도 나가보지 못하고 죽는 사람이 많다고 한다. 이런 점을 고려하면 이삭의 붙박이 삶이 특별하다고 할 수는 없겠다. 오히려 다른 족장들이 특별했다고 봐야 할지도 모른다.

둘째로, 그는 '선택'을 해야 했다. 쌍둥이 형제 에서와 야곱 중 하나를 택해야 했다. 아브라함의 경우는 야훼가 처음부터 이삭을 선택했기 때문에 그 자신은 선택할 필요가 없었다. 한편 야곱은 선택할 필요 없이 열두 아들 모두를 열두 지파의 조상으로 축복했다. 하지만 이삭은 달랐다. 그는 선택해야 했다. 여럿 중 하나 또는 일부를 선택한다는 게 얼마나 어려운 일인가. 여러 자식 중에 하나를 선택하는 것은 부모로서 할 짓이 아니다. 누군가를 선택한다는 건 다른 사람을 버린다는 얘긴데 그게 사람으로서 할 짓인가 말이다. 영화 〈홀로코스트〉를 보면 자식들 중에서 하나만 살릴 수 있다면서 선택을 강요당하는 경우를 볼 수 있다. 선택되지 않은 자식들은 죽게 되는 것이다. 이것은 선택되지 않은 사람만 죽이는 짓이 아니다. 선택받아 살아남은 사람과 선택되지 않은 사람은 물론이고 선택을 해야 했던 사람까지 모두 죽이는 잔인한 짓이다.

셋째로, 이삭 이야기에는 '선택'과 더불어 '사랑'이 등장한다. '사랑'(히브리어로 '아하브')이란 말은 구약성서에서 이삭과 관련되어 처음 사용됐다. 이삭은 아브라함이 '사랑하는' 아들이었고(창세기 22:2), 이삭은 리브가와 음식을 '사랑했다'(창세기 24:67; 27:4, 9, 14). '사랑'이 이삭 이야기에서 처음 등장한다는 것은 별 일 아닐 수도 있다. 하지만 그가 모종의 '선택'을 해야 했다는 사실과 '사랑'은 어떻게든 관련되어 있을 거란 예감이 든다. 안 그런가? 너무 막연하고 그걸 확인해줄 텍스트적 근거가 없긴 하지만 사랑은 어차피 선택이니까 그런 생각도 드는 것일 게다.

간접적으로나마 리브가를 향한 이삭의 사랑을 보여주는 예가 하나 있기는 하다. 이삭은 "자기 아내가 임신하지 못하므로 아내가 아이를 가지게 해 달라고 야훼께 기도하였다"(창세기 25:21). 여기서도 우리말 성서는 의역을 했는데 히브리 원문을 직역하면 "이삭은 자기 아내를 위해서 야훼께 기도했다. 왜냐하면 그녀는 임신하지 못했기 때문이다"가 된다. 그는 '아이'를 위해 기도하지 않고 '아내'를 위해 기도했다. '아이'를 위해서가 아니라 아이를 갖게 해달라고 '아내'를 위해 기도했다는 거다. 여기서 그가 아내를 얼마나 사랑했는지를 본다면 과도한 해석일까? 기원후 11세기에 활동한 유대인 학자 라쉬(Rashi)에 따르면 여기서 사용된 히브리어 동사 '바에타르'는 기도를 가리키는 일반적인 단어가 아니다. 그것은 강하고 지속적이고 적극적인 의미로 뭔가를 청원하는 행위를 가리키는 동사라는 거다. 요즘 말로 하면 '마구 들이대는 기도'라고나 할까, 그는 아내를 위해

대충 기도한 게 아니라 매우 적극적이고 공격적으로 기도했다는 것이다. 이삭이 기도한 내용이 뭔지는 텍스트가 전하지 않아 알 수 없지만 이와 같은 무언의 기도가 중언부언 말 많은 기도보다 더 강렬하고 간절할 때가 있다.

엉킨 실타래처럼 복잡한 '생존의 수수께끼'

시간을 거꾸로 돌려 모리아 산 장면으로 가 보자. 앞장에서는 아브라함이 이삭을 야훼에게 제물로 바치려 한 사건을 아브라함 입장에서 읽어봤는데 이번엔 바쳐질 뻔했던 이삭의 입장에서 읽어보자.

이삭은 모리아 산으로 가는 사흘 내내 궁금했을 거다. 장작과 불씨는 있는데 제물이 없으니 말이다. 그래서 그는 아버지에게 물었다. "번제로 바칠 어린 양은 어디 있습니까?"라고 말이다. 당연히 물어야 할 질문이다. "그건 하느님께서 손수 준비하실 것이다"라는 아버지의 대답에 그가 수긍했을까? 그렇지 않았을 거다. 거기에 수긍할 수 없었을 거다. 아버지와 단둘이 제단 위에 섰을 때까지도 말이다.

아버지가 자기를 묶었을 때(아케다) 이삭의 심정이 어땠을지 생각해본다. 그때 그의 나이가 10대 후반이었을 텐데 그만하면 상당히 성숙했던 때이고 힘으로도 아버지를 제압할 수 있었던 때다. 그때 아버지 나이는 110살이 넘었을 테니 말이다.

유대교 전승에 따르면 이삭은 이미 이때 번제물이 자신임을 깨닫고 스스로 자기 몸을 묶었다고 한다. 부지불식간에 죽지 않으려고 몸부림치며 저항하는 걸 막기 위해 스스로 그랬다는 거다. 이제 그의 몸에서 자유로운 부분이라곤 눈 밖에 없었는데 아버지가 칼로 내려치려는 순간 그는 눈을 들어 하늘을 우러러봤는데 그때 천사의 눈물이 그의 눈에 떨어졌단다. 몇 초 후에 아브라함에게 이삭 대신 양을 제물로 바치라고 말할 바로 그 천사 말이다. 천사는 말없이 아버지에게 순종하는 이삭이 불쌍해서 눈물을 흘렸는데 그게 하필 이삭의 눈에 떨어졌다는 거다. 그래서 어떻게 됐냐고? 나중에 이삭이 늙어 눈이 어두워져서 큰아들과 작은아들을 구별하지 못했는데 그게 천사의 눈물 때문이란다. 어떤가? 어이없어 할 사람도 있겠고 그럴 수 있겠다는 사람도 있을 것이다. 유대인들에겐 이야기를 만들어내는 특별한 능력이 있음이 분명하다. 텍스트적 근거가 희박하더라도 어떻게 그리 얘길 잘 만들어내는지, 감탄할 때가 가끔 있다.

천사의 개입 덕분에 이삭은 살아남았다. 이때 그의 심정은 어땠을까? 이 사건은 이후 그의 삶에 어떤 영향을 미쳤을까? 그는 '정상적'인 생활을 할 수 있었을까? 아버지 손에 죽을 뻔했던 엄청난 사건의 트라우마를 갖고 그는 어떻게 살았을까? 오랫동안 이 점이 궁금했지만 만족스럽게 설명해주는 글이나 매체를 만나지 못했는데 얼마 전에 아비바 고트리프 존버그(Avivah Gottlief Zornberg)라는 유대인 학자가 쓴 《*The Murmuring Deep: Reflections on the Biblical Unconscious*》(2009년)라는 책을 만났다. 이 책이 아케다에 대해 서술하는 대목을 읽을 때 소름이 돋았다. 그녀는《*The Beginning of Desire: Reflections on Genesis*》(1995년),《*The Particulars of Rapture: Reflections on Exodus*》(2001년) 등의 책도 썼다. 제목에서도 짐작되듯 그녀는 성서 이야기를 심리학과 정신분석학의 시각으로 읽는다. 중세 유대교 학자들의 해석도 간간히 소개하면서 말이다. 그녀의 이야기를 소개해보겠다.

존버그는 아케다 이야기에서 '생존의 수수께끼'(enigma of survival)라는 화두를 꺼낸다. 이삭은 살아남았지만 아케다가 남긴 트라우마는 엄청났을 터이다. 트라우마는 외적인 폭력에서만 오는 게 아니다. 그에겐 살아남았다는 사실이 또 다른 트라우마가 됐다는 거다. 그는 걷잡을 수 없는 정신적 · 영적 혼란에 빠진다. 하느님의 약속의 아들인 그가 죽을 뻔했다. 그것도 하느님의 지시를 받은 아버지에 의해서 살해당할 뻔한 거다. 그게 실행됐다면 하느님의 약속은 깨져버린다. 그러니 '왜 내게 이런 일이 닥쳤을까?'에서부터 '아무리 그래도 아버지가 어떻게 날 죽이려 할 수 있나?'를 거쳐서 '내가 약속의 아들이라더니 하느님이 어떻게 날 번제로 바치라고 명할 수 있었을까?'에 이르기까지 그의 머리는 엉킨 실타래처럼 복잡했을 거다. 존버그는 상황을 '전혀 이해할 수 없다는 사실'(total incomprehensibility)이 그에게 엄청난 트라우마로 남았을 걸로 보고 그걸 '생존의 수수께끼'라고 불렀다. 살아남았으나 왜 살아남았는지 알 수 없기에, 선택됐지만 왜 선택됐는지 이해할 수 없기에 그게 트라우마가 됐다는 이야기다.

천사의 음성을 들었을 때 그는 무슨 생각을 했을까? '휴, 다행이다. 그럼 그렇지, 하느님이 스스로 하신 약속을 깰 리 있나…' 라고 생각하며 안도했을까? 그보다는 오히려 어안이 벙벙하지 않았을까? 얼마간 시간이 흐른 뒤에 비로소 자신에게 물었을 것이다. '나는 왜 살아남았을까?' 그는 평생 이 질문을 반복해 물으면서 살았지만 대답을 얻지는 못했을 거다.

그 일이 있은 후 이삭이 무대에 다시 등장한 때는 리브가를 만났을 때였다. 아브라함은 늙은 종 하나를 나홀이 사는 성에 보내 며느리 감을 물색하게 했다. 파견된 종이 거기서 아브라함의 며느리요 이삭의 아내가 될 리브가를 만나서 데려오는 이야기가 무려 61절에 걸쳐서 적혀 있다(창세기 24:1-61). 왜 이 얘길 이토록 상세하게 전하는지는 알 도리가 없다. 아무튼 이삭은 그때 "브엘라해로이에서 나와서 네겝 지역에 살고 있었다"고 한다(창세기 24:62). 그곳은 임신한 하갈이 사라를 피해 도망치다가 천사를 만난 곳이다. '브엘라해로이'란 이름도 하갈이 지었다는데(창세기 16:7-14) '나를 보시는 살아계신 하느님의 샘'(the well of my living God who sees me)이란 뜻이다. 두 사건이 같은 곳에서 벌어진 걸 우연으로 여길 수도 있다. 하지만 구약성서에 '우연'이란 게 어디 있나? 매사에 뜻이 있지 않은가? 그게 뭔지는 모르는 경우가 많지만 말이다.

이삭, 그는 누구인가?

이삭은 '업적'이라고 부를만한 일을 한 적이 없다. 모리아 산 사건 이후 그가 한 일이라곤 아버지가 짝지어준 리브가와 결혼한 것(창세기 24장), 나이 예순에 쌍둥이 아들을 낳은 것(25:19-26), 흉년이 들어 그랄 땅에 내려가 살다가 블레셋 왕 아비멜렉이 자기를 죽일까 봐 아내를 누이라고 속인 것(26장), 눈에 어두워서 야곱을 에서로 착각하고 그를 축복한 것(27장), 야곱이 에서에게 죽임 당할까 봐 그를 처남에게 보낸 것(28:1-5), 그리고 죽은 것(35:27-29)이 전부다. 이러니 그를 '낀 족장'이라고 불러도 별로 할 말은 없겠다. 그의 생애에는 대단한 사건사고도 없었고 사람들 입에 오르내릴 만한 얘깃거리도 없었다. 그의 전승은 양적으로나 질적으로 다른 족장들에 비해 극히 빈약하다. 이것이 모리아 산 사건의 트라우마와 무관할까? 나는 그렇지 않다고 생각한다.

이것은 막연한 추측일 뿐이지만 고대 유대교학자들은 이 막연함을 어떻게든 해결해보려고 무진 애를 썼다. 천사의 눈물 때문에 이삭의 눈이 어두워졌다는 이야기도 그래서 나왔다. 단순히 그가 늙어서가 아니라 천사의 눈물 때문에 눈이 어두워졌고 이것이 그의 트라우마를 상징적으로 보여준다는 거다. 그 이후로 자신과 세상을 바라보는 눈은 점점 어두워졌고 생존의 수수께끼를 풀지 못한 혼란은 더욱 깊어졌다. '나는 왜 살아남았을까?'라는 질문이 그의 머리를 떠나지 않았던 것이다.

야곱을 에서로 착각한 것도 단순한 실수가 아니었다고 존버그는 추측한다. 하루는 이삭이 에서에게 자기는 늙어서 언제 죽을지 모르니 맛난 음식을 가져오면 그걸 먹고 에서를 맘껏 축복해 주겠다고 했다. 그래서 에서는 신이 나서 사냥하러 나갔는데 얄궂게도 둘이 나누는 이야기를 리브가가 엿들었다. 에서보다는 야곱을 더 사랑한 리브가가 말이다. 그녀는 야곱에게 염소 두 마리를 잡아오면 자기가 이삭의 입맛에 맞게 음식을 만들어줄 테니 그걸 아버지에게 가져가서 형인 척하고 축복을 가로채라고 지시한다. 열 손가락 깨물어서 안 아픈 손가락 없다는 말은 그녀에겐 해당되지 않나 보다. 모자(母子)가 합심해서 이삭을 속이기로 했다는 거다. 야곱이 아버지를 속였다가는 축복은커녕 저주를 받지 않겠냐면서 그답지 않게 내키지 않아 하자 리브가는 그 저주는 자기가 받을 테니 걱정 말라며 야곱의 등을 떠밀었다. 이 정도로 빗나간 모정이라면 막장 드라마 수준이 아닌가?

하지만 이삭이 어디 그리 만만한 사람이던가, 그는 음식을 가져온 이가 누군지 몇 번이고 확인했다. 그는 "너는 누구냐?"라고 묻기도 했고 그의 피부를 만져보기도 했으며 "네가 정말로 나의 아들 에서냐?"라고 재차 묻기도 했다(창세기 27:18, 20, 21). 목소리는 야곱인데 손을 만져보니 그것은 에서의 것이었으니 눈이 어두운 이삭이 혼란스러워 한 것도 무리는 아니겠다. 그는 누군지 확실히 알지 못한 상태에서 음식을 가져온 아들을 축복했다. 우린 그가 누군지 알지만 이삭은 그렇지 않았다.

이삭이 속아서 에서 아닌 야곱을 축복한 이야기는 많은 문제를 안고 있다. 우선 누군가를 '축복'하는 행위가 뭘 의미하는지부터 풀어야 한다. 그것은 기도나 청원과는 다른 무엇이었을까? 기도나 청원은 그걸 받는 하느님이 허락하지 않으면 말짱 헛일이다. 기도하는 이가 계속해서 매달릴 수는 있겠지만 그렇다고 기도가 이뤄진다는 보장은 없다. 하느님을 강제할 수는 없으니 말이다. 축복이 그와 비슷한 거라면 굳이 아버지를 속여서까지 취하려 했던 이유가 뭘까? 아버지는 속여도 하느님을 속일 수는 없었을 텐데 말이다. '축복'에는 기도나 청원에는 없는, 하느님을 강제할 수 있는 마술적 효과 같은 게 있다고 믿었을까? 죽기 전에 한 번은 그런 효과를 발휘하는 게 축복이라고 믿었나?

야곱이 음식을 가져와서 "아버지!"하고 불렀을 때 이삭은 "내가 여기 있다(Here I am)!"라고 대답했다. 어디서 많이 듣던 말 아닌가? 아브라함이 이삭을 번제물로 바치라는 명령을 실행하는 동안 하느님, 이삭, 천사가 각각 그를 불렀을 때 그가 했던 대답이 "내가 여기 있(습니)다(Here I am)!"였다. 그런데 이번엔 이삭이 아들의 부름을 받고 똑같은 대답을 했다. 이게 흔한 용법이긴 하지만 이 말을 모리아 산 사건과 축복 가로채기 사건 사이에 모종의 연관이 있음을 보여주는 연결고리로 볼 수는 없을까?

이삭은 정말 야곱을 에서로 잘못 알고 축복했을까? 대체로 그렇다고 말들 하지만 나는 그렇지 않을 수도 있다고 생각한다. '전적으로 이해할 수 없음' 또는 '생존의 수수께끼' 같은 혼란 속에서 그는 축복받는 아들이 누군지 확실히 모르는 상태임을 알면서 축복했다고 말이다. 이해할 수 없는 인생과 수수께끼 같은 생존이 하느님의 뜻이라면 축복받는 아들이 에서든 야곱이든 그건 하느님의 뜻이고 눈 어두운 자신은 축복하는 걸로 할 일 다 했다는 심정이었을 수도 있다는 말이다. 그렇지 않았을까?

이삭은 에서가 아니라 야곱을 축복했다. 본래 축복받아야 할 아들은 에서였으니 야곱을 축복한 건 그의 의도와는 맞지 않았다. 하지만 진실을 알고 난 후에도 그는 자기가 한 축복을 무르거나 에서에게 옮길 수 없었다. 의도하지 않은 사람에게 축복이 갔지만 그래도 그는 그게 이뤄질 줄 알았다. 이삭뿐 아니라 에서도 그걸 알았으니까 그토록 통탄해 마지않았던 거다. 급기야 그는 야곱을 죽이려고까지 하지 않았나 말이다.

이삭은 진실을 알고 나서 "크게 충격을 받고서 부들부들 떨면서 말을 더듬거렸다"(27:33)고 했다. 이 표현도 범상치 않아 보인다. 본래 의도는 아니었다 해도 축복이 남에게 간 것도 아닌데 그토록 충격을 받고 부들부들 떨어야 했을까? 에서만 아들이고 야곱은 아들이 아니라는 듯이 말이다.

이 사건이 축복의 수혜자가 바뀐 정도가 아니라 이삭의 무의식 속에 잠재해 있던 모리아 산 사건의 트라우마를 끄집어낸 사건이라면 이야기는 달라진다. 하느님의 약속을 성취할 자신이 하느님에 의해 죽을 뻔 했던 이해할 수 없는 사건이 남긴 트라우마가, 그럼에도 불구하고 자기가 살아남았다는 풀지 못한 수수께끼가 그의 영혼·무의식에 남긴 트라우마가 축복이 잘못 전해졌음을 알았을 때 되살아났으므로 이삭이 그토록 크게 충격을 받아 부들부들 떨었을 거란 이야기다.

이삭, 그는 누구인가? 겉으로 보기엔 이스라엘 족장들 중에서 가장 평범하고 평탄한 삶을 살았던 사람이 이삭이다. 하지만 그는 말로 표현할 수 없는 삶의 수수께끼를 끌어안고 몸부림치며 살았던 사람일지 모른다. 그의 고뇌는 사람의 영혼·무의식의 가장 깊은 곳에 자리 잡고 있었다. 다른 족장들 경우는 어느 정도까지 이해와 설명이 가능한데 그의 경우는 본인조차도 이해할 수 없었다. 이삭에 관한 이야기가 가장 짧은 게 그 때문이 아닐까? 그래서 그의 이야기를 읽을 때면 더 열심히 행간을 읽으려고 노력해야 하는 게 아닐까?

8장

나도 그랬으면 좋겠네

야곱이 브엘세바를 떠나서 하란으로 가다가 어떤 곳에 이르렀을 때에
해가 저물었으므로 거기에서 하룻밤을 지내게 되었다. 그는 돌 하나를
주워서 베개로 삼고 거기에 누워서 자다가 꿈을 꾸었다. 그가 보니 땅에
사닥다리가 있고 그 꼭대기가 하늘에 닿아 있고 하느님의 천사들이 그
사다리를 오르락내리락 하고 있었다. 야훼께서 그 사닥다리 위에 서서
말씀하셨다. "나는 야훼, 너의 할아버지 아브라함을 보살펴 준 하느님이
요 너의 아버지 이삭을 보살펴 준 하느님이다. 네가 지금 누워 있는 이
땅을 내가 너와 너의 자손에게 주겠다. 너의 자손이 땅의 티끌처럼 많아
질 것이며 동서남북 사방으로 퍼질 것이다. 이 땅 위의 모든 백성이 너
와 너의 자손 덕에 복을 받게 될 것이다. 내가 너와 함께 있어서 네가 어
디로 가든지 너를 지켜 주며 내가 너를 다시 이 땅으로 데려 오겠다. 내
가 너에게 약속한 것을 다 이루기까지 내가 너를 떠나지 않겠다." 야곱
은 잠에서 깨어서 혼자 생각하였다. '야훼께서 분명히 이 곳에 계시는데

도 내가 미처 그것을 몰랐구나.' 그는 두려워하면서 중얼거렸다. "이 얼마나 두려운 곳인가! 이 곳은 다름아닌 하느님의 집이다. 여기가 바로 하늘로 들어가는 문이다." 야곱은 다음날 아침 일찍이 일어나서 베개 삼아 벤 그 돌을 가져다가 기둥으로 세우고 그 위에 기름을 붓고 그 곳 이름을 베델이라고 하였다. 그 성의 본래 이름은 루스였다. 야곱은 이렇게 서원하였다. "하느님께서 저와 함께 계시고 제가 가는 이 길에서 저를 지켜 주시고 먹을 것과 입을 것을 주시고 제가 안전하게 저의 아버지 집으로 돌아가게 해주시면 야훼께서 저의 하느님이 되실 것이며 제가 기둥으로 세운 이 돌이 하느님의 집이 될 것이며 하느님께서 저에게 주신 모든 것에서 열의 하나를 하느님께 드리겠습니다"(창세기 28:10-22).

야곱은 왜 집을 떠났을까?

창세기 28장에는 신약성서 요한복음에도 인용되는 이야기가 나온다. 이 얘긴 널리 불리는 찬송가에도 사용됐는데 그 곡은 영화 〈타이타닉〉에서 배가 가라앉는 순간 현악사중주로 연주되어 깊은 인상을 남겼다. "내 고생하는 것 옛 야곱이 돌베개 베고 잠 같습니다…야곱이 잠깨어 일어난 후 돌단을 쌓은 것 본받아서…" 기억나시나? 이번 장에서는 야곱이 돌베개 베고 잠자다 꿈속에서 꼭대기가 하늘에 닿은 사다리를 천사들이 오르락내리락 했던 이야기를 해보자.

　아버지와 형을 속인 야곱은 더 이상 집에 있을 수 없어 어디로든 도망쳐야 했다. 아버지는 늙어 기운이 없었지만 사냥이 취미이자 특기인 터프가이 형 에서를 피할 수 없었으니 말이다. 실제로 에서는 아버지가 죽기만 기다리고 있었다. 그는 "아버지를 곡할 날이 머지않았다. 그때가 되면 동생 야곱을 죽이겠다"(창세기 27:41)고 작정하고 있었다. 어머니 리브가는 이런 에서의 의도를 알아채고 야곱을 불러서 "너의 형 에서가 너를 죽여서 한을 풀려고 한다. 그러니 나의 아들아, 내가 시키는 대로 하여라. 이제 곧 하란에 계시는 라반 외삼촌에게로 가거라. 네 형의 분노가 풀릴 때까지 너는 얼마 동안 외삼촌 집에 머물러라. 네 형의 분노가 풀리고 네가 형에게 한 일을 너의 형이 잊으면 거기를 떠나서 돌아오라고 전갈을 보내마. 내가 어찌 하루에 자식 둘을 다 잃겠느냐!"(창세기 27:42-45)라고 말했다.

그래서 야곱은 집을 떠났다. 목숨 부지하려고 집을 떠났던 거다. 그런데 설화자는 이게 이스라엘 조상의 체면을 구긴다고 여긴 모양이다. 야곱이 목숨이나 부지하려고 집을 떠난 게 아니라 다른 지역에서 아내를 얻으려고 그리 했다고 말하니 하는 얘기다.

"리브가가 이삭에게 말하였다. '나는 헷 사람의 딸들 때문에 사는 게 아주 넌더리가 납니다. 야곱이 이 땅에 사는 사람들의 딸들 곧 헷 사람의 딸들 가운데서 아내를 맞아들인다고 하면 내가 살아 있다고는 하지만 나에게 무슨 사는 재미가 있겠습니까?'"(창세기 27:46)

바로 앞에선 형에게 죽지 않으려거든 얼른 도망치라고 했다더니 여기선 헷 사람 며느리를 맞고 싶지 않아서 야곱을 딴 데로 보내겠다고 한다. 리브가가 한 입으로 두 말을 한 걸까?

야곱이 왜 집을 떠났느냐, 형을 피해 도망친 거냐, 아니면 이삭의 경우처럼 아내를 얻으려고 갔던 거냐를 두고 학자들의 의견이 분분하다. 두 이야기가 서로 다른 문서에서 비롯됐다고 주장한 학자들이 있는데 그건 지나친 해석으로 보인다. 서로 불일치하는 점만 발견하면 다른 문서에서 비롯됐다고 보는 역사비평학의 오랜 습관이다. 나는 아내를 얻기 위해 집을 떠났다는 설명이 이스라엘의 조상 야곱의 초라한 행동에 그럴듯한 명분을 주기 위한 거라는 로버트 알터(Robert Alter)의 견해에 동의한다.

그래서 이삭은 야곱을 불러서 축복하고는 '가나안 사람'의 딸들에게서 아내를 얻지 말고 밧단아람에 사는 외삼촌 라반의 딸들 중에서 아내를 얻으라고 말한다. 야곱은 아버지의 말씀에 순종해서 먼 길을 떠난다. 이 장은 밧단아람으로의 여행 중에 벌어진 사건을 다루는데 그 얘길 하기 전에 먼저 이방인과의 통혼금지에 관해서 잠시 살펴보자.

이방인과의 통혼금지는 구약성서 여기저기서 자주 발견된다. 이는 법으로도 규정되어 있고 에피소드로도 다뤄졌으며 직접 언급되진 않지만 그게 전제되어 있는 경우도 있다. 이들을 잘 읽어보면 그것이 절대 금지되진 않았음을 알 수 있다. 규정상으론 금지된 게 분명하지만 그것이 다뤄진 에피소드들을 보면 실제론 그렇게 철저하게 지켜지진 않았다는 얘기다. 유다가 가나안 사람 수아와 혼인한 걸 전혀 문제 삼지 않은 것(창세기 38:2)도 그 한 예가 되겠다.

특정 지역 이방인과의 통혼은 금지됐지만 그외의 다른 지역의 이방인과의 통혼은 허용됐던 사실도 흥미롭다. 야곱의 경우가 그랬다. 리브가는 야곱을 '헷 사람'의 딸과 결혼시키기 싫어서 오라비 라반에게 보내겠다고 했다. 그녀는 헷 사람 때문에 사는 게 넌더리난다는 말까지 했다(46절). 그들 중에선 절대 며느리를 얻지 않겠다는 뜻이다. 한편 이삭은 야곱을 불러놓고 '가나안 사람'의 딸들 중에선 며느리를 맞을 수 없다면서 그를 밧단아람으로 보냈다. 리브가는 '헷 사람'의 딸들이라 했고 이삭은 '가나안 사람'의 딸들이라고 했는데 여기서 가나안은 넓은 의미로 사용됐고 헷 사람은 가나안에 살던 족속들 중 하나였으니 리브가가 이삭보다 더 구체적으로 말했다고 보면 되겠다.

문제는 '밧단아람'이란 지역이다. 리브가의 오라비 라반이 살던 지역 말이다. 그곳은 메소포타미아 땅 하란 근처이니 거기도 이방인의 땅이긴 매 한가지였다. 가나안이나 헷 사람의 딸은 안 되지만 밧단아람 사람의 딸은 괜찮다? 둘이 뭐가 다른가? 이방인이긴 마찬가지 아닌가? 그런데 왜 둘을 구별했을까? 물론 야곱과 결혼한 레아와 라헬은 동족 라반의 딸이니 문제가 아니지만 이방인인 그녀의 몸종들도 야곱의 아내가 되어 자녀를 낳았으니 야곱은 이방인과도 결혼했다고 봐야 하지 않겠나. 이방인과 결혼하지 않으려고 먼 곳까지 갔는데 거기서도 이방인과 결혼했으니 이게 어찌 된 일인가. 야곱은 괜한 고생을 한 것인가?

이 이야기엔 이방인과 통혼을 금하는 후대의 상황이 반영되어 있다고 주장하는 학자들이 있다. 근거 없이 습관적으로 후대의 상황임을 주장하는 학자들도 있지만 이 경우는 근거가 있어 보인다. 바빌론 포로기가 끝나고 거기 잡혀갔던 사람들이 귀향했다. 여기서 야곱의 '귀향'이 떠오르는 건 우연이 아니다. 거의 두 세대 동안 포로생활을 했으니 예레미야의 권고대로(예레미야 29:4-8) 그들은 거기서 결혼도 했고 자식도 낳고 살았다. 그런데 그들이 동족끼리만 결혼했을까? 천만에! 그렇지 않았다. 그들은 바빌론 및 페르시아 사람들과도 결혼했다. 고레스가 귀향 명령을 내렸을 때 귀향하지 않고 거기 눌러 앉은 유다인들이 많았던 데는 이런 사연이 있었다. 두 세대 동안 거기서 정착해 살다가 귀향한다는 건 현실적으로 쉽지 않았다. 그래서 다수는 거기 남았던 거다.

그런데 귀향한 사람들이 가나안 땅에 와서 보니 거기에 남아 있던 사람들이 땅을 모두 차지하고 살고 있는 게 아닌가. 이는 당연한 일이다. 가뜩이나 좁은 땅을 주인이 없다고 비워둘 수는 없었을 테니 말이다. 그렇지 않아도 이스라엘과 유다에서는 땅에 대한 개인적 소유권이 분명치 않았다. 오랫동안 땅은 하느님의 것이란 사회적 인식이 있었기 때문이다. 포로로 잡혀간 사람들이 갖고 있던 땅을 그대로 뒀을 리 없다. 이런 상황에서 포로에서 귀향한 사람들이 과거에 자기가 갖고 있던 땅을 되찾는 운동을 벌였던 것은 당연했다. 더욱이 그들은 제국을 등에 업고 있었으므로 땅 되찾기가 상당히 쉬웠다.

선별적으로 적용된 이방인과의 통혼 금지는 이런 상황을 감안해서 이해해야 한다. 그것이 가나안에 남아 있던 사람들을 종교적, 이데올로기적으로 공격할 수 있는 좋은 구실을 했던 것이다. 남아 있던 사람들은 가나안 사람들과 결혼한 경우가 많았는데 귀향한 사람들이 그 점을 공격했던 거다. 에스라가 귀향해서 동족이 이방인들과 결혼한 걸 보고 통곡했다는 이야기가 바로 이것이다(에스라 9장). 그는 통곡한 데 그치지 않고 강제 이혼시키기까지 했다(에스라 10장).

그럼 자기들은 어땠을까? 앞서도 말했듯이 자기들도 바빌론에서 두 세대 동안 살면서 이방인들과 통혼하며 살았다. 그들 역시 순수한 혈통을 유지하진 않았다는 이야기다. 오히려 이방인과 결혼할 가능성은 그들이 더 컸다고 봐야 할 게다. 그런데 이들은 자기들 경우는 문제 삼지 않고 가나안에 남아 있던 사람들 경우만 문제 삼았다. 이방인과의 통혼 그 자체가 아니라 '어떤' 이방인과 통혼했는가가 문제였던 거다. 야곱이 가나안(또는 헷) 사람들의 딸 중에서 아내를 얻지 않고 굳이 메소포타미아 땅 밧단아람까지 가서 그곳 사람들 딸 중에서 아내를 얻으려 했다는 이야기에는 이런 상황이 반영되어 있다는 거다. 그럴듯하지 않은가?

대부분의 구약성서 독자들은 이스라엘이나 유다를 일치단결되고 통일된 하나의 공동체로 보는데 실상은 그렇지 않았다. 거기엔 수많은 분파가 존재했다. 사실 그렇지 않은 공동체가 어디 있겠나. 이스라엘이 군주제를 시작했을 때도 그것을 찬성하는 집단과 반대하는 집단이 있었다. 전쟁이 벌어졌을 때도 싸워야 한다는 집단과 싸우지 말아야 한다는 집단이 있었다. 외국의 도움을 청할 때도 그걸 추진하자는 집단과 추진하지 말자는 집단이 있었고 또 갑이란 나라에 도움을 청하자는 집단과 을이란 나라에 도움을 청하자는 집단이 있었다. 이스라엘과 유다도 예외가 아니었다. 그 나라에도 상호협조와 갈등을 번갈아서 하는 여러 집단들이 있었던 것이다.

유다에서 이런 갈등이 가장 극명하게 드러난 때는 바빌론 포로 이후였다. 바빌론에서 귀환한 자들과 고향에 남아 있던 자들이 땅을 두고 생사가 걸린 투쟁을 벌였다. 저 유명한 '빈 땅의 신화'(the myth of the empty land)라는 게 이 시기의 산물이다. 구약성서 일부가 포로기 내내 이스라엘 땅이 마치 비어 있었다는 듯이, 또는 그 기간 동안에 농사를 짓지 않고 땅을 쉬게 하는 '안식년'이었다고 말하는데 이를 한스 바스타드(Hans M. Barstad)는 '빈 땅의 신화'라고 불렀다(Hans M. Barstad, *The Myth of the Empty Land: A Study in the History and Archaeology of Judah during the "Exilic" Period*).

야곱의 사다리, 천사들의 트래픽

이제 본격적으로 야곱의 사다리 이야기를 해보자. 놀랍게도 구약성서에서 하느님과 야곱이 처음 만난 때가 바로 이 때다. 그 전에는 하느님이 야곱을 만난 적도 없었고 그에게 직접 말을 건넨 적도 없었다. 첫 만남, 첫 사랑, 첫 믿음, 첫 교회, 첫 경험 등 같이 사람들은 첫 번째에 특별한 의미를 둔다. 구약성서도 그런지는 분명치 않지만 그걸 읽는 사람들은 대개 그렇게 첫 번째에 남다른 의미를 부여한다. 야곱에게도 하느님과의 첫 만남은 특별한 의미가 있었을 거다. 자신은 안 그런지 몰라도 그 이야기를 읽는 사람들은 거기 특별한 의미를 부여하는 경우가 많다.

아버지와 형을 속여서 아버지의 축복과 장자권을 차지한 야곱의 행태를 보면 '과연 이 사람이 하느님을 믿기나 하나?' 싶을 정도다. 그만큼 그는 막무가내요 천방지축이었다. 그는 하늘 꼭대기에 올라가거나 땅 끝까지 갈지라도 결코 피할 수 없는 분(시편 139:8-10)의 존재를 믿지 않은 걸로 보인다. 열 길 물 속보다 깊은 한 길 사람 속을 안다고 자신하지는 못하겠지만 말이다.

이런 야곱이 형을 피해 밧단아람이란 먼 곳으로 도망쳐야 하는 신세가 됐다. 이 상황에서도 그가 하느님의 도움을 청한 흔적은 없다. 가는 도중에 그는 한 곳에서 밤을 지내게 됐다. 돌 하나를 취해서 베개 삼아 자리에 누워 잠이 들었단다. 그날 밤 꿈에서 그는 놀라운 광경을 봤다. 꼭대기가 하늘에 닿은 사다리 하나가 서 있는데 하느님의 천사들이 그 사다리를 오르락내리락 하더라는 거다. 무슨 SF 판타지도 아니고 자다가 봉창 뜯는 것도 아니고, 이게 대체 무슨 해괴한 일이란 말인가!

야곱이 꼭대기가 하늘에 닿은 사다리를 본 게 꿈인지 생시인지를 두고 고대해석자들 간에 벌어진 논쟁은 여기서 다루지 않겠다. 어떤 사람은 천사들이 사다리를 오르락내리락 한 게 꿈이 아닌 생시였다고 주장하고 어떤 사람은 그것과 하느님의 말씀이 모두 꿈속에서 벌어진 일이라고 주장한다. 하지만 그걸 누가 어떻게 알겠으며 그 차이가 이 이야기의 의미를 깨닫는 데 무슨 도움이 되겠는가. 야곱조차 그게 꿈인지 생시인지 아리송했을 텐데….

왜 하필 '사다리'('계단'이라고 읽을 수도 있다)였을까? 땅과 하늘을 이으려면 그때로선 생각할 수 있는 게 그것밖엔 없긴 했겠다. 엘리베이터나 에스컬레이터는 꿈도 못 꿨을 테니 말이다. 하지만 실제 존재하는 게 없는 상태에서 뭘 연상하거나 상상하는 건 쉽지 않은 일이다. 그래서 학자들은 설화자(또는 야곱)의 머릿속에 '지구라트'가 있었으리라고 추측한다. 사다리꼴 탑처럼 생긴 지구라트 꼭대기에는 제단이 있었고 바닥에서 거기까지는 계단을 통해서 올라가야 했다. 설화자가 지구라트을 본 경험이 있을 가능성이 얼마나 되는지 계산하기는 어렵지만 지구라트과 야곱이 본 사다리(또는 계단) 사이에 모종의 연관이 있으리라는 추측은 얼마든지 가능하다.

하늘과 땅을 잇는 사다리를 통한 천사들의 통행이라…. 어떤 학자가 이걸 가리켜 '천사들의 트래픽(traffic)'이라고 표현한 걸 보았다. 출퇴근 시간의 교통체증이 연상돼서 잠시 웃었다. 사다리가 양방향으로 오갈 수 있는 2차선 정도는 됐을까, 천사들이 동시에 오르락내리락 했다면 충돌, 추돌사고는 없었을까 하는 쓸데없는 염려도 해봤다. 천사들은 왜 오르락내리락 했으며 얼마나 많은 천사가 그랬을까? 왜 그들은 땅으로 내려왔고 또 올라갔을까? 올라간 것이야 그들 주소지가 하늘이니까 그랬겠지만 내려온 데는 이유가 있지 않았을까?

구약성서의 이야기들을 고대해석자들이 어떻게 해석했는지를 연구한 대표적인 학자는 하버드대학의 제임스 쿠걸(James Kugel)이다. 지금은 은퇴하여 이스라엘에 살고 있는 그는 《야곱의 사다리》(*The Ladder of Jacob: Ancient Interpretation of the Biblical Story of Jacob and His Children*)라는 책에서 야곱의 사다리 이야기에 대한 고대해석자들의 다양한 해석을 소개한다.

우선 고대해석자들은 천사들이 사다리를 '오르락내리락' 했다는 서술에 주목했다. 히브리 원어에도 이 순서로 되어 있다. 영어 번역은 'ascending and descending'이 되겠다. 그러니까 땅에 있던 천사들이 먼저 하늘로 '올라갔고' 그 다음에 하늘에 있던 천사들이 땅으로 '내려왔다'는 거다. '뭐 이런 사소한 것까지 따져서 뭐 하나…' 하는 생각이 들지만 그들이 이런 사소한 것에까지 신경 쓴 건 사실이다. 그럴 만했으니 그랬을 것이다.

본래 천사는 하늘에 사는 존재다. 그런 천사들이 땅에 있다가 하늘로 올라갔다면 거긴 분명한 이유가 있으리라고 고대해석자들은 봤다. 그들은 왜 땅에 있었을까? 그들을 야곱의 수호천사들(guardian angels)로 본 해석자들이 있었다. 천사들이 야곱을 안전하게 지키다가 임무를 마치고 하늘로 올라갔다는 이야기다. 그럼 왜 하필 '베델'에서 하늘로 올라갔을까? 고대인들은 신들은 특정 지역을 관할할 권한을 갖고 있다고 믿었다. 신들이 각자 전적인 권리를 행사하는 지역이 있었다는 이야기다. 여기서 하늘로 올라간 천사들은 야곱이 자기들 신의 관할구역을 벗어나려 했기에 더 이상 그와 동행하지 못하고 하늘로 올라가야 했다는 거다. 현대인들에게는 웃기는 이야기지만 고대인들은 정말 그렇게 믿었단다. 그렇다면 하늘에서 내려온 천사들은 자연스럽게 새로운 구역에서 야곱을 지킬 천사들이라고 볼 수 있겠다. 고대인들의 일반적인 종교사상에는 들어맞는 해석이지만 문제는 그때 야곱이 잠들었던 곳이 이스라엘의 영토 안에 있는 지역이란 점이다. 하지만 그건 훗날 이스라엘이 제대로 경계선이 있는 영토를 갖고 있었을 때 이야기일 뿐, 족장시대에는 해당되지 않는다. 훗날의 상황을 과거에 투영한 꼴이란 말이다.

땅에 머물던 천사들이 뭔가를 잘못해서 하느님에 의해 추방됐다고 이해한 해석자들도 있다. 이런 해석의 근거는 창세기 19장이다. 거기서 소돔과 고모라를 살펴보러 왔던 천사들이 롯에게 "식구들이 여기에 더 있습니까? 사위들이나 아들들이나 딸들이나 딸린 가족들이 이 성 안에 더 있습니까? 그들을 다 성 바깥으로 데리고 나가십시오. 우리는 지금 이 곳을 멸하려고 합니다. 이 성 안에 있는 사람들을 규탄하는 크나큰 울부짖음이 야훼 앞에 이르렀으므로 야훼께서 소돔을 멸하시려고 우리를 보내셨습니다"라고 말한다. 별 문제 없는 말 같지만 잘 보면 그렇지 않다. 천사들은 마치 자기들이 하느님인 것처럼 오만했다는 거다. 자기들이 뭔데 '우리는 이곳을 멸하려 한다'고 말했냐는 거다. 그걸 결정할 분은 하느님뿐이다. 그러니까 천사들은 월권의 죄를 저질렀고 그래서 땅으로 추방당했는데 이제는 징벌기간이 끝나서 하늘로 귀환하는 것이란 이야기다. 이 해석은 그럴듯한가? 이렇게 해석할 텍스트적 근거는 없다. 완전히 뜬

구름 잡는 이야기지만 어떻게 해서든 성서의 이야기를 설명하고 해석해보려는 고대해석자들의 노력 하나는 가상하다 하겠다.

　이 이야기는 신약성서에 등장하기 때문에 그리스도인들에게도 널리 알려져 있다. 우리말 성서는 "그가 보니 땅에 사닥다리가 있고 그 꼭대기가 하늘에 닿아 있고 하느님의 천사들이 그 사다리를 오르락내리락 하고 있었다"고 번역해서 천사들이 '사다리'를 오르락내리락 한 걸로 이해했다. 그런데 히브리 원문에는 '사다리'라는 보통명사가 아니라 '그' 또는 '그것'이라는 남성대명사가 쓰였으니 이 문장은 천사들이 '사다리' 위를 오르락내리락 했을 수도 있고 '야곱' 위를 오르락내리락 했을 수도 있다. 만일 후자를 의미했다면 왜 천사들은 야곱 위를 오르락내리락 했는지 궁금하지 않을 수 없다. 고대해석자들은 야곱이 '의인'이어서 천사들이 그를 엄청나게 존경했으므로 그를 한 번이라도 더 보려고 오르락내리락 했다고 해석했다. 궁금한 점은, 그들(고대해석자들과 천사들 모두)은 야곱을 어떻게 생각했기에 그를 그토록 존경했을까 하는 점이다. 야곱에게 무슨 선한 게 있다고…. 아무리 자기들 조상이라 해도 어느 정도의 객관성은 유지해야 하지 않은가. 흥미롭게도 신약성서 요한복음 1장 50-51절도 "내가 진정으로 진정으로 너희에게 말한다. 너희는 하늘이 열리고 하느님의 천사들이 인자 위에 오르락내리락 하는 것을 보게 될 것이다"라고 적음으로써 본래 이야기의 남성대명사 '그'를 '사다리'가 아닌 '사람'(인자)으로 해석했다. 그렇다면 요한은 천사들이 인자 위를 오르락내리락 했던 이유가 뭐라고 생각했을까? 천사들도 인자를 숭모해서 그를 보겠다고 그랬을까? 글쎄….

마지막으로 고대해석자들 중에는 야곱의 사다리를 시대사적으로 해석해서 사다리 하나하나를 각각 흥망성쇠를 거친 제국으로 이해했던 학자들이 있다. 사다리를 오르락내리락 했던 천사들은 각 제국의 수호천사라는 이야기다. 야곱은 바빌론, 페르시아, 그리스, 로마 등 장차 이스라엘을 지배할 제국의 흥망성쇠를 꿈속에서 미리 봤다는 이야기다. 그들이 야곱의 사다리를 이렇게 해석한 데는 다니엘서의 존재가 영향을 미쳤음을 어렵지 않게 짐작할 수 있다.

하느님 없는 듯이 살았던 야곱이…

이제 이 이야기가 어떤 의미를 갖고 있는지 살펴보자. 우선 야곱이 잠에서 깬 후에 "이 얼마나 두려운 곳인가! 이곳은 다름 아닌 하느님의 집이다. 여기가 바로 하늘로 들어가는 문이다"라고 중얼거렸단다. 뭐가 그리 두려웠을까? 하늘로 통하는 사다리를 본 게 두려웠을까? 하느님의 음성을 직접 들은 게 두려웠을까? 이것들은 모두 좋은 일이다. 그런데 꼭대기가 하늘에 닿은 사다리를 천사들이 오르락내리락 하는 걸 본 게 왜 두려웠을까? 하느님이 한 말씀 또한 자신의 아버지와 할아버지에게 이미 한 약속을 확인한 데 불과하지 않은가. 귀향할 때까지 내내 동행하겠다는 이야기도 두려워할 이유는 아니다. 이 말씀을 듣기 전에는 자기 신세가 처량하고 앞날이 망

막해서 두려운 마음이었겠지만 하느님의 말씀을 들었으니 이젠 그 두려움이 사라지고 안도의 한숨을 내쉬었어야 하지 않은가.

물론 이렇게 생각할 수도 있다. 사람은 잠들었을 때 외부의 자극에 대해 가장 약해진다. 게다가 야곱은 홀로 잠들었으니 필경 매우 약하고 불안정한 상태에서 잠들었다고 할 수 있겠다. 잠든 상태는 자아를 잃어버린 상태라고 한다. 그래서 옛날부터 잠들면 넋이 빠져나간다 했으며, '업어가도 모르게 잠들었다'는 말도 있는 것이다. 이런 상태에서, 한 고대해석자의 말대로, 천사들이 사다리를 오르락내리락 하는 것이 그의 순탄치 않은 미래를 상징했다면 그가 두려워하는 것도 이해할 만하지 않을까? 아버지와 형을 속이고 도망치는 신세가 아닌가. 요즘이야 여행이 두려운 일이 아니지만 그때는 먼 길 가는 것은 위험을 무릅쓰는 일이었다. 가나안에서 밧단아람까지 여행하는 일은 목숨을 걸어야 하는 일이었을 게다. 게다가 무리를 지어 여행한 것도 아니고 혼자였으니 무서워서 쉽게 잠들진 못했으리라.

이런 처지에 있는 그가 꿈을 꿨다. 동서고금을 막론하고 사람들은 꿈에 특별한 의미를 부여한다. 때론 그걸 하느님 계시의 통로로 여겼고 무의식의 표출로 간주했으며 새로운 인생이나 새 출발, 새로운 세계에 대한 비전으로 받아들이기도 했다. 그때 야곱에겐 새로운 비전이 절실했을 거다. 그 전까지 그의 삶을 지배했던 거짓과 속임수, 그리고 거기서 오는 불안과 두려움, 외부로부터의 고립과는 다른 뭔가가 필요했다. 활달하게 밖으로 나돌았던 형 에서에 비해

조용히 장막에 머물렀다는 그는 내성적인 성격의 소유자였을 가능성이 크다. 베델에서 꿈을 꾸기 전까지는 그가 하느님을 찾았다는 말도 없고 하느님이 그를 불렀다는 말도 없다. 그는 기회 있을 때마다 남을 속여 가면서 하느님이 없는 듯이 살았다. 요즘 말로 하자면 '실천적 무신론자'였던 거다.

이런 그가 꿈에서 사다리가 하늘과 땅을 잇는 걸 봤다. 그뿐인가, 하느님의 목소리를 직접 들었다. 그의 삶에 하느님이 '개입'해 들어왔다. 그는 늘 혼자라고 여겼는데 하느님이 나타나서 그가 혼자가 아니란 사실을 보여줬다. 하느님은 그에게 나타나서 그의 조상들과 한 약속이 유효함을 확인해줬고 그와 동행하겠다고 약속까지 했다. 이제 야곱에게 새 세상이 열린 거다. 그 동안 내내 그를 간섭하지 않고 내버려뒀던 하느님이 직접 그에게 나타나서 그의 삶을 챙기겠다니 이게 은총과 사랑이 아니면 뭐란 말인가. 천사들이 사다리를 타고 오르락내리락 한 것의 의미는 모호하지만 하느님이 야곱에게 한 말씀에는 오해의 소지가 전혀 없다. 그래서 그런지 고대와 현대를 막론하고 해석자들은 여기서 시각적 경험보다 청각적 경험에 더 큰 비중을 두어왔다. 저명한 구약신학자 월터 브뤼그만도 사다리 이야기보다는 야훼의 약속이 이 에피소드의 중심임을 강조한다.

그렇다면 하느님이 자기 생에 개입하게 된 새로운 현실을 야곱은 어떻게 받아들였을까? 당연히 감지덕지 감사히 받았어야 하지만 안타깝게도 그렇지 않았다. 그는 잠에서 깨어나서 베개 삼아 베고 잤던 돌을 기둥으로 세운 다음에 이렇게 말했다.

"하느님께서 저와 함께 계시고 제가 가는 이 길에서 저를 지켜 주시고 먹을 것과 입을 것을 주시고 제가 안전하게 저의 아버지 집으로 돌아가게 해주시면 야훼께서 저의 하느님이 되실 것이며 제가 기둥으로 세운 이 돌이 하느님의 집이 될 것이며 하느님께서 저에게 주신 모든 것에서 열의 하나를 하느님께 드리겠습니다"(창세기 28:20-22).

얼핏 들으면 야곱답지 않은 신실한 서약처럼 들리지만 잘 보면 '허, 그 사람 참…'이란 탄식이 절로 나온다. 이미 앞에서 하느님이 약속한 것들을 그는 '조건문'을 사용해서 반복한다. 이미 하느님이 그와 동행해주고 무훼히 귀향하게 해주겠다고 약속했는데("내가 너와 함께 있어서 네가 어디로 가든지 너를 지켜 주며 내가 너를 다시 이 땅으로 데려 오겠다. 내가 너에게 약속한 것을 다 이루기까지 내가 너를 떠나지 않겠다."[창세기 28:15]) 야곱은 '만일 ~ 하면'이란 조건문을 사용해서 다시 말하니 그는 하느님 말씀을 한 귀로 듣고 한 귀로 흘린 걸까? 이미 다 끝난 얘길 갖고 다시금 하느님과 '거래'를 하고 있으니 말이다. 하느님과 진지한 관계를 맺는 일이 어디 보통 일인가? 돌다리도 두드려보고 건너는 심정으로 신중을 기하는 것이라고 이해하려 해도 이건 지나치지 않은가 말이다. 게다가 이 일이 있은 다음에 보인 그의 행동을 보면 이 사건이 그의 생애에서 어떤 역할을 했는지 의문이 생긴다. 그는 라반 집에서도 똑같이 속임수를 남발하며 살았으니 말이다. 결혼 문제에서는 반대로 라반에게 속아서 십수 년 동안 노동력을 착취당했지만 말이다.

'믿음'을 '거래'로 격하시키는 불신앙

타향생활을 다 끝내고 귀향할 때 야곱은 형 에서를 만나는 게 두려 웠다. 형을 속이고 고향을 떠나 도망쳤으니 다시 형을 만나는 걸 두 려워함직도 하다. 게다가 형 에서가 동생이 돌아온다는 소식을 듣 고 군대를 이끌고 그를 향해 출발했다는 소식도 들었다(창세기 32:6). 오죽하면 그가 오랫동안 잊어왔던 하느님께 기도를 드렸겠는가.

"… 고향 친척에게로 돌아가면 은혜를 베푸시겠다고 저에게 약속 하신 야훼님… 제가 이 요단강을 건널 때엔 가진 것이라고는 지팡 이 하나뿐이었습니다만…"(창세기 32:10-11).

그가 빈 손으로 요단강을 건넜다는 말은 틀린 말이 아니다. 그땐 도망자 신세였으니 뭘 갖고 있었겠나. 그랬던 그가 이제는 여럿의 아내와 많은 자식, 그리고 종들과 가축 떼를 이끌고 돌아오고 있으 니 이를 금의환향이라고 불러야 마땅하리라. 하지만 그의 마음은 무겁고 두렵기만 했다. 형을 만나야 했기 때문이다.

그날 밤 그는 예상치 못했던 일을 겪는다. 그는 그날 밤에도 혼자 였다. 얍복강 나루터에서 혼자 잠들었을 때 '어떤 이'가 나타나서 밤 새도록 그와 씨름을 벌였다고 한다(창세기 32:22-32). 여기서 이 얘길 할 수는 없고 베델에서 꼭대기가 하늘에 닿은 사다리를 본 것과 얍 복강 나루터에서 '어떤 이'(나중에 야곱은 그를 하느님으로 인식한다)와 씨름 한 것을 학자들은 한 쌍(pair)으로 본다는 것만 지적하겠다. 그는 고 향을 떠났을 때도 하느님과의 특별한 만남의 기회를 가졌고 고향으로 돌아올 때도 역시 같은 기회를 가졌는데 이야기 구조상 이 두 사건이 괄호 역할을 한다는 이야기다. 떠날 때 만난 하느님은 동행과 보호를 약속했고 돌아올 때 만난 하느님은 허리춤을 붙잡고 씨름했다는 차이는 있지만 말이다.

구약성서에서 야곱은 다윗과 함께 가장 흥미로운 연구대상일 게다. 둘 다 '모범생'과는 거리가 먼 사람이고 복합적 성격의 소유자다. 야곱은 하느님의 '편애'를 누렸지만 정작 그 자신은 그걸 모르고 살았다. 하느님의 편애를 누린 걸로는 야곱 못지않은 다윗이지만 야곱과는 달리 그는 사랑받는다는 사실을 알았다. 하느님의 사랑을 받는 줄 모르고 나쁜 짓을 저지른 사람과 그걸 알면서도 나쁜 짓을 저지른 사람, 둘 중에 누가 더 나쁜 사람일까? 좌우간 두 사람 모두 속마음 읽기 힘든 인물이다.

창세기에서 야곱의 진심이 드러난 이야기가 있다면 그건 먼 훗날 그가 이집트 파라오를 만났을 때가 아닌가 싶다. 파라오가 "노인께서는 연세가 어떻게 되시오?"라고 묻자 그는 "이 세상을 떠돌아다닌 햇수가 백 년 하고도 삼십 년입니다… 제가 누린 햇수는 얼마 안 되지만 험악한 세월을 보냈습니다"(창세기 47:7-9)라고 대답했다. 여기에 무슨 야곱의 진심이 드러나 있냐고 묻는다면 할 말이 없다. 하지만 야곱 이야기를 아무리 읽어봐도 그의 속마음이 드러나 있는 얘길 찾기 어려우니 이 구절을 들 수밖에 없다. 그것도 '아, 야곱은 자기가 살아온 세월을 험악하다고 생각하는구나…' 하는 정도지만 말이다. 그만큼 그는 자기 속내를 드러내지 않았다고 볼 수 있겠다. 다윗의 경우도 이와 비슷하다. 그 역시 끊임없는 권력투쟁의 과정 속에서 좀처럼 자신의 속마음을 드러내지 않았다. 하지만 자기에게 대항하는 쿠데타를 일으켜서 잠시 동안이지만 그를 왕좌에서 몰아냈던 아들 압살롬이 죽었을 때 그는 "내 아들 압살롬아, 내 아들아, 내 아들 압살롬아, 너 대신 차라리 내가 죽을 것을, 압살롬아, 내 아들아, 내 아들아!"라고 울부짖었다고 했다(사무엘하 18:33). 그의 일생이 권모와 술수로 일관됐지만 이때만큼은 다윗의 속마음이 드러났다고 보인다.

살아가면서 하느님이 개입하시는 게 느껴질 때가 있다. 그때 하느님이 자유롭게 개입하도록 마음의 문을 열고 이를 받아들이는 데는 대단한 용기와 믿음이 필요하다. 하느님의 개입은 곧 하느님의 '헌신'(commitment)이다. 그것은 하느님과 나 사이에 관계가 맺어지는 것이고 구약성서의 용어를 빌면 '언약관계'에 들어간다는 뜻이다. 아브라함 이야기를 할 때 썼듯이 언약을 맺는다는 것은 하느님 편에서는 자신을 묶고 자유를 제한하는 행위다. 그리고 이런 하느님의 개입과 헌신, 자기 속박을 내가 받아들인다는 것은 곧 하느님과 그분이 하시는 일에 대해서 나도 그분과 똑같이 개입하고 헌신하며 속박당하겠다는 뜻일 터이다. 그러니 이것이 웬만한 용기와 믿음 갖고 되겠는가 말이다. 신앙은 그런 것이다.

야곱 이야기에는 믿음이란 조건 없이 헌신하는 것이라는 메시지가 들어 있다. 믿음은 '거래'가 될 수 없고 그렇게 돼서도 안 된다. 하나를 내주고 둘을 받는 게 믿음이 아니다. 이 이야기는 하느님이 개입하고 헌신하고 스스로를 속박하겠다고 약속했음에도 불구하고 끊임없이 그것을 '거래'로 격하시키려는 사람의 불신앙을 경고하는 이야기로 읽힌다. 야곱의 행위를 보면서 나 자신을 돌아보라는 이야기로 읽자는 거다. 지금도 '믿음'이란 이름으로 벌어지는 수많은 '거래' 행위를 보면서 자신의 믿음을 다잡자는 말이다.

9장

강간당했다고 몰살해?

야곱이 밧단아람을 떠나 가나안 땅의 세겜 성에 무사히 이르러서 그 성 앞에다가 장막을 쳤다. 야곱은 장막을 친 그 밭을 세겜의 아버지인 하몰의 아들들에게서 은 백 냥을 주고 샀다. 야곱은 거기에서 제단을 쌓고 그 이름을 엘엘로헤이스라엘이라고 하였다. 레아와 야곱 사이에서 태어난 딸 디나가 그 지방 여자들을 보러 나갔다. 히위 사람 하몰에게는 세겜이라는 아들이 있는데 세겜은 그 지역의 통치자였다. 세겜이 디나를 보자 데리고 가서 욕을 보였다. 그는 야곱의 딸 디나에게 마음을 빼앗겼다. 그는 디나를 사랑하기 때문에 디나에게 사랑을 고백하였다. 세겜은 자기 아버지 하몰에게 말하였다. "이 처녀를 아내로 삼게 해주십시오." 야곱이 자기의 딸 디나의 몸을 세겜이 더럽혔다는 말을 들을 때에 그의 아들들은 가축 떼와 함께 들에 있었다. 야곱은 아들들이 돌아올 때까지 이 일을 입 밖에 내지 않았다. 세겜의 아버지 하몰이 청혼을 하려고 야곱을 만나러 왔다. 와서 보니 야곱의 아들들이 이미 디나에게 일어난 일을 듣고 들에서 돌아와 있었다… 야곱의 아들들은 슬픔과 분노를 억누르지 못하고 있었다. 하몰이 그들에게 말하였다. "나의 아들 세겜이 댁의 따님에게 반했습니다. 댁의 따님과 나의 아들을 맺어 주시기 바랍니다. 우리 사이에 서로 통혼할 것을 제의합니다. 따님들을 우리 쪽으로 시집보내어 주시고 우리의 딸들도 며느리로 데려가시기 바랍니다. 그리고 우리와 함께 섞여서 여기에서 같이 살기를 바랍니다. 땅이 여러분 앞에 있습니다. 이 땅에서 자리를 잡고 여기에서 장사도 하고 여기에서 재산을 늘리십시오." 세겜도 디나의 아버지와 오라버니들에게 간청하였다. "저를 너그러이 보아 주시기 바랍니다. 원하시는 것은 무엇이든지 드리겠습니다. 신부를 데려오는 데 치러야 할 값을 정해 주시고 제가 가져 와야 할 예물의 값도 정해 주시기 바랍니다. 아무리 많이 요구하셔도 요구하시는 만큼 제가 치르겠습니다. 다만 제가 바라는 것은 디나를 저의 아내로 주시기를 바라는 것뿐입니다." 야곱의 아들들은 세겜이 그들의 누이 디나를 욕보였으므로 세겜과 그의 아버지 하몰에게 짐짓 속임수를 썼다. 그들은 세겜과 하몰에게 이렇게 말하였다. "우리는 그렇게 할 수 없습니다. 할례를 받지 않은 남자에게 우리의 누이를 줄 수 없습니다. 그렇게 하는 것은 우리에게 부끄러운 일입니다. 조건이 하나 있습니다. 당신들 쪽에서 남자들이 우리처럼 모두 할례를 받겠다고 하면 그 청혼을 받아들이겠습니다. 그렇게 하면 우리가 딸들을 당신들에게로 시집도 보내고 당신네 딸들을 우리가 며느리로 삼으며 당신들과 함께 여기에서 살고, 더불어 한 겨레가 되겠습니다. 그러나 당신들 쪽에서 할례 받기를 거절하면 우리는 우리의 누이를 데리고 여기에서 떠나겠습니다." 하몰과 그의 아들 세겜은 야곱의 아들들이 내놓은 제안을 좋게 여겼다. 그래서 그 젊은이는 시간을 지체하지 않고 그들이 제안한 것을 실천으로 옮겼다. 그만큼 그는 야곱의 딸을 좋아하였다. 세겜은 자기 아버지의 집 안에서 가장 존귀한 인물이었다. 하몰과 그의 아들 세겜이 성문께로 가서 그들의 성읍 사람들에게 말하였다. "이 사람들이 우리에게 우호적입니다. 그러니 그들이 우리 땅에서 살면서 우리와 함께 물건을 서로 사고 팔게 합시다. 이 땅은 그들을 받아들일 수 있을 만큼 넓습니다. 우리가 그들의 딸들과 결혼할 수 있게 하고 그들은 우리의 딸들과 결혼할 수 있게 합시다. 그러나 이 사람들이 기꺼이 우리와 한 겨레가 되어서 우리와 함께 사는 데는 조건이 하나 있습니다. 그들이 할례를 받는 것처럼 우리 쪽 남자들이 모두 할례를 받아야 한다는 것입니다. 그렇게 하면 그들의 양 떼와 재산과 집짐승이 모두 우리의 것이 되지 않겠습니까? 다만 그들이 우리에게 요구하는 것은 그대로 합시다. 우리가 그렇게 할례를 받으면 그들이 우리와 함께 살 것입니다." 그 성읍의 모든 장정이 하몰과 그의 아들 세겜이 제안한 것을 좋게 여겼다. 그래서 그 장정들은 모두 할례를 받았다. 사흘 뒤에 장정 모두가 아직 상처가 아물지 않아서 아파하고 있을 때에 야곱의 아들들 곧 디나의 친 오라버니들인 시므온과 레위가 칼을 들고 성읍으로 쳐들어가서 순식간에 남자들을 모조리 죽였다. 그들은 하몰과 그의 아들 세겜도 칼로 쳐서 죽이고 세겜의 집에 있는 디나를 데려왔다. 야곱의 다른 아들들은 죽은 시체에 달려들어서 털고 그들의 누이가 욕을 본 그 성읍을 약탈하였다. 그들은 양과 소와 나귀와 성 안에 있는 것과 성 바깥들에 있는 것과 모든 재산을 빼앗고 어린 것들과 아낙네들을 사로잡고 집 안에 있는 물건을 다 약탈하였다. 일이 이쯤 되니 야곱이 시므온과 레위를 나무랐다. "너희는 나를 오히려 더 어렵게 만들었다. 이제 가나안 사람이나 브리스 사람이나 이 땅에 사는 모든 사람이 나를 사귀지도 못할 추한 인간이라고 여길 게 아니냐? 우리는 수가 적은데 그들이 합세해서 나를 치고 나를 죽이면 나와 나의 집안이 다 몰살당할 수밖에 없지 않느냐?" 그들이 대답하였다. "그가 우리 누이를 창녀 다루듯이 하는 데도 그대로 두라는 말입니까?"(창세기 33:18-34:31)

매우 곤혹스러운 이야기

구약성서에 난처하고 곤혹스런 이야기가 많다는 얘긴 여러 번 했지만 이것만큼 곤혹스런 이야기도 흔치 않다. 사건은 야곱의 딸 디나가 세겜이란 가나안 사람에게 강간당하는 걸로 시작된다. 여기서 세겜은 개인의 이름이자 그가 사는 성읍의 이름이기도 하다. 그만큼 그 집안이 거기서 중요한 위치를 갖고 있었다고 짐작할 수 있겠다. 요즘에 흔한 강간범죄가 옛날이라고 없었을 리는 없다. 그런데 강간범인 세겜이 디나를 죽고 못 살게 사랑하면서 이야기가 의외의 방향으로 틀어진다. 그는 아버지 하몰과 함께 야곱을 찾아가서 디나와 결혼하게 해달라고 통사정했다는 거다. 둘이 천생연분이라면 그럴 수 있겠지만 그런 일이 어디 그리 흔한가. 다윗의 아들 암논은 이복누이 다말을 강간하고도 바로 마음이 변해서 그녀가 꼴 보기 싫다며 내쫓지 않았던가(사무엘하 13장). 암논과 비교하면 세겜은 '의리'와 '사랑'을 모두 갖춘 상당히 괜찮은 친구가 아닌가 말이다.

야곱이 세겜의 청혼을 받아야 할지 말아야 할지 고민하는 동안 그의 아들들은 몰래 누이의 복수를 꾀했단다. 그들은 세겜의 청혼을 받아들이겠다면서 조건을 하나 내걸었다. 세겜의 '모든 남자'가 할례를 받으면 디나를 그 집에 시집보내겠다는 거다. 세겜이 이방인인 게 문제였다면 그만 할례를 받으면 됐지 왜 온 성읍 남자들이 다 그래야 했을까? 누가 봐도 의심스런 조건을 세겜이 지체 없이 받아들인 걸 보면 디나를 무척 사랑했던 모양이다. 아가서 빼고는 구약성서에서 이토록 누군가를 사랑한 사람이 없다. 이 이방인 하나밖에는 말이다.

결국 하몰과 세겜은 성읍 남자들을 설득해서 할례를 받게 했다. 그들이 할례 받아 거동이 불편할 때 디나의 친 오라비 시므온과 레위가 그들 모두를 칼로 쳐 죽였단다. 야곱은 이 소식을 듣고 가나안 주민들에게 보복 당할까 봐 두려워서 두 아들을 나무랐지만 그들은 오히려 "그럼 누이를 창녀 취급하는데 가만히 두고 봐야 하나?"고 화를 냈다고 한다. 눈물겨운 남매애라고 불러야 할까….

이 얘긴 여러 가지 점에서 곤혹스럽다. 우선 '강간'이라는 끔찍한 사건이 벌어졌다는 것부터 그렇다. 강간은 분명히 나쁜 짓이고 범죄다. 그러나 자기가 저지른 범죄를 피해자와 결혼함으로써 우호적으로 해결하려 했던 세겜에 대해 야곱의 아들들이 '속임수'로 대응한 것도 잘했다 할 수는 없는 일이다. 게다가 그들이 하몰 집안사람들뿐 아니라 세겜의 모든 남자들을 몰살했다는 것을 어떻게 도덕적

알 수 없는 분

178

으로 용납할 수 있겠나. 그 속임수의 수단이 하느님과 맺은 언약을 상징하는 '할례'였다니 거기서 무슨 말을 더하겠나 말이다. 강간은 용납할 수 없는 범죄지만 그렇다고 해서 대개의 경우엔 강간범을 사형에 처하지는 않는다. 그런데 강간범 당사자만이 아니라 세겜의 모든 남자들을 몰살했다니 이게 빵 한 조각 훔쳤다고 해서 사람을 수년간 감옥에 쳐넣는 것과 뭐가 다른가. 장발장도 이들보다는 덜 억울했을 거다.

곤혹스러운 게 하나 더 있는데 그건 이 이야기가 앞뒤 이야기들과 관련성이 없다는 점이다. 창세기 33장은 야곱이 오랜 타향살이를 끝내고 고향에 돌아와 형과 '감격적'으로 재회하는 이야기이고, 35장은 그가 하느님의 말씀에 따라 베델로 올라가서 거기 살았다는 이야기다. 34장 이야기는 앞뒤 이야기들과 장소가 다를 뿐 아니라(33장은 숙곳이고 35장은 베델인데 34장은 세겜이다) 내용도 무관하다. 이런 경우 학자들은 34장을 편집자의 삽입으로 간주하는데 그것으로는 아무것도 해결할 수 없다. 왜 삽입됐는지가 설명되지 않는다면 말이다.

독자들을 어리둥절하게 만드는 또 하나는 처음에는 이야기가 결혼하느냐 마느냐에 초점이 맞춰져 있는데 나중에는 재산문제가 끼어들어와 관심이 거기 집중된다는 점이다. 처음엔 하몰과 세겜이 야곱에게 세겜에 같이 살면서 땅도 차지하고 통혼도 하면서 재산을 늘리라고 권한다. 참으로 너그러운 처사 아닌가. 그런데 곧 이들은 동족 세겜 사람들에게 할례 받으라고 권하면서 그래야 야곱 집안의 재산을 자기들이 차지할 수 있다고 말한다. '너그러운 하몰과 세겜'

이란 인상이 이 대목에서 순식간에 무너진다. 정작 나중에 세겜 사람들의 재산은 이스라엘의 차지가 되지만 말이다. 그들은 대체 무슨 권한으로 그들의 재산을 차지했을까? 이는 법적으로도 문제가 있을 뿐 아니라 이런 행위를 하느님이 인정하거나 허락했다고 성서는 말하지 않는다. 그러니까 이 행위는 법적으로나 도덕적으로 합당했다고 말할 수 없다.

세겜은 베델과 실로의 북쪽으로 예루살렘에서 북쪽으로 가는 도상에 위치한 지역으로 창세기 12장 6-7절에 처음으로 등장한다. 거기서 야훼는 과거에 아브람에게 했던 약속을 확인해준다.

아브람은 그 땅을 지나서 세겜 땅 곧 모레의 상수리나무가 있는 곳에 이르렀다. 그 때에 그 땅에는 가나안 사람들이 살고 있었다. 야훼께서 아브람에게 나타나셔서 말씀하셨다. '내가 너의 자손에게 이 땅을 주겠다.' 아브람은 거기에서 자기에게 나타나신 야훼께 제단을 쌓아서 바쳤다.

그밖에도 세겜은 야곱(창세기 33, 34장), 요셉(여호수아 24:32)을 통해 이스라엘과 밀접하게 관련되어 있다. 야곱은 이 사건이 벌어지기 직전에 하몰에게 은 백냥을 주고 밭을 샀다고 하니(33:19) 거기서 살 작정이었던 게다. 세겜에서 벌어진 일들을 보면 디나 사건만 빼면 이스라엘 사람들과 세겜 사람들은 대체로 우호적인 관계를 맺고 있었다고 할 수 있겠다.

그렇다면 디나 강간사건을 계기로 세겜의 모든 남자들이 살육당한 이야기는 뭘 말하려는 걸까? 이 이야기가 왜 여기에 있을까? 강간하고 강간당하고, 죽고 죽이는 사건에서 어떤 신앙적 교훈을 얻을 수 있을까? 이제부터 꼼꼼히 따져보자.

왜 세겜 남자들은 모두 죽어야 했을까?

다시 말하지만 세겜이 디나를 강간한 짓은 비난받아 마땅하다. 옛날이라고 해서 다르지 않다. 살인이 동서고금, 문화권의 다름과 상관없이 범죄이듯이 강간도 가증스런 범죄임에 분명하다. 하지만 강간범의 처벌방식은 시대와 지역과 문화권에 따라 모두 다르다. 이스라엘에서는 강간범을 엄히 처벌하지는 않았다. 신명기 22장 28-29절에는 강간범을 처벌하는 명시적인 규정이 있다.

"어떤 남자가 약혼하지 않은 처녀에게 욕을 보이다가 두 사람이 다 붙잡혔을 때에는 그 남자는 그 처녀의 아버지에게 은 오십 세겔을 지불해야 한다. 그리고 그 여자에게 욕을 보인 대가로 그 여자는 그의 아내가 되고 그는 평생 동안 그 여자와 이혼할 수 없다."

이 규정은 내가 아는 한 강간범에 대한 가장 관대한 처벌이다. 신명기는 딸이 아버지 재산이라는 듯이 강간범이 여자의 아버지에게 돈을 주고 그녀를 아내 삼으면 된다고 규정한다. 21세기의 여자들이 이걸 읽으면서 얼마나 분노하겠는가.

세겜이 디나를 강간한 후에 한 행동을 보면 마치 그들이 신명기를 알았던 것 같다. 하몰과 세겜은 신명기의 규정을 넘어서서 아무리 많은 지참금을 요구해도 다 들어주겠다고 약속했다. 두 텍스트가 사용한 '붙잡다' '눕다' '욕보이다' 등의 동사들도 같다. 그들은 야곱 집안과 사돈이 되면 자기들 땅에 살면서 장사도 하고 소유도 늘리라는 제안까지 하지 않았나. 이렇듯 신명기 규정보다 더 많은 걸 약속했는데 왜 야곱의 아들들은 그걸 거부했을까? 그들은 세겜 남자들을 다 죽여서 복수할 만큼 디나를 애지중지 사랑했을까? 그들의 속마음을 읽을 길 없으니 이 물음에 대답할 도리는 없다.

텍스트는 강간에 대해 말한 다음에 지나가는 말처럼 그 행위를 "이스라엘 사람에게 부끄러운 일, 곧 해서는 안 될 일"로 규정한다. 짧지만 중요한 의미가 담겨 있는 말로 들린다. 문제는 이 강간을 어떠한 성격으로 규정하는가에 달려 있다. 디나 오라비들은 누이가 당한 일을 단순히 몸이 더럽혀진 사건으로 보지 않았다. 그들에게 이 일은 개인적인 수치 정도가 아니라 민족적 수치, 또는 종교적 수치였다. 여기선 강간을 '타메'라는 말로 표현하는데(5, 13, 17절) 이 말에는 그냥 더럽다는 뜻 이상의 종교적 의미가 들어있다. 단순히 몸만 더럽힌 것이 아니란 말이다. 우리말 성서가 '부끄러운 일'로 번역한 '느발라'(7절) 역시 여기서는 성적(性的)으로 부끄러운 일이나 종교적 더럽혀짐 및 거기서 비롯된 수치를 가리킨다.

디나가 이스라엘 사람에게 강간당했다면 그걸 이렇게 표현하지는 않았을 거다. 세겜이 이스라엘 사람이 아니라 이방인이었다는 게 문제였다. 그녀의 강간범이 이스라엘 사람이라면 은 오십 세겔을 주고 아내 삼으면 그걸로 됐는데 세겜이 이방인이라서 그의 범죄에 종교적 의미가 덧붙여졌고 그래서 오라비들이 분노했던 거였다. 많은 고대해석자들이 이 사건을 그렇게 해석했다. 〈유딧〉(Judith)은 이 사건에 대해서 "… 내 조상 시므온의 야훼 하느님, 야훼께서는 시므온에게 칼을 쥐어 주셔서 이방인을 처벌하게 하셨다"(9:2)고 적었고, 〈희년서〉(Jubilee)도 "너 모세는 이스라엘의 자녀들에게 명하여 그들의 딸을 이방인들에게 주지 말고 이방 여인들과 결혼하지 못하도록 금하라…. 그래서 나는 세겜 사람들이 디나에게 행한 모든 것을 너를 위해 율법 속에 기록하였다…"(30:11-14)라고 전한다.

그렇다면 이상하다. 창세기 38장에서 이스라엘의 족장인 유다가 이방 여인 수아와 결혼한 데 대해선 한 마디도 비판하지 않았는데 이방남자 세겜이 이스라엘 여인 디나와 결혼하겠다니까 왜 이렇게 길길이 뛰는 걸까? 그 밖에도 이스라엘에 이방여인과 결혼하거나 첩으로 들인 경우가 많은데 왜 이 여기서만 대량살육을 저질렀는지 이해할 수 없다. 신명기 7장 3-4절은 이방인과 통혼을 엄격히 금하지만("그들[이방인들]과 혼인관계를 맺어서도 안 됩니다. 당신들 딸을 그들의 아들과 결혼시키지 말고 당신들 아들을 그들의 딸과 결혼시키지도 마십시오. 그렇게 했다가는 그들의 꾐에 빠져서 당신들의 아들이 야훼를 떠나 그들의 신들을 섬기게 될 것이며 그렇게 되면 야훼께서 진노하셔서 곧바로 당신들을 멸하실 것입니다.") 실제론 이방인과의 통혼은 드물지 않게 이뤄졌다. 그런데 왜 세겜과 디나 경우만 이토록 심각한가 말이다. 수십 년 전 미국에서 흑인들이 심하게 차별받았을 때도 백인과 흑인은 통혼했다. 그 중에서 백인남자와 흑인여자의 결혼은 상대적으로 용납됐던 데 반해 흑인남자와 백인여자의 결혼은 그렇지 않았다는데 그게 이것과 비슷했을까?

다음으로 문제 되는 것은 디나 오라비들이 세겜 사람들을 '속였다'는 대목이다. 목적이 옳아도 그것을 이루는 방법이 옳지 않으면 비난을 면하기 어렵다. 하물며 세겜 남자들을 살육하려는 게 목적이었으니 목적의 정당성에도 심각한 의문이 제기되는 판이라 더 말할 게 없다. 디나 오라비들은 누이를 하몰 집안에 시집보낼 것처럼 거짓말을 했다. 은 오십 세겔 받고 디나를 시집보내지 않은 건 그가 이방인이었기 때문이라고 치자. 하지만 그게 속임수를 써서 그들을 살육할 명분은 될 수 없다. 안 그런가? 게다가 그들은 '할례'를 속임수의 방편으로 썼다. 할례가 뭔가? 야훼의 거룩한 백성이 되는 언약의 표가 아닌가 말이다. 그 거룩한 제도를 이방인 살육의 방편으로 삼았으니 그들은 이중으로 불의한 짓을 저지른 셈이다.

학자들은 할례라는 종교의식이 이스라엘에 자리 잡은 때를 훨씬 후대로 본다. 바빌론 포로기 이후로 보는 견해가 강세다. 하지만 그것은 학자들이 '재구성한' 이스라엘 역사에서 그럴 뿐이지 구약성서의 흐름에서는 그렇지 않다. 할례 제도는 창세기 17장에서 제정됐다. 그러니까 구약성서의 흐름에 따르면 대량살육이 일어났을 때는 이미 할례가 종교의식으로 행해지고 있었다. 우리가 성서를 읽을 때는 학자들이 재구성한 역사를 따라서 읽는 게 아니라 거기서 이야기가 전개되는 순서대로 읽는다. 따라서 구약성서 독자들이 이 이야기를 읽을 때 '이 사람들은 무슨 맘을 먹고 하느님이 직접 제정한 할례 제도를 이 따위 일에 악용할까…' 라는 생각에 고개를 갸

우뚱하는 게 자연스럽다.

고대해석자들은 이 난점을 해결하기 위해서 하느님이 세겜 남자들의 도륙을 직접 명령했다고 해석했다. 하느님의 명령을 받아서 그렇게 행했다는 거다. 〈레위의 유언〉(The Testament of Levi)은 "나(레위)는 세겜에 대한 하느님의 판결이 유죄였음을 봤다. 그래서 나는 아버지(야곱)에게 이렇게 말했다. '야훼여, 노하지 마옵소서. 야훼께서 아버지를 통해서 가나안 사람들을 멸망시키실 것이고 그들의 땅을 당신과 당신 후손들에게 주실 것입니다"(6:8-7:1)라고 적었다. 세겜 사람들은 하느님에게 유죄 판결을 받았고 자기들은 단순히 그걸 집행했을 뿐이란 이야기다.

〈희년서〉(Jubilee)도 비슷한 취지로 "세겜의 모든 남자들이 이스라엘에게 수치스러운 일을 범했기 때문에 그들을 칼로 멸절시키라는 판결이 하늘로부터 그들에게 내려졌다"(30:5)라고 전한다. 참으로 편리한 논리다. 이치를 따질 것도 없고 논리를 논할 것도 없다. 그저 하느님 명령이라고만 하면 모든 게 용서된다니 말이다.

하지만 고대해석자들도 아무 때나 무턱대고 하느님의 명령을 끌어낼 수는 없었다. 그들이 그 정도로 막 나가는 사람들은 아니었다. 세겜 남자들을 도륙한 것이 하느님 명령이었음을 주장하기 위해서는 미미하더라도 텍스트 상의 근거가 있어야 했다. 그들은 레위와 시므온 두 사람이 그 많은 세겜 남자들을 도륙했다는 데서 그 근거를 찾았다. 얼마나 다행이었을까! 세겜 남자들 숫자가 얼마인지는 몰라도 오직 두 사람이 도륙할 만한 숫자는 아니었을 게다. 할례를 받아서 움직이기가 불편했다고 해도 말이다. 하느님이 도와주지 않았다면 그들이 어떻게 그럴 수 있었겠는가. 그래서 〈유딧〉은 "오 나의 조상 시므온의 주 하느님, 당신은 그의 손에 칼을 쥐어주어 처녀 디나를 겁탈한 이방인들에게 복수하게 하셨습니다"(9:2)라고 적었고 〈요셉과 아세넷〉(Joseph and Aseneth)도 "시므온과 레위는 칼집에서 칼을 빼고 이렇게 말했다. '보라, 이 칼들을 본 적이 있는가? 이 칼로 야훼 하느님이 이스라엘의 아들들을 모욕한 세겜 사람들을 심판했는데 이는 하몰의 아들 세겜이 우리의 누이 디나를 더럽혔기 때문이다"(23:14)라고 적었다. 곧 하느님이 도륙을 허락하고 명령했을 뿐 아니라 손수 칼까지 그들 손에 쥐어줬다는 거다. 그들이 수많은 세겜 남자들을 순식간에 도륙할 수 있었던 것은 하느님이 준 칼을 썼기 때문이란다. 어떤가? 그럴듯한가? 나는 아닌데….

왜 세겜 남자들은 모두 죽어야 했을까? 세겜은 강간범이니 그렇다 치지만 나머지 세겜 남자들은 왜 그렇게 허망하게 죽어야 했는가 말이다. 그들에게 무슨 죄가 있다고…. 한 시민이 잘못했다 해서 그가 사는 도시 사람들을 모두 죽인다면 그건 집단학살(genocide)에 다름 아니다. 구약성서에 집단학살 이야기가 많이 나오지만 범죄에 동조하거나 협력하지도 않았는데 다 죽이는 건 누가 봐도 지나치다.

고대해석자들에게도 이건 곤란한 문제였다. 하지만 그들이 누군가? 아주 작은 근거만 있으면 한없는 상상력을 발휘해서 이야기를 만들어낸 사람이 그들이다. 때론 근거가 전혀 없어도, 없는 근거를 만들어내서라도 이야기를 지어내지 않던가. 그들은 세겜 남자들이 모두 벌 받은 것을 보면 그들도 세겜이 저지른 범죄에 동조했을 거라고 추측했다. 욥의 친구들의 논리와 비슷하다. 욥이 고통 겪는 것을 보면 필경 그럴만한 죄를 저질렀을 것이란 논리 말이다.

우리말 새번역 창세기 34장 27절을 보면 "…야곱의 다른 아들들은 죽은 시체에 달려들어서 털고 그들의 누이가 욕을 본 그 성읍을 약탈하였다"라고 해서 강간 행위의 주어를 분명히 드러내지 않는데 원문을 그대로 번역하면 "야곱의 아들들은 살해된 자들에게 가서 그 도시를 노략했는데 이는 그들이 자기들 누이를 더럽혔기 때문이다"가 된다. 디나를 더럽힌 자들은 복수인 '그들'이었다. 여기서 '그들'은 세겜의 남자들일 수밖에 없다. 〈유딧〉과 〈희년서〉도 '그들'이 세겜 남자들이고 따라서 그들도 하느님의 징벌을 받아야 했다고 적었다. 특히 〈희년서〉는 드러내놓고 "야곱과 그의 아들들은 세겜 사람들이 그들의 누이를 더럽혔기 때문에 그들에게 분노했다"(30:3)고 전한다. 그래도 이 정도는 봐줄 만하다. 아람어 성서 〈타르굼 니오피티〉(Targum Neofiti)는 세겜 남자들을 '우상숭배자'로 규정했고 〈레위의 유언〉은 밑도 끝도 없이 세겜 사람들이 나그네를 환대하지 않아서 벌을 받았다고 전한다. 이들은 세겜 사람들이 파라오와 아비멜렉이 사라와 리브가에게 했던 것과 똑같은 짓을 디나에게 하려고 했지만 하느님이 그들은 막았다고 했다.

뭘 근거로 이런 이야기를 늘어놓았을까? 하몰과 세겜이 성읍 사람들을 설득하면서 한 "그렇게 하면(할례를 받고 야곱 집안과 같이 살게 되면) 그들의 양 떼와 재산과 집짐승이 모두 우리의 것이 되지 않겠습니까?"(23절)라는 말이 그 근거였다고 추측된다. 세겜 남자들은 너나 할 것 없이 모두 한 패였다는 거다. 그러니까 고대해석자들은 텍스트가 남겨둔 빈 곳을 세겜 남자들을 '나쁜 놈'으로 만들어서 메운 셈이다. 이게 옳은 해석일까?

대체 이 이야기가 왜 여기 있을까?

이젠 이 이야기가 뭘 말하려는지 따져볼 차례다. 이 이야기가 뭘 말하려는지, 무슨 교훈을 전하려는지 당최 알 수가 없다. 특별한 목적이 있는 것 같지도 않고 딱히 전하려는 교훈이 있는 것 같지도 않다. 이 사건으로 인해 뭔가 이뤄졌다는 말도 없다. 다음 장인 창세기 35장은 마치 이런 사건이 일어나지도 않았다는 듯이 야곱이 하느님의 지시를 받아서 베델로 올라가 제단을 쌓았다고 적는다. 텍스트는 디나가 강간당해서 아기를 낳았는지 안 낳았는지도 밝히지 않는다. 이후로는 그녀가 다시 등장하지 않으니 우린 그녀가 어떻게 살다 어떻게 죽었는지 모른다. 대체 이 이야기가 왜 여기 있을까?

이 이야기는 궁극적으로 이스라엘 사람들과 가나안 사람들의 공존(coexistence) 또는 동화(accommodation)에 대해 말한다고 보는 학자들이 많다. 이야기의 핵심은 강간과 그에 대한 보복이 아니라 가나안 사람들과의 통혼 금지라는 거다. 일리 있는 주장이다. 통혼은 결국은 이스라엘과 가나안이 공존하고 동화하는 하나의 방법이기 때문이다.

강간 사건 후 하몰과 세겜이 청혼했을 때 야곱이 취한 태도에는 애매한 구석이 있다. 청혼을 받겠다는 것인지 받지 않겠다는 것인지 모호하다. 시므온과 레위가 세겜 남자들을 몰살한 후에도 야곱은 그 일로 인해 가나안 족속과 브리스 족속에게 보복 당할 것을 두려워한다. 그는 시종일관 모호한 태도를 보이는 반면 그의 아들들은 분명하고 단호한 태도를 보인다. 그들은 줄곧 적대적이고 호전적이더니 결국 시므온과 레위가 직접 그들을 도륙했다. 야곱과 그의 아들들의 상반된 태도는 가나안에 정착한 이스라엘이 겪은 딜레마를 상징한다. 그들은 가나안 사람들에게 고립되어 그들과 적대하느냐, 아니면 그들 사이에서 섞이고 공존하면서 동화되느냐의 갈림길에 서 있었다. 이 고민은 디나가 강간당한 걸 종교적 의미가 담긴 '타메'와 '느발라'라는 용어로 표현한다는 점과 '할례'라는 종교의식을 도륙의 수단으로 삼았던 데서도 어렴풋이나마 엿볼 수 있다.

이스라엘이 가나안 사람들과 동화되는 데는 두 가지 길이 있었는데 서로 통혼하거나 공동의 경제활동을 하는 것이 그것이다. 이는 하몰이 야곱에게 했던 제안, "우리 사이에 서로 통혼할 것을 제의합니다. 따님들을 우리 쪽으로 시집보내어 주시고 우리의 딸들도 며느리로 데려가시기 바랍니다"(9절)라는 말과 "우리와 함께 섞여서 여기에서 같이 살기를 바랍니다. 땅이 여러분 앞에 있습니다. 이 땅에서 자리를 잡고 여기에서 장사도 하고 여기에서 재산을 늘리십시오"(10절)라는 말에 잘 드러나 있다. 야곱이 보여준 애매하고 우유부

단한 태도는 동화될 것을 심각하게 고민한 흔적이고, 아들들의 단호한 태도는 고립되어 살겠다는 입장의 표현이다. 시므온과 레위가 저지른 살육은 가나안 사람들을 몰아내고 땅을 차지하겠다는 강경한 입장을 드러낸다. 세겜 사람들에게 할례를 요구한 건 자기들에게 동화되라는 주장이다.

고립이냐 동화냐를 결정하는 데는 종교적 동기와 경제적 동기가 함께 작용했다. 그들은 은 오십 세겔과 결혼으로 디나가 당한 일을 해결하려 하지 않았다. 그런 식으로 해결될 수 없었던 이유는 그게 이방인과 사이에 벌어진 일이었기 때문이다. 민사의 문제가 아니라 종교의 문제였다는 거다. 그래서 야곱의 아들들이 통혼의 전제조건으로 할례를 내건 것은 단순히 속임수가 아니라 그들을 자기 방식으로 동화시키려는 시도로 이해할 수도 있겠다.

한편 경제적 동기는 앞에서 언급한 대로 하몰이 청혼할 때 섞여 살면서 장사도 하고 재산도 늘리라고 제안한 것과 세겜 사람들을 도륙한 후 성읍을 약탈한 데서 잘 드러난다.

야곱의 다른 아들들은 죽은 시체에 달려들어서 털고 그들의 누이가 욕을 본 그 성읍을 약탈하였다. 그들은 양과 소와 나귀와 성 안에 있는 것과 성 바깥들에 있는 것과 모든 재산을 빼앗고 어린 것들과 아낙네들을 사로잡고 집 안에 있는 물건을 다 약탈하였다(27-29절).

이것을 보면 두 집안이 궁극적으로 원했던 것은 결국 경제적 이득이었을 거란 추측이 가능하다. 여기서 미국을 비롯한 국제적 지원을 받아가면서 팔레스타인 땅을 독차지하려는 현재 이스라엘의 막가파식 만행이 오버랩 되는 게 나만은 아닐 것이다.

과연 이래도 되나?

이 이야기를 읽고 나면 '과연 이래도 되나? 누이가 강간당했다고 성읍의 남자들을 모조리 죽이는 게 정당한가 말이다. 그렇게 해서 경제적 이득을 취하는 게 과연 옳은 행위인가?'라는 의문이 들지 않을 수 없다. 보복이든 종교적 열정이든 경제적 이득이든 대량학살을 해가면서 목적을 성취하는 게 정당한 걸까? 그걸 야훼 하느님의 이름으로 행하는 것을 우리는 신앙의 이름으로 정당화할 수 있을까?

야곱의 아들들은 끝내 집착을 버리지 못했다. 이야기는 보복이 두려운 야곱에게 아들들이 퉁명스럽게 "그가 우리 누이를 창녀 다루듯이 하는 데도 그대로 두라는 말입니까?"(31절)라고 대꾸하는 걸로 끝난다. 여기에 "그들이 자살테러로 우리 동족을 죽이는데 그걸 그대로 두란 말이냐?"면서 대규모 공습을 감행하는 현재 이스라엘의 목소리가 겹친다. 과거의 그들이나 현재의 그들이나 할 것 없이 경제적 이득에 눈이 멀어서 자기들이 지역과 세계평화에 어떤 위협이 되는지, 공존과 협력의 가능성을 어떻게 파괴하는지를 보지 못한다. 훗날 야곱이 시므온과 레위를 두고 했다는 "시므온과 레위는 단짝 형제다. 그들이 휘두르는 칼은 난폭한 무기다. 나는 그들의 비밀 회담에 들어가지 않으며 그들의 회의에 끼어들지 않을 것이다.

그들은 화가 난다고 사람을 죽이고 장난삼아 소의 발목 힘줄을 끊었다. 그 노여움이 혹독하고 그 분노가 맹렬하니 저주를 받을 것이다. 그들을 야곱 자손 사이에 분산시키고 이스라엘 백성 사이에 흩어 버릴 것이다"(창세기 49:5-6)는 예언조차 그들이 한 짓에 대한 추상 같은 질책이라기보다는 큰 상처를 내놓고 일회용 밴드를 붙여주는 정도로 들릴 뿐이다.

이 이야기를 세겜 사람의 입장에서 읽으면 어떨까? 바룩 할페른(Baruch Halpern)은 다윗 왕에 관한 《David's Secret Demons: Messiah, Murderer, Traitor, King》이라는 책을 그의 입장(또는 그의 입장이 반영된 사무엘서의 입장)이 아니라 그의 적대자 입장에서 서술했다고 천명하는데 이와 같이 디나와 세겜 이야기를 야곱 집안사람들의 관점이 아니라 세겜 집안사람들의 관점에서 보면 어떨지 궁금하다.

구약성서는 이스라엘 입장에서, 그들의 시각으로 쓴 책이다. 거기에는 이집트나 가나안이나 아시리아나 바빌론, 페르시아의 입장이 반영되어 있지 않다. 후대로 가면 선민으로서 이스라엘의 입장과 지위가 과거보다는 약화되긴 하지만 여전히 역사는 이스라엘을 중심으로 돌아간다고 여긴다. 이스라엘 역사를 어느 정도 공부한 사람은 누구나 아는 이야기다.

우리도 그 관점에서 구약성서를 읽어야 하나? 그들이 행한 온갖 좋고 나쁜 짓을 그들이 평가한 대로 평가해야 할까? 야곱의 아들들이 행한 잔인한 살육과 약탈을 단지 믿음의 조상인 이스라엘이 했다는 이유만으로 정당하다고 봐야 하나? 아니면 한 걸음 물러나서 판단을 유보하는 게 옳을까? 나는 전에는 이 처참한 이야기에 하느님이 등장하지 않는 것을 다행으로 여겼다. 그러나 그게 옳은 태도일까? 거기서 만족하는 게 성서를 올바로 읽는 것일까? 하느님의 이름으로 자행된 살육과 약탈을 하느님 구원역사의 일환으로 보는 게 과연 옳은가?

과거에 알라의 이름으로 자행됐고 현재도 자행되고 있는 폭력이 정당하지 않은 것처럼 야훼의 이름으로 과거에 자행됐거나 지금 자행되고 있는 살육과 약탈 역시 정당하지 않다. 이 판단은, 내가 믿는 하느님은 이스라엘과 이방인 사이에 넘지 못할 장벽을 쌓아놓고 그들더러 동화되지 말라고 명령하는 하느님, 곧 이스라엘이 과거에 믿었던 하느님이 아니라는 사실에 근거한다. 특정한 종족 안에 갇혀 있는 하느님, 자기를 믿는 종족만 위해주고 그들을 적대하는 자들은 대적하는 하느님, 자기 말 잘 들으면 달라는 것을 모두 내주고 그렇지 않으면 줬던 것도 다시 가져가는 하느님, 나는 이런 하느님을 믿지 않는다. 자기를 믿는 자들의 실수와 죄는 적당히 벌하는 걸로 '통치고' 자기를 믿지 않는 자들의 실수와 범죄는 멸절시키는 걸로 다스리는 신을 나는 믿지 않는다. 그래서 나는 세겜 남자들에 대해서 야곱의 아들들이 행한 짓을 용납할 생각이 눈곱만큼도 없다.

나는 텍스트의 힘이 얼마나 강한지 잘 알고 있다. 거룩한 책인 성서가 옳다고 판단하는 이야기는 뭐든 옳다고 판단하라고 텍스트는 때로는 노골적으로, 때로는 은밀하게 독자를 강요한다. 성서를 경전으로 읽는 독자는 이 강요에서 결코 자유롭지 않다. 안 그런가?

하지만 성서에서 '야훼가 한 일'이라고 말하는 게 정말 야훼가 한 일일까? 야훼가 한 일이라고 이스라엘이 믿었던 일에 불과하지 않을까? 야훼가 한 일이라는 판단은 야훼 자신이 내린 게 아니라 이스라엘이 내린 게 아닐까? 그래서 자기들에게 유리한 건 죄다 야훼가 했다고 '강변'한 게 아닐까? '죄다'란 부사는 과장일 수 있겠지만 자기들이 저지른 잘못을 야훼가 했다고, 또는 야훼가 허락해서 했다고 주장한 경우도 분명 있을 거다. 그렇다면 진짜로 야훼가 한 일과 야훼가 했다고 이스라엘이 주장한 일을 구별해야 하는 게 문제가 된다. 그것을 어떻게 구별해야 하나? 나는 이것이 구약성서신학의 중요한 과제 중 하나라고 생각한다.

그렇다면 다음은 야훼의 입장에서나 이스라엘의 입장에서 도움이 되지 않을 것 같은 이 얘길 그들은 왜 후대에 전했는지를 물을 차례다. 이 이야기를 무슨 목적으로, 왜 기록해서 전했는가 말이다. 여러 가지 대답이 가능하겠다. 이 이야기가 가나안 사람들과의 통혼을 금지하는 계명의 본보기 역할을 했다고 볼 수 있겠다. 그래서 이 이야기의 기원을 이방인과의 결혼이 불가피했던 바빌론 포로시기에서 찾는 학자들이 있다. 다른 학자들은 시므온과 레위 지파는 창세기 49장이 묘사한 대로 여타 지파에 비해 좋지 않은 조건 속에서 살았는데 그 이유를 이 이야기가 설명한다고 본다. 하지만 이 주장에는 레위 지파가 사제의 지위를 누린 걸 설명하지 못한다는 약점이 있다.

이 이야기가 특별한 메시지를 전할 목적으로 전승된 게 아니라고 보는 학자들도 있다. 특별한 뜻이나 목적 없이 밑바닥 히브리 사람들이 일상적으로 겪은 이야기를 전했을 뿐이란 거다. 가장 '비성서적'이고 '비신학적'인 주장이지만 한 번쯤은 귀 기울여볼 가치가 있다.

대부분의 역사는 권력을 가진 자들이 자신을 주인공으로 내세우고 자기들이 사건을 이끌어가는 걸로 서술되어 있다. 이름 없는 민초들은 그들이 한 행위의 대상일 뿐이고 그들이 이끌고 가는 역사에서 수동적 역할을 하는 데 머문다. 구약성서 역시 여기서 예외는 아니지만 그래도 드물지만 거기에는 민초들이 주인공으로 등장하는 이야기가 있다. 대개는 히브리 민초들이 객체에 머물고 수동적인 역할을 하지만 간혹 그들이 주역으로 등장하는 이야기가 있다는 거다. 디나 강간 및 세겜 학살 사건이나 다음 장에서 다룰 유다와 다말 이야기가 그 예다.

이런 이야기는 특별한 교훈을 전하지 않는다는 게 특징이다. 특정 도덕이나 윤리를 지키라고 가르치지도 않고 전통적인 관습을 따르라 강요하지도 않는다. 거기서는 종교적이거나 도덕적인 교훈을 찾기가 어렵다. 그런 게 아예 없는 경우도 있다. 그래서 이 이야기들이 하고 싶은 말은, 역사가 권력을 잡은 사람들과 그들을 후원하는 신들에 의해서만 굴러가는 게 아니라 "갖은 욕망과 탐욕이 이글거리며 분출하고 분출하면서 속이고 빼앗고 상처 입히고 죽이는, 그러기에 신음하고 탄식하며 기다리고 갈망하며 하늘을 보는 민중들과 그러한 민중들의 삶 속에서 꿈틀거리는 신이 역사를 굴리는 세력"(이정희, 《살림의 상상력》, 51-52쪽)이라는 게 아닐까 하는 생각도 든다.

이 이야기를 전한 사람들이 다양한 부류였다면 각각의 전승자가 다른 의도로 전했을 수 있다. 이 얘길 다양한 시각으로 읽을 수 있는 이유가 거기 있을지도 모른다. 통혼, 동화 금지가 중심 메시지일 수도 있고, 시므온과 레위 지파의 상황을 설명하는 게 전하려는 바일 수도 있으며, 아예 처음부터 메시지가 없는 게 메시지일 수도 있겠다.

그럼에도 불구하고 살육당한 세겜 사람들을 제외하면 여기서 가장 불쌍한 사람은 강간당한 디나라는 생각이 든다. 그녀는 이야기 전체를 통해서 철저하게 침묵당하는 객체요 대상이니 말이다. 그녀의 존재감은 어디서도 찾을 수 없다. 그녀는 한 순간도 주체였던 적이 없다. 그녀는 강간당했고 세겜 집으로 끌려갔으며 오라비들이 그들을 살육하자 다시 집으로 되돌려졌다. 모두 수동적이다. 그녀가 행위의 주체였던 적이 없었던 거다. 그녀는 이 사건 이후에 어떤 삶을 살았을까? 아쉽게도 구약성서에서 그녀는 다시 등장하지 않는다. 그녀는 밑바닥 히브리인들 중에서 가장 밑바닥 사람, 그것도 이방인에게 강간당한 여자였다. 사람은 자기의 억울한 사정은 알아주길 바라면서도 자기보다 더 처절한 처지에 있는 사람의 억울한 사정은 눈에 안 들어오는 걸까? 히브리 남자들도 그랬던 걸까? 그래서 디나의 입을 이토록 철저하게 막았던가? 정말 그러한가?

10장

다말, 몸으로 울었다!

왜 이런 사람이 예수의 족보에 포함됐을까?

마태가 전하는 예수의 족보에는 기이한 인물이 몇 명 포함되어 있는데 다말, 라합, 밧세바 세 여인이 바로 그들이다. 다말은 야곱의 열두 아들 중 하나인 유다의 며느리이고, 라합은 이스라엘 정탐꾼을 도운 여리고의 창녀이며, 밧세바는 다윗 수하의 장수 우리야의 아내였다가 다윗과 간통해서 나중에 그와 결혼한 여인이다. 이들은 하나같이 구설수에 올랐던 사람이라서 할 수만 있으면 족보에서 지워버리고 싶은 사람들이다. 철저하게 남성 위주였던 유대인 집안 족보에 이들 이름이 올라 있는 것부터 심상치 않다. 게다가 하나같이 구설수에 올랐던 여인이라니! 족보란 가문을 자랑하려고 기록해서 후대에 남기는 것인데 이쯤 되면 왜 족보를 남겼는지 의심스러울 정도다.

그 중 라합과 밧세바에게는 일정한 공로가 있다. 라합이 없었다면 어떻게 여리고 정탐에 성공했을 것이며 밧세바가 아니었다면 어떻게 솔로몬이 태어났고 왕위에 올랐겠는가. 그런데 다말은 다르다. 그녀에게 무슨 공로가 있단 말인가. 다말은 남편이 요절하는 바람에 당시 관습에 따라 시동생에게서 자식을 얻으려 했지만 그마저 실패하자 소박맞아 친정에서 눈칫밥 먹다가 창녀 복장을 하고 나가서 시아버지의 자식을 낳은 여인이다. 이게 어디 자랑할 일인가? 이런 여자가 예수의 족보에 보란 듯이 올라가 있으니 이게 어디 범상한 일인가 말이다. 이 문제는 오랫동안 사람들을 곤혹스럽게 해왔고 지금도 그렇다. 아무리 예수가 하느님, 하느님의 아들, 메시야, 구세주, 주님이고 혈연적으로는 요셉과 무관하다지만 그래도 요셉 집안 족보에 이런 흠 있는 인물이 들어 있는 것이 기분 좋진 않았을 텐데 말이다.

왜 이런 사람이 예수의 족보에 포함됐을까? 마태복음 기자도 그게 수치스러웠지만 사실을 왜곡할 수 없어서 울며 겨자 먹기로 넣었을까? 아니면 그게 전혀 부끄럽지 않았을까? 마태복음 기자가 전해 받은 전승을 다룬 방식을 감안하면 울며 겨자 먹기 식은 아니었을 게다. 전해 받은 자료를 다루는 데 있어서 폭넓은 재량권을 발휘했으니 말이다. 하지만 그 문제를 여기서 다루려는 것은 아니니까 더 길게 이야기하진 않겠다. 그렇다면 그게 수치스럽지 않았다는 얘긴데, 그렇다면 그가 어떤 '철학'을 갖고 있었기에 그랬을까 하는 점이 궁금해진다. 그걸 알려면 우선 유다와 다말이 등장하는 창세기 38장을 꼼꼼하게 읽어보는 게 순서겠다.

그 아이가 나보다 옳다

이야기는 '그 무렵에'란 말로 시작된다. 구약성서에서 이 말은 앞에 나오는 이야기와 관련되기는 하되 그 관련성을 특정하지 않을 때 사용된다. 그 연관이 뭔지 밝히는 게 이 얘길 이해하는 데 도움이 될지는 두고 볼 일이다. 유다는 무슨 이유에선지 형제들에게서 떨어져 나와 아둘람 사람 히라가 사는 곳으로 가서 거기서 수아라는 이름의 가나안 여인과 결혼했다고 한다. 그 사이에서 에르, 오난, 셀라라는 세 아들이 태어났고 맏아들 에르에게 다말을 아내로 맞게 했다는 거다.

그런데 큰아들이자 다말의 남편 에르가 갑자기 죽었단다. 설화자는 그가 "야훼께서 보시기에 악했기 때문"에 죽었다고 말하는데 왜, 어떤 점에서 그랬는지는 설명하지 않는다. 그러자 유다는 둘째 아들 오난을 과부가 된 맏며느리에게 들여보낸다. 형수와 시동생이 동침했단 얘긴데 현대인에겐 기이한 일이지만 그때는 그랬다. 그런데 오난은 형수와 동침할 때마다 질외사정을 했는데 이게 야훼 눈에 곱게 보이지 않아서 오난 역시 죽었단다. 졸지에 아들을 둘이나 잃은 유다는 셋째까지 잃을까 봐 다말을 친정으로 보내버린다. 다말에게는 셋째 셀라가 장성할 때까지 기다리라면서 말이다. 하지만 그의 속마음은 그게 아니었다. 그는 셋째마저 죽을까 봐 두려웠던 거다. 설화자는 여기서 유다의 속마음을 드러냄으로써 유다가 겉과 속이 다른 사람임을 넌지시 보여준다. 이로써 그에 대한 독자의 신뢰에 금이 가기 시작한다. 유다는 신뢰할 만한 사람이 아니란 거다.

세월이 흘러 유다의 아내 수아가 죽었다. 아내를 위해 애곡하는 기간이 끝나자 유다는 아둘람 사람 히라와 함께 양털을 깎으러 딤나로 올라갔단다. 다말이 이 소식을 들었다! 다말은 과부 옷을 벗고 베일로 얼굴과 몸을 감싼 다음에 딤나로 가는 길목에 자리 잡고 앉았다. 우리는 문화가 달라서 이 행색이 뭘 의미하는지 알 수 없지만 유다는 그녀를 단박에 창녀로 알아봤다. 그녀는 창녀처럼 차려입고 길섶에 나가 앉았던 거다. 유다는 그녀가 며느리인 줄도 모르고 그녀를 돈으로 사려 했다. 돈도 없었으면서 말이다. 그러자 그녀는 성매수의 대가로 뭘 주겠냐고 물었고 유다는 나중에 염소 한 마리를 보내주겠다고 말했다. 하지만 그 말이 미덥지 않은 그녀는 담보물을 달라고 한다. 그녀 머리에는 이미 계획이 서 있었던 거다. 그녀는 도장과 허리끈과 지팡이를 달라고 하여 그걸 담보로 잡는다. 유다는 무슨 생각으로 그것들을 담보로 줬을까? 자기 정체를 그대로 드러내는 물건들인데 말이다. 그걸 줘 가면서까지 여자의 몸이 갖고 싶었을까? 아내를 위해 애곡하는 기간이 끝나자마자 말이다.

어쨌든 하룻밤 만리장성을 쌓은 결과 다말은 임신한다. 설화자는 다말이 유다와 동침한 후 금방 임신 사실을 확인한 것처럼 적어 놓았다. 그게 이치에는 맞지 않지만 누구도 그걸 트집 잡지는 않는다. 유다는 훗날 담보물을 찾으러 친구를 보냈지만 거긴 그런 창녀가 없다는 말만 듣는다. 그는 담보물 찾기를 포기했고 하룻밤의 탈선을 기억에서 지워버렸다.

석 달은 임신 사실이 알려질 만한 기간이다. 석 달이 지나자 다말의 임신 소문이 유다 귀에까지 들어갔다. 그는 노발대발해서 그녀를 불에 태워 죽이라고 명령했다. 그 당시엔 시아버지에게 탈선한 며느리를 태워죽일 권한도 있었던 모양이다. 그러자 다말은 담보로 잡은 물건들을 시아버지에게 보내면서 그것들의 주인이 아기 아버지라고 말한다. 이에 유다는 바로 자기가 한 짓을 인정하고 "그 아이가 나보다 옳다"고 말했다는 거다. 해산달이 이르러 다말이 쌍둥이를 낳은 걸로 이야기는 마무리 된다.

다말은 왜 시아버지와 이런 행위를 했을까

이 이야기에는 설명이 필요한 대목이 여러 군데 있다. 우선 유다가 가나안 여인 수아와 결혼했다는 이야기를 아무렇지 않게 말하는 게 납득되지 않는다. 이스라엘에서는 이방인과 결혼하는 게 엄격히 금지됐는데 어떻게 유다가 가나안 여인과 결혼했다는 이야기를 이렇게 아무렇지도 않은 듯이 할 수 있는가 말이다. 감출 수만 있으면 감춰야 할 이야기를 말이다. 창세기 34장에 나오는 디나 이야기만 봐도 그렇다. 히위 족속 하몰의 아들 세겜이 야곱의 딸 디나에게 반해서 그녀를 겁탈한 다음 그녀와 결혼하게 해달라고 야곱에게 통사정했지만 그녀의 형제들이 이를 받아들이지 않았던 이유는 세겜이 이방인이었기 때문이었다(9장 참조).

이방인과 통혼 금지는 후대의 산물이므로 그 금령을 유다가 살던 시대로 소급해서 적용하는 것은 시대착오일 수 있다. 게다가 학자들은 이스라엘 사람과 가나안 사람 사이의 경계가 실제로는 흔히 생각하는 것처럼 뚜렷하진 않았다고 한다. 출토되는 유적, 유물만 보면 이스라엘 사람과 가나안 사람은 거의 유사한 생활을 했다는 거다. 그러나 통혼금지령을 여기 적용하는 게 시대착오임을 최종편집자가 몰랐겠는가? 그럴 리 없다. 알면서도 의도적으로 그랬을 수도 있다. 그 금령이 오래 전부터 지켜져 왔다고 보이게 하기 위해서라도 말이다. 어쨌든 여기선 시대착오가 문제 되지는 않는다.

유다는 야곱의 넷째 아들이지만 그걸로 그를 다 설명할 수는 없다. 그는 다윗 왕조의 조상이다. 야곱도 유다를 가리켜서 "임금의 지휘봉이 유다를 떠나지 않고 통치자의 지휘봉이 자손만대에까지 이를 것이다"(창세기 49:10)라고 예언하지 않았던가. 그 정도 되니까 가나안 여인과 결혼한 걸 문제 삼지 않았던 걸까? 왕실의 조상인데 그쯤 갖고 왈가왈부 할 거 없다는 식으로 말이다. 만일 그가 힘없는 집안 남자여도 그랬을까? 이방인과의 결혼을 모른 척 하고 넘어갔을까? 나는 왠지 안 그랬을 거라는 생각이 든다.

또 하나 눈에 띄는 점은 구약성서 설화의 특징인 '장남의 실패'가 여기서도 되풀이 되고 있다는 점이다. 구약성서에서는 장남이 잘되는 경우가 드물다. 이스마엘이 그랬고 에서가 그랬으며 훗날 태어날 많은 장남들이 그랬다. 그들은 장남의 권리조차 누리지 못하고 실패자로 역사의 무대에서 사라졌다. 창세기 37장에서도 야곱의

알 수 없는 분

202
—

아들 중에서 가장 주목받는 사람은 막내 요셉이다. 그래서 37장과 우리의 본문인 38장을 잇는 연결점 가운데 하나가 '장남의 실패'라고 보는 학자가 있을 정도다. 38장에서는 장남뿐 아니라 차남도 같은 운명이지만 말이다. 이 이야기에서 장남이 왜 야훼의 눈 밖에 났는지는 밝히지 않는다. 차남은 그의 치사한 의도 때문에 야훼의 눈 밖에 났는데 형수에게 자식을 낳아주지 않으려고 질외사정을 한 게 바로 그거였다.

차남 오난이 한 짓이 왜 야훼 눈 밖에 났을까? 시동생이 과부가 된 형수와 동침해서 자식을 낳게 하는 것은 고대 중동지역에서 광범위하게 시행되던 관습이다. 지역에 따라서는 동침만 하는 게 아니라 결혼한 경우도 있다고 하지만 구약성서에는 둘이 결혼하라는 규정은 없다. 이 규정은 자식 없이 과부가 된 여인의 생존을 보장하기 위한 것이었다. 무자식인 과부에게는 시집이나 친정에서 살아갈 방법이 없었다. 시집의 유산을 물려받으려면 자식이 있어야 했는데 남편이 죽었으니 그녀가 자식을 얻을 방법은 시집 식구들 중 하나와 동침하는 방법뿐이었다. 그러니까 이 규정은 과부가 된 며느리의 생존을 위한 규정이었던 것이다. 오난이 한 짓이 가증스러운 이유는 성적인 데 있는 게 아니라 형수에게 자식을 만들어주지 않음으로써 그녀를 빈털털이로 쫓아내려 했기 때문이다. 그래야 자기 몫이 커질 테니까 말이다.

하지만 유다는 다말 때문에 아들이 둘이나 죽자 겁이 덜컥 났던 모양이다. 그래서 다말을 친정으로 보내버렸다. 아들 셀라가 장성할 때까지 친정에 가 있으라고 말했지만 사실은 셀라까지 죽을까봐 걱정했기 때문이다. 유다는 다말의 처지는 아랑곳하지 않고 애초부터 셀라를 그녀에게 줄 생각이 없었다고 볼 수 있다. 아버지로서 그를 이해할 수도 있겠지만 다말의 처지를 고려하지 않은 건 부정할 수 없는 사실이다.

그 후 '오랜 시간이 지나서' 유다의 아내 수아가 죽었다. 그 '오랜 시간' 동안 다말은 철저하게 무시됐다. 누구도 그녀에게 관심 갖지 않았다. 그녀는 철저하게 잊혀졌던거다. 유다는 아내를 위해 애곡하는 기간이 끝나자 친구와 함께 양털을 깎으러 딤나로 갔다. 공교롭게 다말이 이 소문을 들었단다. 그녀가 어떻게 이 소문을 들었을까? 그녀는 이제나 저제나 시아버지가 자기를 불러주기를 기다리고 있었을까? 그래서 시집에서 들려오는 소식에 귀 기울이고 있었을까? 우연히 그 이야기를 듣게 됐다고 생각되진 않는다.

다말이 드디어 행동을 개시한다. 그 전에는 내내 수동적이던 다말이 여기서 처음으로 적극적으로 행동한다. 그녀는 유다의 뜻에 따라 그 집안의 큰며느리가 됐고 남편이 급사하자 시아버지 말대로 시동생과 동침했으나 그마저 죽자 다시 시아버지 말대로 셀라가 장성할 때까지 친정에서 살면서 시아버지의 부름을 기다렸다. 철저히 수동적이었다. 그녀가 능동적으로 처음 한 행동이 "과부의 옷을 벗고 너울을 써서 얼굴을 가리고 딤나로 가는 길에 있는 에나임 어귀에 앉았"던 거다. 창녀처럼 차려입고 시아버지를 유혹하려고 했다. 이런 해괴한 일이 어디 있나 말이다.

다말의 계획을 모르는 유다는 길을 가다가 다말을 봤지만 얼굴을 가리고 있어서 그녀를 '알아보지 못한다.' 그는 그녀를 창녀로 여기고 그녀를 사려 한다. 참 뻔뻔하지 않은가? 아내의 죽음을 애곡하는 기간에 유다는 누구와도 성관계를 갖지 않았을 거다. 그게 관습이었으니까. 그는 그 기간이 끝나자마자 성매매를 하려 했다는 거다. '오랜 기간 동안' 며느리를 방치해놓은 그가 '의무기간'이 끝나자마자 성욕을 채우려 했다. 다말이 얼마나 성적으로 활발했는지 모르지만 설화자는 '오랜 기간' 과부로 금욕하며 지낸 다말과 '의무기간'이 끝나자마자 바로 성욕을 채우려 한 유다를 은근히 대비해서 유다를 비난한 게 아닌가 하는 생각이 든다. 물론 다말의 목적은 성욕의 해소가 아니었지만 말이다.

유다가 다말을 몰라봤다는 것을 일부 고대해석자들은 이해할 수 없었던 모양이다. 아무리 다말이 너울로 얼굴을 가렸다고 해도 어떻게 며느리를 몰라보냐는 거다. 그들은 이번에도 야곱이 유다에 대해 남긴 예언에서 그 이유를 찾아냈는데, 거기를 보면 "그(유다)는 나귀를 포도나무에 매며 그 암나귀 새끼를 가장 좋은 포도나무 가지에 맬 것이다. 그는 옷을 포도주에다 빨며 그 겉옷을 포도의 붉은 즙으로 빨 것이다. 그의 눈은 포도주 빛보다 진하며…"라는 구절이 있다(창세기 49:11-12). 유다가 포도주를 좋아했다는 이야기다. 아하, 그래서 그랬구나! 그가 포도주에 취해서 며느리를 못 알아봤구나! 그가 이때 포도주를 마셨다는 이야기는 없지만 평소에 그렇게 좋아했으니 그때도 마셨을 거란 이야기다. 마지막 문장 "그의 눈은 포도주

빛보다 진하며…"는 "그의 눈은 포도주 때문에 진해졌으며…"라고도 번역할 수 있다. 히브리어에서 전치사 '민'은 '~보다'(than)를 의미할 수도 있고 '~로부터'(from)를 의미할 수도 있으니 말이다.

요즘도 성추행을 저지른 사람들이 술 핑계를 대는 경우가 많다. 술에 취해서 그랬다는 거다. 그게 핑계가 되는 나라는 세계에서 대한민국 밖에 없을 거다. 범죄를 저질러 놓고 술 핑계를 대는 게 먹힌다니, 세상에 이런…. 살인을 해 놓고 술을 핑계대면 정상참작이 되나? 그럴 리 없다. 살인의 경우는 그러한데 성추행은 참작된다는 게 말이 되나? 고대해석자들이 이런 해석을 남긴 걸 보면 범죄를 저질러놓고 술 핑계를 댄 역사가 무척 오래된 것 같아서 씁쓸하다. 〈열두 족장의 유언〉이란 문서 중에 '유다의 유언' 대목을 보면 유다가 가나안 여인과 결혼한 것도 술 때문이라는데, 이쯤 되면 어이가 없다 못해 허탈해진다. 술에 무슨 잘못이 있다고 노상 술타령이란 말인가.

유다는 '의무기간'을 지낸 후 매우 급했던 모양이다. 화대 대신 도장, 허리끈, 지팡이를 담보로 달라는 다말의 청을 두말 않고 들어준 걸 보면 말이다. 요즘 식으로 말하면 현찰이 없으니 자기 신분이 노출되는 신용카드를 내준 꼴이다. 유다와 다말은 철저하게 상업거래를 했다. 대화도 꼭 해야 할 말만 했다. 여자의 몸을 두고 시아버지와 며느리 사이에 벌어진 철저한 상업거래, 이런 이야기가 '경전'에 담겨 있다는 사실이 놀랍기만 하다. 구약성서가 보여주는 막장의 끝은 어디란 말인가.

알 수 없는 분

유다는 금욕에서 비롯된 스트레스를 풀려고 성매수를 했다. 그럼 다말은 왜 이런 행위를 했을까? 그것도 시아버지하고 말이다. 그 대답은 하나, 자기 몸으로 유다 집안의 아들을 낳겠다는 일념뿐이었다. 그래야 시집에서 살아남을 수 있었으니까 말이다. 그 밖에는 다른 방법이 없었다. 따라서 그녀의 관심은 오로지 유다 집안의 자식을 낳는 데 있었던 거다. 소름끼칠 정도로 대단한 집중력이 아닐 수 없다.

이 같은 과감한 일탈을 벌이고 임신 사실을 확인한 다음에 다말은 아무 일 없었던 듯 일상으로 돌아갔다. 유다는 친구를 보내 담보물을 찾아오려 했지만 거기엔 창녀가 없다는 이야기만 듣는다. 그럼 유다가 귀신에 홀렸었나? 있지도 않은 창녀와 동침했다는 건가? 담보물까지 줬는데 말이다. 이야기는 유다는 일반적인 창녀(히브리어로 '조나')를 만났는데 그의 친구는 '성전창녀'(히브리어로 '케데샤')를 찾았다고 해서 둘을 구별하지만 그게 이 이야기 안에서 별다른 역할을 하지는 않는다. 유다가 성전창녀인 줄 알고 관계했다고 해도 윤리적으로 덜 문제되진 않았을 터이니 말이다.

실제로 야훼 신앙에는 성전창녀가 존재하지 않고 구약성서도 당연히 그 역할을 인정하지 않는다. 그러니 '조나'와 '케데샤'를 구별하나 구별하지 않나 하는 건 대세엔 지장이 없다. 좌우간 친구는 유다와 관계한 창녀를 찾지 못했고 담보물도 돌려받지 못했지만 유다는 그 일을 잊어버리기로 했다. 마음 한 구석이 찜찜하긴 했겠지만 말이다.

그로부터 석 달이 지나서 다말이 임신했다는 소식이 유다 귀에 들어갔다. 역시 소문은 양방향으로 흐르는 모양이다. 유다가 '의무기간'을 끝내고 털 깎으러 간다는 소문이 다말에게 들렸는데 이번엔 다말이 임신했다는 소문이 유다의 귀에 들어간 것이다. 그는 그녀를 방치해 둔 자기 잘못은 생각하지 않고 분기탱천해서 당장 그녀를 끌어내어 화형을 시키라고 명했다. 이때 다말은 담보물을 시아버지에게 보내 그것들 임자가 아기 아버지라고 말한다. 그러자 일거에 전세가 역전되어 유다는 "그 아이가 나보다 옳다. 나의 아들 셀라를 그 아이와 결혼시켰어야 했는데…"라고 말했다는 거다. 그 다음엔 "유다는 그 뒤로 다시는 그를 가까이 하지 않았다"라는 이해할 수 없는 서술이 이어진다. 그럼 다말이 임신하지 않았더라면 그녀를 가까이 할 생각이었다는 얘긴가? 설마…. 어쨌든 다말은 쌍둥이를 낳았다. 아들 하나 얻으려고 별짓을 다 했는데 한꺼번에 아들을 둘이나 얻었으니 쌍둥이는 그녀의 가상한 노력에 대한 보상이었을까?

'알아본' 덕에 진실이 드러난 이야기

이 이야기는 창세기, 아니 구약성서 전체에서 가장 황당한 이야기일 게다. 37장 및 39장과의 연결점을 찾기도 쉽지 않다. 37장에는 요셉이 형들의 미움을 받아 이집트로 팔려가는 이야기가 나오고 39

장에는 그가 이집트에서 승승장구하다가 보디발의 아내 때문에 투옥되는 이야기가 나온다. 그러니까 요셉에 관한 이야기 중에 뜬금없이 유다와 다말 이야기가 들어가 있는 모양새다. 이 이야기가 없다면 요셉 이야기가 자연스럽게 흘러가는데 이것 때문에 맥이 끊어진 거다. 학자들은 이런 경우에 거의 예외 없이 38장을 편집자가 삽입한 걸로 본다. 누가 봐도 그렇게 보는 게 합리적이므로 거기 반대할 사람은 없을 거다. 문제는, 왜 이 이야기가 뜬금없이 삽입되어 있느냐는 거다. 편집자는 이야기의 흐름을 끊어가면서 왜 굳이 38장을 삽입했을까? 아무 이유 없이 그랬을 리는 없다. 이 이야기가 앞뒤의 이야기들과 어떻게든 관련되어 있다고 봐서 그랬을 터이다. 그게 뭘까?

오랫동안 구약학자들을 괴롭혀온 이 문제를 가장 그럴듯하게 푼 사람은 로버트 알터(Robert Alter)일 게다. 구약성서 전문가가 아니라 일반 문학이론을 연구하는 학자지만 유대인이라 구약성서에 대해서도 전문가 수준을 넘어서는 그는 1981년에 출판한《The Art of Biblical Narrative》라는 책에서 창세기 38장을 다룬다. 이 책은 구약성서 설화비평을 공부하는 사람은 반드시 읽어야 하는 고전적인 책으로 인정된다.

알터에 따르면 37장과 38장을 이어주는 것은 '인식하다'(히브리어로 '나카르')라는 동사다. 37장에서 형들은 자기들 눈에 미운 짓만 골라서 하는 요셉을 죽이려다가 차마 그렇게 하지는 못하고 그의 옷을 벗긴 후에 그를 구덩이에 던져 넣었다. 요셉은 거기서 죽을 운명에 놓였지만 죽이지 말고 팔아넘기자는 유다의 제안을 받아들여 형들은 그를 미디안 상인들에게 팔아넘기고 그의 옷에 염소피를 발라서 야곱에게 내놓으며 "우리가 이 옷을 주웠습니다. 이것이 아버지의 아들의 옷인지 잘 '살펴보시기' 바랍니다(히브리어로 '하카르-나')"라고 말한다. 야곱은 그게 요셉의 옷인 줄 '알아보고서'(히브리어로 '야키라하') 슬프게 울었다. 여기서 중요한 단어 '나카르'가 등장한다.

창세기 38장의 이야기에서 결정적인 대목은 다말이 유다에게서 담보물로 잡은 도장, 허리띠, 지팡이를 유다에게 보내면서 "잘 살펴보십시오(히브리어로 '하카르-나'). 이 도장과 이 허리끈과 이 지팡이가 누구의 것입니까?"라고 묻는 순간이다. 유다는 그것들을 '알아보았다'(히브리어로 '야케르')고 했다. 그 물건들이 자기 것임을 '알아봤다'는 이야기다. 야곱이 피 묻은 옷을 보고 요셉의 것인지 '알아봤던' 것처럼 말이다. 37장의 이야기에서는 아들들이 아버지를 속이려 했다. 옷 임자가 누군지 알아본 덕분에 야곱은 자식들에게 속았지만 38장의 이야기에서는 유다가 자기 물건을 알아봄으로써 진실이 백일하에 드러났다. 앞의 이야기가 '알아본' 덕에 진실이 감춰진 이야기였다면 뒤의 이야기는 '알아본' 덕에 진실이 드러난 이야기다. 훗날 요셉이 이집트의 거물이 됐을 때 양식을 얻겠답시고 그 앞에 섰던 형들이 그를 '알아보지' 못했다는 이야기는 거기에 내장된 반전이다. 거짓으로 성공하면 거짓으로 망한다는 걸 보여주는 반전 드라마인 것이다.

알터는 이것을 설화자가 사용한 고도의 문학적 기교로 본다. 37

알 수 없는 분

장에서 요셉의 옷은 아버지 야곱이 그를 얼마나 사랑하는지 보여주는 상징이고 38장에서 도장, 허리띠, 지팡이는 유다의 정체성을 보여주는 물건들이다. 다들 주인공에게 중요한 의미를 갖는 물건들인데 이것들을 매개로 해서 이야기를 진행시킨 것은 설화자의 문학적 기교라는 거다. 한편 39장에서는 성관계가 다시 한 번 문제가 되는데 이 점도 범상치 않단다. 요셉은 보디발 아내의 유혹에 굴하지 않고 감옥살이까지 했던 반면 유다는 의무적인 애곡 기간이 끝나자마자 돈을 주고 여인의 몸을 사려 들었으니 두 사람의 대조가 얼마나 극명하냐는 거다. 요셉과 비교하면 유다가 어떻게 얼굴을 들겠는가 말이다.

'근친상간'이라는 막장 드라마

이 이야기를 읽는 사람들 마음속에서 여전히 풀리지 않는 의문은 대체 이 이야기가 뭘 말하려는가 하는 점이다. 이게 우리네 신앙과 무슨 상관이 있나? 이 이야기가 왜 여기 있는 걸까? 우리에게 뭘 바라는 걸까? 시아버지와 며느리가 근친상간하는 막장 드라마에서 우린 대체 무슨 교훈을 얻어야 하나? 아이들에게 말해주기도 곤란한 이 외설스런 이야기에서 말이다.

학자들은 교훈을 찾다 찾다 "그 아이가 나보다 옳다"라는 말에 집중했다. 과부는 모름지기 정절을 지켜야 한다는 관습에 근거해서 다말을 심판하려 했던 유다보다 살아남기 위해서는 그깟 관습쯤은 뛰어넘을 수 있다고 믿은 다말이 더 의롭다는 게 이 이야기의 교훈이란 얘기다. 그 어떤 고상한 도덕이나 윤리보다 더 중요한 게 생존권을 지키는 일인데 다말은 그걸 보여줬다는 거다. 그렇게 볼 수도 있겠다는 생각이 들지만 만족스럽지는 않다. 겨우 그런 교훈을 전하겠다고 이런 막장 드라마를 썼단 말인가 하는 생각이 들어서다. 아무리 교훈이 좋아도 그렇지….

이 외설스런 이야기를 여러 세대에 걸쳐 전승하게 했고 결국은 경전의 한 부분이 되게 한 원동력이 뭘까? 구약성서엔 의도 없이 전해진 이야기는 없다. 모든 이야기는 전하려는 의도와 목적이 있기 때문에 전해졌다. 이 이야기의 의도와 목적은 뭘까? 무슨 이야기가 하고 싶어서 이 '뜨거운 감자'를 버리지 않고 후대에 전했을까?

구약성서에는 이런 얘길 왜 후대에 전했을까 싶은 내용들이 이것 말고도 많다. 전쟁에서 수많은 사람을 죽인 이야기는 자랑삼아 전하고 싶었을 게다. 도덕이나 윤리 같은 것은 전쟁터에선 거의 힘을 못 쓰니 말이다. 하지만 앞장에서 다룬 창세기 34장에 나오는 이야기, 곧 야곱의 딸 디나가 강간을 당했다고 그녀의 오라비들이 강간 당사자만이 아니라 세겜의 모든 남자들을 몰살한 이야기 같은 건 결코 전하기에 떳떳진 않았을 텐데 무엇 때문에 그걸 전했을까? 게다가 그들은 세겜 사람들을 속여서 할례를 받게 한 다음에 그들을 몰살했다지 않나. 하느님과 맺은 언약의 상징인 '할례'를 살육의 수단으로 삼았다는 점은 하기 어려운 이야기였을 텐데 말이다. 그렇다면 성서에 나오는 얘긴 뭐가 됐든 좋은 교훈을 담고 있어야 한다는 생각이 잘못된 게 아닐까? 모든 이야기에는 의도와 목적이 있지만 그게 반드시 '좋은 교훈'은 아닐 수 있다는 얘기다.

야훼 종교는 처음부터 이집트 지배자들의 종교를 거부하고 시작된 밑바닥 히브리 사람들의 종교였다. 그래서 지배자의 시각과는 부합하지 않은 점들이 많았다. 종교가 됐든 역사가 됐든 이데올로기가 됐든 지배자들의 세상에서 주인공은 늘 지배자들이었다. 그들은 떠돌아다니던 수많은 이야기 중에서 자기들에게 유리한 이야기들을 추려서 그걸 세련되게 다듬어서 후대에 전했던 데 반해, 밑바닥 히브리인들은 때로는 교훈이 되는지 여부와는 무관하게 자기들이 실생활에서 겪은 이야기들을 있는 그대로 전했던 건 아닐까? 그래서 이런 '막장 드라마' 같은 이야기도 전해진 게 아닐까? 교훈? 꼭 그런 게 있어야 돼? 그냥 이게 우리들이 살아가는 이야기니까 전한 것이거든! 교훈이 반드시 있어야 한다고 누가 그러는데? 교훈이 없는 이야기는 잊혀야 한다는 거야 뭐야? 좀 추잡스럽고 외설적이어도 이게 우리들이 살아가는 이야기니까 남기고 싶은 거거든! 이런 생각으로 전한 이야기들도 있지 않았겠는가 말이다.

하느님은 지배자와 피지배자 중에 어느 편을 들어줄까? 하느님이 아닌 이상 그걸 누가 어떻게 알겠나? 지배자는 하느님이 자기편이라고 주장할 게다. 자기들이 지배자의 위치에 있는 걸 보면 모르냐면서 말이다. 반면 피지배자가 하느님이 자기편이라고 주장하려면 애써서 그걸 입증하거나 설득해야 한다. 눈에 보이는 것은 그 반대니까 말이다. 이렇듯 밑바닥 사람들보다 지배자들이 더 하느님은 자기편이라고 믿는다. 실제로 세상을 지배하는 건 자기들이니까. 밑바닥 사람에겐 하느님이 자기편이란 믿음이 그리 강하지 않다. 그런 믿음이 있더라도 자신에게나 남에게 그걸 입증하거나 설득해야 한다. 하느님이 자기들 편이라면 왜 그토록 '찌질하게' 사는지를 설득해야 하는 거다.

유다와 다말 이야기에는 처음부터 끝까지 하느님이 등장하지 않는다. 하느님이 에르와 오난을 죽게 했다지만 그게 유다나 다말을 편들어서 한 행동으로 보이지는 않는다. 하느님은 유다 편도 아니고 다말 편도 아니다. 하느님은 이 복잡한 일이 벌어지는 와중에도 처음부터 끝까지 침묵으로 일관한다. 그는 에르와 오난을 죽게 함으로써 유다에겐 자식 잃은 슬픔을 줬고 다말에게는 현실적인 곤경을 안겼으니 나름대로 공평하다 해야 하지 않을까?

하지만 이 이야기에 하느님이 등장하지 않는다는 것은 암묵적으로나마 그분이 유다보다는 다말의 현실에 더 공감하고 있기 때문이라고 본다면 그건 억측일까? 하느님의 부재는 지배자의 경험이라기보다는 피지배자의 경험이니 그분의 부재는 다말보다는 유다에게 더 치명적이었을 테니 말이다. 하느님이 침묵하는 가운데 싸울 무기라고는 몸뚱이 밖에 없는 다말이 결국에는 승리했고 하느님은 침묵함으로써 그녀 편을 들어줬다고 읽는다면 그걸 '엑세제시스' (exegesis, 텍스트에서 의미를 끄집어내는 행위) 아닌 '에이스제시스'(eisgesis, 텍스트에 독자의 생각을 집어넣는 행위)라고 할 텐가? 글쎄…. 이야기가 뭘 전하려는지 오리무중이라서 별 생각이 다 들기에 하는 말이니 독자들은 그러려니 하고 이해해 주기 바란다.

11장

요셉, 철없는 어린아이인가 지혜의 화신인가?

숨어서 일하시는 하느님

요셉 이야기는 얼핏 봐도 창세기에 등장하는 다른 사람들의 이야기
와 다르다. 창세기 37장에서 50장에 이르는 방대한 분량이나 굴곡
있게 전개되는 이야기의 구성이 그렇거니와 하느님이 사람의 삶에
어떤 식으로든 '개입'하는지 하지 않는지 의심할 정도로 그분이 침
묵과 무행동으로 일관한다는 점에서도 그렇다. 하느님에 대한 언급
이 가끔은 등장하지만 여기서 하느님은 직접 말하거나 행동하지 않
는다. 물론 이런 현상은 야곱 이야기에서도 볼 수 있다. 하지만 거기
서는 결정적인 순간에, 곧 야곱이 형 에서를 피해 도망칠 때 베델에
서와(창세기 28장) 귀향하는 길에 얍복강 나루터에서(창세기 32장) 하느
님은 그에게 나타났다. 이에 반해서 요셉 이야기에서 하느님은 철
저히 숨어있다. 부재하다는 말이 마땅치 않으면 이렇게 말하자. 여
기서 하느님은 드러나게 말하거나 행동하지 않는다.

창세기 37-50장이 요셉 이야기라고는 하지만 굳이 따지자면 유

다와 다말 이야기가 담겨 있는 38장, 야곱에게 하느님이 나타난 이야기를 전하는 46장 1-7절, 야곱의 족보가 적혀 있는 46장 8-27절, 야곱 이야기가 주된 내용인 47장 28절-48장 22절과 49장 등은 요셉과 상관없는 이야기이다. 하지만 우리는 한 구절씩 읽어 나갈 것이 아니므로 그걸 따지지는 않겠다. 그것까지 따지기에는 요셉 이야기가 매우 길고 생각해야 할 문제가 많으니 말이다.

요셉 이야기는 이스라엘의 다른 조상들 이야기와는 성격이 다르다. 학자들도 일찍이 이 사실을 파악하여 요셉 이야기를 따로 떼어내서 다뤄왔다. 우선 이야기의 성격을 규정하는 데 상당한 논란이 있었다. 그것이 크고 작은 이야기들이 복잡하게 모여 있어서가 아니라 반대로 전체적으로 일관성을 갖춘 한 덩어리의 완성도 높은 문학작품이기 때문에 그렇다. 구약성서에는 이런 성격의 이야기가 흔치 않다. 다윗이 왕위에 오르는 일련의 이야기들(사무엘상 16장-사무엘하 5장)과 다윗의 왕위가 솔로몬에게 계승되는 일련의 이야기들(사무엘하 9장-열왕기상 1장) 정도가 이와 성격이 비슷하다 할 수 있겠다. 이들은 짧은 이야기들이 별도로 전승되어 오다가 후대의 편집자(들)에 의해 나름의 구성과 일관성을 갖고 편집된 이야기들과 달리 일찍부터 하나의 커다란 덩어리 이야기로 전해졌다는 거다. 서로 다른 의도와 목적을 가진 짧은 이야기들을 모았을 때는 편집자의 솜씨가 암만 뛰어나다고 해도 불일치와 모순, 갈등 등이 어쩔 수 없이 포함되는데 요셉 이야기에는 그런 것을 거의 볼 수가 없다. 그러니까 요셉 이야기는 일찍부터 하나의 큰 덩어리로 쓰였거나 편집자가 분명한 의도와 목적을 갖고 고도의 문학적, 예술적 기교를 발휘해서 짧은 이야기들을 편집해서 만들어낸 이야기로 보는 게 옳다. 이런 점에서 요셉 이야기는 이스라엘의 다른 조상들의 이야기와는 구별된다는 얘기다.

요셉 이야기의 또 하나의 특징은 하느님이 사건의 전면에 등장하지 않는 점이라고 했다. 폰 라트(von Rad)는 이 점을 일찍이 지적하면서 이야기의 역사적 배경을 솔로몬 시대로 추정했다. 그는 그 시대를 이스라엘 역사에서 '지혜의 르네상스 시대'라고 부르기까지 했다. 이 주장은 후대 학자들에게 비판받았지만 말이다.

하느님이 필요할 때마다 나타나거나 자연현상과 역사적 사건을 통해 눈에 띠게 개입하면서 사람들에게 신앙의 결단을 요구하는 식으로 서술된 아브라함, 이삭, 야곱의 이야기들에 비하면 요셉 이야기에는 하느님이 존재하지 않는 것처럼 보인다. 물론 그렇다고 해서 하느님이 정말 없다고 전제하는 것은 아니다. 다만 하느님은 숨어서 아무도 모르는 신비한 방식으로 활동하기 때문에 사람들은 그것을 인식할 수 없다는 거다.

요셉 이야기는 무수한 역사적 '우연' 속에서도 결국은 하느님의 의도가 성취된다고 말한다. 사람 눈에는 감춰진 방식으로 말이다. 여기에는 종교적 성격이 두드러지지 않는다. 사람이 하느님이 하는 일을 돕지 않거나 방해한다고 해도 하느님은 꿋꿋하게 당신 뜻을 성취한다. 사람들은 하느님에게 도와달라고 기도하지도 않는다. 요셉의 형들은 하느님이 자기들이 하는 짓을 지켜보지 않는다는 듯이 요셉을 죽이려 하다가 차마 그렇게는 못하고 장사꾼에게 팔고 나서 아버지에게는 버젓이 거짓말을 늘어놓는다. 그들은 '실질적' 무신론자로 행동했던 거다. 그럼에도 불구하고 '멍멍이가 짖어도 기차는 간다'는 식으로 하느님은 자신을 드러내지 않고도 일을 올바르게 이끌고 간다. 이 이야기의 등장인물들 중에서 하느님의 '섭리'(providence, 더 강하게 표현하면 '예정' predestination)를 깨닫는 사람은 아무도 없다. 요셉의 부모와 형제들은 말할 것도 없고 요셉조차 그걸 내내 깨닫지 못하다가 마지막 순간에야 겨우 깨닫는다.

요셉 이야기의 저자(단수를 사용하지만 특정 개인이 아니라 다수의 전승자를 포함한다)는 '시대의 이단자'였을까? 그는 수천 년 앞서서 태어난 '무신론자'였을까? 그렇지 않다. 그는 하느님이 없다고 주장한 어리석은 사람(시편 14:1)이 아니다. 하느님의 활동과 섭리를 이런 방식으로 표현할 수 있었던, 또는 그렇게 표현해야 했던 문화적, 종교적 상황에 놓여 있었던 거다. 그렇게 표현해도 괜찮은 상황, 아니면 그렇게 표현하지 않으면 '먹히지 않는 상황' 속에 그가 놓여 있었다는 이야기다. 하느님이 역사의 전면에서 종횡무진 활동한다는 전통적인 주장이 받아들여지지 않는 '위기상황'이었던 거다. 전통적인 주장을 펼치는 게 아무 문제가 없었다면 이처럼 '이단적'인 방식으로 이야기를 할 이유가 없었을 거다. 그게 어떤 상황이었는지는 해석자가 밝혀야 할 과제다.

요셉의 삶에 개입하지 않는 하느님

요셉 이야기를 요약해보자. 야곱의 아들 중에 요셉이란 아들이 있었는데 야곱이 그를 다른 자식들보다 더 사랑했단다. 그를 편애했으니 형제들이 그를 질투하고 미워한 건 당연한 일이겠다. 그를 편애한 이유가 늘그막에 얻었기 때문이라는데 이유가 뭐든 부모의 편애가 가정비극의 씨앗이 되는 일은 드물지 않다. 부모의 사랑을 못받은 자녀만 빗나가는 게 아니라 사랑을 독차지한 자녀도 잘못 되기 십상이다. 야곱은 요셉에게만 남달리 화려한 옷을 입혔다는데 아버지는 그게 요셉을 어떤 상황에 빠뜨릴지 모르고 그랬을 거다. 자녀를 사랑할수록 막 키우라고 했거늘….

어느 날 요셉이 꿈을 꿨는데 이게 참말로 요상한 꿈이었다. 한 번도 아니고 두 번이나 비슷한 꿈을 꿨다는데 이를 풀어보면 훗날 요셉의 부모와 형제들이 그의 지배를 받는다는 거였다. 순진한 건지 어리석은 건지 요셉은 자기 꿈 이야기를 형들에게 자랑삼아 했다니 형들이 왜 그를 더 미워하지 않았으랴.

하루는 야곱이 양 치는 형들에게 요셉을 보냈다. 요셉은 물어물어 형들을 찾아갔는데 멀리서 그가 오는 걸 보고 형들이 기회다 싶어 그를 죽이기로 공모한다. 그가 밉긴 했겠지만 그렇다고 죽이기까지 할 거야 있나 싶지만 좌우간 그랬단다. 그들은 요셉을 죽여서 구덩이에 던져 넣고 아버지에게는 동생이 짐승에게 잡아먹혔다고 말하기로 입을 맞췄다. 이때 맏아들 르우벤은 아무래도 안 되겠다

싫었는지 요셉을 죽이지는 말고 구덩이에 던져 넣기만 하자고 제
안한다. 설화자는 나중에 그를 건져내서 아버지에게 돌려보낼 요량
이었다고 르우벤의 의도를 친절하게 설명한다. 역시 설화자는 모든
걸 알고 있다! 그렇게 합의가 이뤄져서 형들은 요셉의 트레이드마
크인 화려한 옷을 벗기고 그를 구덩이에 쳐넣었다. 거긴 물이 없었
다니 그냥 두면 요셉은 얼마 안 가서 죽을 목숨이었다. 형들은 그런
짓을 하고 나서 둘러앉아 밥을 먹었다니 뭐라 할 말이 없다. 아무리
이복동생이지만 그런 짓을 하고도 밥이 넘어가나 보다.

다행히 상인 한 무리가 거기를 지나갔단다. 형제들은 유다의 제
안대로 은 스무 냥을 받고 요셉을 그들에게 팔았다. 이 돈은 누구
손에 들어갔을까? 나는 그게 전혀 궁금하지 않은데 고대해석자들은
안 그랬나 보다. 이걸 갖고 이러저런 추측을 내놓았으니 말이다. 이
때 르우벤은 어딜 갔었는지 나중에 이 모든 사정을 알고 옷을 찢고
통곡했다지만 때는 늦었으니…. 이들은 숫염소 한 마리를 죽여서
그 피를 요셉의 옷에 발라서 아버지를 속였다. 야곱은 편애하는 아
들의 죽음을 애곡했고 요셉은 보디발이라는 이집트의 관리에게 팔
렸다.

똑똑한 사람은 어딜 가도 두각을 나타내는 법인 모양이다. 요셉
은 곧 주인의 눈에 띈다. 설화자는 이를 "야훼께서 요셉과 함께 계
셔서 앞길이 잘 열리도록 그를 돌보셨다"(창세기 39:2)고 말하지만 여
기서도 하느님은 요셉의 삶에 개입하지 않는다. 그럼에도 불구하고
그는 승승장구해서 보디발 집안의 제2인자가 된다. 그런데 '호사다

마(好事多魔)'라고 잘 생기고 일 잘하는 종을 그냥 두기가 아까웠는지 Mrs. 보디발이 그에게 추파를 보내면서 자기 침대로 꼬였단다. 하지만 요셉이 누군가? 그는 Mrs. 보디발의 끈질긴 유혹에도 넘어가지 않고 '정조'를 지켰다. 결국 Mrs. 보디발이 강제로 그를 추행하려 했지만 실패했고, 그러자 Mrs. 보디발은 오히려 그에게 죄를 덮어씌운다. 요셉이 자기를 겁탈하려 했다고 말이다. 그는 억울했지만 그때 집엔 두 사람 밖에는 없었기에 죄를 뒤집어 쓰게 됐다. 증인이 없었던 거다. 증인이 있었다고 해도 누가 일개 종의 편을 들었겠냐마는 말이다. 그가 제2인자라지만 제1인자의 아내를 무슨 수로 당하겠나, 결국 그는 투옥되고 만다. 제2인자의 운명은 이렇듯 하루아침에 나락으로 떨어졌다. 이때도 하느님은 침묵으로 일관했을 뿐이고….

요셉의 감방동료 중에 파라오의 술 시종장과 빵 시종장이 있었는데 요셉이 그들이 꾼 꿈을 해몽해줬단다. 술 시종장은 그의 해몽대로 출옥해서 원직에 복직됐고 빵 시종장 역시 그의 해몽대로 죽고 만다. 술 시종장은 요셉에게 큰 절을 해도 부족했지만 화장실 갈 때와 나올 때 다르다고 그는 출옥한 후에 요셉을 까맣게 잊고 살았단다.

꿈이 이토록 큰 역할을 하는 이야기가 구약성서에서 이것 말고 또 있을까? 이번엔 파라오가 꿈을 꿨는데 이집트에서는 그의 꿈을 풀어줄 현자가 없었단다. 그때서야 술 시종장이 요셉을 떠올려 그를 불러들였는데 그는 예상대로 파라오의 꿈을 멋지게 해몽했다. 7년 풍년에 7년 흉년이 이어질 걸 예언하고 대비책까지 일러줬다는 거다. 이에 파라오와 신하들은 크게 놀라서 그에게 화려한 옷을 입히고 장신구를 달아주면서 그를 이집트 전체의 제2인자 자리에 앉힌다. 제2인자 자리와 화려한 옷은 피할 수 없는 요셉의 운명이던가….

기근이 가나안을 휩쓸었단다. 야곱 집안에도 먹을 게 떨어져서 곡식을 사러 이집트로 가야 했는데 불길한 예감이 들었던지 야곱은 막내 베냐민은 보내지 않았다고 했다. 긴 여행 끝에 이집트에 도착한 형제들은 요셉 앞으로 끌려가서 그에게 절을 한다. 일찍이 요셉이 꾼 꿈이 이뤄진 거다. 이때 형제들은 자기들이 종으로 팔았던 동생을 알아보지 못했지만 그들의 손에 죽을 뻔했던 요셉은 그들을 한눈에 알아봤단다. 때린 사람은 잊어버려도 맞은 사람은 기억한다더니…. 요셉은 형들을 일부러 스파이로 몰아서 투옥했다가 그들 중 시므온을 인질로 잡은 다음에 그들을 가나안으로 돌려보낸다. 막내 베냐민을 데려오지 않으면 시므온을 데려갈 생각도 하지 말라면서. 그들의 짐 보따리에는 양식과 함께 그 값으로 지불한 돈이 들어 있었는데 가는 길에 이를 알게 된 형제들은 놀라 자빠질 뻔했을 거다.

돌아온 아들들에게 자초지종을 들은 야곱은 시므온은 물론이고 베냐민까지 잃게 됐다며 걱정이 태산이었지만 다시 양식이 떨어지자 결국 다시 아들들을 이집트로 보냈다. 인질로 잡혀 있는 시므온과 베냐민의 무사귀환을 약속하는 맏아들 르우벤에게 설득됐다고 말은 하지만 당장 먹을 게 없으니 야곱도 선택의 여지가 없었을 거다. 결국 형제들은 베냐민까지 데리고 이집트로 떠난다.

이렇게 해서 요셉과 형제들은 다시금 만나는데 이번에도 요셉은 계책을 써서 그들을 곤경에 빠뜨린다. 귀향하는 베냐민의 짐 속에 자기 술잔을 넣어둔 다음 그를 도둑으로 몰아세웠던 거다. 꼼짝없이 도둑으로 몰린 막내를 살리려고 유다가 나서서 동생 대신 감옥에 가겠다고 애원하자 그때서야 요셉은 북받치는 감정을 억제하지 못하고 "내가 형들이 종으로 팔았던 요셉입니다!"라고 외치며 정체를 드러냈다. 그 다음엔 모두가 예상하듯 서로 얼싸안고 눈물을 흘렸고 결국 아버지 야곱까지 이집트로 모시고 와서 거기서 잘 먹고 잘 살았다는 이야기다.

권선징악? 사필귀정? 아니면…

이야기가 어떻게 전개되고 어떻게 끝날지를 충분히 예상할 수 있다. 한 마디로 식상한 이야기인데 왜 식상한지 생각해봤는가? 권선징악이나 사필귀정의 교훈을 담고 있는 비슷한 이야기를 우린 수없이 많이 듣고 읽었기 때문이다. 이 이야기를 처음 듣는 사람은 손에 땀을 쥐고 들었을 게다. 이 이야기는 상당한 수준의 문학작품이다. 구약성서에 이만한 수준을 갖춘 장편 이야기는 흔치 않다. 잘 읽어보면 이 이야기가 보기보다는 자연스럽지 않다는 걸 알게 되겠지만 말이다.

이 이야기에서 오랫동안 학자들을 괴롭혀온 문제는 과연 이 이야기가 역사적 사실이냐 꾸며낸 이야기냐 하는 것이다. 이런 일이 실제로 일어날 수 없다는 말은 아니다. 이런 일은 현실에서 얼마든지 일어날 수 있다. 그렇지 않다고 생각하는 것은 구약성서에 대한 지나친 편견이다. 우리네 삶엔 이보다 훨씬 극적인 일들도 얼마든지 일어나지 않나. 그러니까 현실성이 부족하다고 해서 꾸며낸 이야기로 보는 것은 정당하지 않다. 다만 이야기의 흐름이나 구성으로 봐서 모종의 교훈을 전할 의도로 만들어진 이야기라고 보는 게 더 타당하다는 것이다. 지나치게 아귀가 잘 들어맞기도 하거니와 교훈을 주려는 의도로 이야기를 몰아가고 있는 게 눈에 보이니까 이걸 실제로 일어난 사건이 아니라 꾸며낸 이야기로 보는 게 더 타당하다는 뜻이다.

양비론은 많은 경우에 분명한 판단을 유보하는 '비겁한' 짓일 수 있다. 성서가 실제로 일어난 사건인 걸로 전한다고 해서 묻지도 따지지도 말고 무조건 실제로 일어난 역사적 사건이라고 강변하는 것도 문제지만, 성서의 역사성에 대해 전반적으로 불신하는 선입견을 갖고서 역사적 사건이 포함된 이야기조차 무조건 꾸며냈다고 치부하는 것도 문제다. 두 극단을 피하고 그것들을 넘어서는 태도가 필요하지 않을까 싶다. 역사적 사실이면 어떻고 꾸며낸 이야기면 어떤가. 둘 다 어떤 교훈을 전하려는 목적으로 기록되고 전승됐을 테니 우리는 그 교훈이 뭔지를 따져보면 되는 게 아닌가 말이다. 이 특이한 이야기를 본격적으로 읽는 일은 다음 장에서 시작해보겠다.

12장

미시즈(Mrs.) 보디발,
남자에게 들이댄 유일한 여자

'명령'인가 '유혹'인가

인류 역사에서 오랫동안 남자는 여자를 지배해왔다. 아주 오래오래
전에는 여자가 남자를 지배했다고 하지만 그에 대해선 여전히 논란
이 있고 또 얼마나 오래 지속됐는지도 확실치 않다. 여자에 대한 남
자의 지배가 바람직했다는 말이 아니다. 그 시절이 좋았다는 이야
기는 더더욱 아니다. 그저 오랫동안 남자가 여자를 지배해온 게 사
실이란 거다. 남자는 여자를 지배하면서 그들을 욕정을 채우는 수
단으로 삼아왔다. 그렇게 된 원인은 여러 가지 방법으로 설명할 수
있다. 사회경제적 관점에서 설명할 수도 있고 문화적 시각으로 풀
수도 있는데 구약성서가 여자에 대한 남자의 지배를 정당화 하는
데 한 몫 했음은 부정할 수 없다. 적어도 유대-그리스도교 서구세계
에서는 그랬다. 하와가 뱀의 유혹에 넘어가 선악과를 따서 자기도
먹고 아담에게도 줘서 먹게 했기 때문에 인간 세상에 죄가 들어왔
고 비극이 시작됐다는 이야기 말이다. 이게 여자에게서 비롯됐으므

로 여자는 남자의 지배를 받아 마땅하다는 거다. 그래서인지 구약성서에 등장하는 대부분의 성폭력은 남자에 의해 여자에게 저질러졌다. 앞장에서 다뤄진 경우가 모두 그랬다. 세겜과 디나가 그랬고 유다와 다말이 그랬으며 다루지는 않았지만 다윗과 밧세바, 암논과 다말이 모두 그랬다. 이게 다 남자가 권력을 갖고 있었기에 가능한 일이었다. 유일한 예외가 보디발의 아내와 요셉의 경우다. 그녀는 남자를 유혹했다. 구약성서에서 남자를 유혹하려 한 유일한 여자가 그녀다. 비록 성공하진 못했지만 말이다. 이번 장에서는 이 이야기를 다뤄보겠다.

요셉이 이집트로 끌려갔다. 요셉을 이집트로 끌고 내려간 이스마엘 사람들은 바로의 신하인 경호대장 이집트 사람 보디발에게 요셉을 팔았다. 야훼께서 요셉과 함께 계셔서 앞길이 잘 열리도록 그를 돌보셨다. 요셉은 그 주인 이집트 사람의 집에서 살게 되었다. 그 주인은 야훼께서 요셉과 함께 계시며 요셉이 하는 일마다 잘 되도록 야훼께서 돌보신다는 것을 알았다. 주인은 요셉이 눈에 들어서 그를 심복으로 삼고 집안일과 재산을 모두 요셉에게 맡겨 관리하게 하였다. 그가 요셉에게 자기의 집안일과 그 모든 재산을 맡겨서 관리하게 한 그 때부터 야훼께서 요셉을 보시고 그 이집트 사람의 집에 복을 내리셨다. 야훼께서 내리시는 복이 주인의 집 안에 있는 것이든지 밭에 있는 것이든지 그 주인이 가진 모든 것에 미쳤다. 그래서 그 주인은 자기가 가진 모든 것을 요셉에게 맡겨서 관리하게 하고 자기의 먹거리를 빼고는 아무것도 간섭하지 않았다.

요셉은 용모가 준수하고 잘생긴 미남이었다. 일이 이렇게 된 지 얼마 지나지 않아서 주인의 아내가 요셉에게 눈짓을 하며 "나하고 침실로 가요!" 하고 꾀었다. 그러나 요셉은 거절하면서 주인의 아내에게 말하였다. "주인께서는 모든 것을 나에게 맡겨 관리하게 하시고는 집안일에는 아무 간섭도 하지 않으십니다. 주인께서는 가지신 모든 것을 나에게 맡기셨으므로 이 집안에서는 나의 위에 아무도 없습니다. 나의 주인께서 나의 마음대로 하지 못하게 한 것은 한 가지뿐입니다. 그것은 마님입니다. 마님은 주인어른의 부인이시기 때문입니다. 그런데 내가 어찌 이런 나쁜 일을 저질러서 하느님을 거역하는 죄를 지을 수 있겠습니까?" 요셉이 이렇게 말하였는데도 주인의 아내는 날마다 끈질기게 요셉에게 요구해 왔다. 요셉은 그 여인과 함께 침실로 가지도 않았을 뿐만 아니라 아예 그 여인과 함께 있지도 않았다. 하루는 요셉이 할 일이 있어서 집 안으로 들어갔는데 그 집의 종들이 집 안에 하나도 없었다. 여인이 요셉의 옷을 붙잡고 "나하고 침실로 가요!" 하고 졸랐다. 그러나 요셉은 붙잡힌 자기의 옷을 그의 손에 버려 둔 채 뿌리치고 집 바깥으로 뛰어나갔다. 여인은 요셉이 그 옷을 자기의 손에 버려 둔 채 집 바깥으로 뛰어나가는 것을 보고 집에서 일하는 종들을 불러다가 말하였다. "이것 좀 보아라. 주인이 우리를 웃음거리로 만들려고 이 히브리 녀석을 데려다 놓았구나. 그가 나를 욕보이려고 달려들기에 내가 고함을 질렀더니 그는 내가 고함지르는 소리를 듣고 제 옷을 여기에 내버리고 바깥으로 뛰어나갔다." 이렇게 말하고 그 여인은 그 옷을 곁에 놓고 주인이 집으로 돌아오기를 기다렸다. 주인이 돌아오자 그에게 이렇게 일러바쳤다. "당신이 데려다 놓은 저 히브리 사람이 나를 농락하려고 나에게 달려들었어요. 내가 사람 살리라고 고함을 질렀더니 옷을 내 앞에 버려두고 바깥으로 뛰어나갔어요." 주인은 자기 아내에게서 "당신의 종이 나에게 이 같은 행패를 부렸어요." 하는 말을 듣고서 화가 치밀어 올랐다. 요셉의 주인은 요셉을 잡아서 감옥에 가두었다(창세기 39:1-20).

요셉이 이집트 왕 파라오의 경호대장 보디발의 집에 팔린 걸 행운이라고 불러야 할까? 하긴 개도 정승 집 개가 낫다는 말이 있다니까…. 낭중지추(囊中之錐)라 하지 않나, 꼬챙이는 주머니 속에서도 삐죽 튀어나오는 법, 잘난 사람은 어딜 가도 눈에 띄게 마련인가 보다. 요셉은 야훼의 돌보심 가운데 승승장구해서 보디발 집의 제2인자가 됐단다. 야훼께서 요셉과 함께 하셔서 앞길이 순탄하게 열린다는 걸 설화자뿐 아니라 보디발도 알았다고 하니(3절), 이미 이때부터 야훼는 이방인에게도 인정받았던가? 요셉의 형들은 야훼는 아랑곳하지 않고 동생을 죽이려다가 한발 물러서서 노예로 팔았는데 말이다. 보디발은 자기 먹거리 이외의 모든 집안 살림을 요셉에게 맡겼단다. 어떤 학자는 이 '먹거리'를 '아내'를 지칭하는 완곡한 표현으로 봤는데 그럴듯하지만 확인하려면 다른 데서도 이 용법이 사용됐는지를 확인해야 한다.

용모 준수하고 잘난 게 때로 문제를 일으키는 것은 예나 지금이나 마찬가지인가 보다. Mrs. 보디발이 요셉의 준수한 용모를 일찍이 눈여겨봤던 게 분명하다. 그가 종으로 팔렸을 때가 열일곱 살이었다고 하니 한창 좋은 때 아닌가. 이렇게 용모가 준수한 청년이 눈에 띈다 해도 여자들은 대개 가슴만 졸일 뿐 쉽게 들이대지 못하는 법 인데 Mrs. 보디발은 그러지 않았다. 그녀는 시대를 앞서간 '비범한' 여자였던 게 분명하다.

처음에 그녀는 일을 쉽게 생각했던 모양이다. 요셉에게 눈짓하며 "나하고 침실로 가요!"라고 꾀면 당장 그가 그녀를 따라 갈 줄 알았 겠지. 이게 '명령'일까 '유혹'일까? 그녀는 주인의 아내, 그것도 파라 오 경호대장의 아내였고 요셉은 제2인자라지만 한갓 노예에 불과 했으니 유혹보다는 명령으로 보는 게 맞겠다 싶다. 나중에 보디발 이 아내의 거짓말에 속아서 요셉을 단박에 감옥에 가둔 걸 보면 요 셉의 지위가 얼마나 불안정했는지 알 수 있다. 설화자는 이 해프닝 의 성격을 요셉의 순수함과 지혜가 드러난 사건으로 보지만 과연 그가 여자였고 남자의 명령을 받았다면 그걸 이처럼 단호히 거절할 수 있었을까 싶기도 하다. 다윗과 밧세바의 경우만 봐도 그렇지 않 았을 게 뻔하다. 하지만 요셉은 자기에 대한 주인의 신임과 하느님 을 이유로 들면서 Mrs. 보디발의 명령을 거절한다. 그녀의 첫 시도 는 이렇듯 간단히 실패로 돌아갔다.

그럼에도 불구하고 그녀가 끈질기게 치근댔다니 과연 요셉이 미 소년이긴 했나 보다. 아니면 Mrs. 보디발이 요셉을 괘씸하게 여겨서 그냥 두지 않고 끝까지 해보려 했던지. 그러나 요셉이 누군가? 그는 단호한 태도를 견지했다. 설화자가 "요셉은 그 여인과 함께 침실로 가지도 않았을 뿐만 아니라 아예 그 여인과 함께 있지도 않았다"고 말한 것은 요셉의 결백을 강조하려는 의도였으리라. 훗날 해석자들은 이 구절을 근거로 상상의 나래를 한껏 펼쳤는데 이에 대해선 나중에 살펴보자.

이쯤 되면 대개의 여자는 자존심 때문에라도 포기했겠지만 Mrs. 보디발은 그러지 않았다. 그녀는 치밀한 계획을 세웠다. 하루는 요셉이 일을 처리하러 주인집에 들어왔는데 그날따라 집안에 종들이 하나도 없었단다. 요셉도 수상한 기미를 느꼈을까? 이때 Mrs. 보디발이 나타나서 그의 옷을 붙잡고 "나하고 침실로 가요!"라며 마구 들이댔단다. 그때 집안이 비어 있었던 것은 그녀가 놓은 함정이었다. 종들은 그 덕에 달콤한 하루 휴가를 즐겼겠지만 요셉은 큰 위기에 빠지고 말았다. 그러나 요셉은 이번에도 단호하게 그녀의 손길을 뿌리치고 밖으로 도망쳤다고 했다. 하지만 그의 옷은 탈출하는 데 실패해서 옷은 그녀 손에 잡히고 말았다.

망신도 이런 망신이 없다. 일개 종에게 마음을 빼긴 것도 창피한데 그와 동침하는 데도 실패했으니 말이다. 이 망신스런 사건을 덮는 길은 요셉에게 죄를 뒤집어씌우는 길뿐이었다. 그래서 그녀는 자기 손에 들려 있는 옷을 흔들며 종들을 불러서 이렇게 외쳤다. 이땐 종들이 휴가를 마치고 돌아와 있었던 모양이다.

"이것 좀 보아라. 주인이 우리를 웃음거리로 만들려고 이 히브리 녀석을 데려다 놓았구나. 그가 나를 욕보이려고 달려들기에 내가 고함을 질렀더니 그는 내가 고함지르는 소리를 듣고 제 옷을 여기에 내버리고 바깥으로 뛰어나갔다."

적반하장도 유분수는 이럴 때 쓰는 말이다. 잠자다 자기 아기를 압사시켜놓고 멀쩡한 남의 아기를 훔쳐 와서 자기 아기라고 우겼던 창녀처럼 Mrs. 보디발은 요셉을 겁탈하려다 실패하니까 그에게 강간미수죄를 뒤집어씌우려 했던 거다. 이때 솔로몬 같은 무자비하지만 현명한 판사가 있었다면 시시비비를 가렸겠지만 안타깝게도 이때 재판관은 거짓말로 죄를 요셉에게 뒤집어씌운 여자의 남편이었으니…. 하기는 누군들 이런 경우에 아내 말을 안 믿고 종의 말을 믿겠는가? 보디발은 아내의 거짓말을 그대로 믿고 요셉을 감옥에 가뒀다.

조연에 그친 보디발

창세기를 강해 설교하는 경우를 제외하면 이 이야기를 주제로 설교하는 경우는 그리 많진 않을 것이다. 남자가 여자의 성적인 유혹을 이긴 게 도덕적으로나 신앙적으로 뭐 그리 대단하다고 그걸 설교 주제로 삼겠냐는 말이다. 안 그런가? 그럼에도 불구하고 이 이야기는 상당히 널리 알려져 있다. 구약성서를 잘 몰라도 이 이야기를 아는 사람은 의외로 많다. 왜 그럴까?

비슷한 이야기가 흔하기 때문일 수 있다. 고대 이집트에 〈두 형제 이야기〉(Tale of Two Brothers)라는 게 있는데 이게 요셉 이야기와 비슷한 데가 있다. 이 이야기는 기원전 1200-1194년에 이집트를 다스렸던 세티 2세(Seti II) 때 만들어졌는데 이것이 적혀 있는 파피루스가 대영박물관에 전시되어 있다고 한다. 이야기의 줄거리는 이렇다.

안푸와 바타는 형제인데 형 안푸는 결혼을 했고 동생 바타는 미혼이었다. 하루는 형수가 시동생 바타를 유혹했는데 바타가 이를 거부하자 형수는 적반하장 격으로 시동생이 자기를 유혹하려 했다고 남편에게 거짓말을 한다. 이에 화가 난 안푸가 바타를 죽이려 했는데 그냥 죽기가 억울한 바타가 도망쳐서 신에게 살려달라고 빌었다. 그러자 신은 두 사람 사이에 악어가 득실대는 호수를 만들어 놓아 둘 사이를 떼어놓음으로써 바타를 보호해줬다. 바타는 호수 건너편에서 형에게 자초지종을 설명했을 뿐 아니라 자신의 진실성을 보여주려고 자기 생식기를 잘라서 호수에 던졌더니 물고기가 그걸 먹어버렸다는 거다. 이후로 이야기는 한참 길게 이어진다. 우여곡절 끝에 바타가 죽었다가 부활했고 어찌어찌 해서 바타의 부인이 파라오의 아내가 됐고 나중엔 바타가 아내와 재결합해서 파라오가 되는 것으로 이야기가 끝나는데 여기서 그 이야기를 자세히 기술할 필요는 없겠다. 요셉 이야기가 요즘 막장 드라마에만 나오는 게 아니라 옛날에도 드물지 않았다는 점만 확인하자.

반복하지만 여자가 남자를 겁탈하는 이야기는 구약성서에서는 유례가 없다. 이번에도 궁금한 점은 이 이야기가 대체 왜 여기 있느냐는 거다. 이 얘긴 뭘 말하려는 걸까? 무슨 이야기를 하려고 편집자는 이 에피소드를 요셉 이야기 안에 집어넣었을까? 구약성서에 나오는 이야기가 대부분은 남자가 여자를 겁탈하는 이야기이므로 이걸 넣어서 균형을 맞추려 했을까? 그럴 리는 없겠다. 그럼 이 사건이 요셉의 생애에서 중요한 의미를 갖고 있어서일까? 그럴 수도 있겠는데 그렇다면 그게 뭔지 궁금하다.

이 물음의 답을 찾기 전에 요셉 이야기의 문학적 성격을 잠시 살펴보자. 요셉 이야기는 창세기 37장에서 시작해서 무려 아홉 장에 걸쳐서 이어지는 3백절도 더 되는 긴 이야기다. 중간에 요셉과 무관한 이야기들을 빼고도 그렇다. 37장에는 요셉이 가족들과 함께 지내면서 아버지의 편애를 받은 이야기와 꿈을 꾼 이야기와 그 꿈 때문에 형들의 질투를 사서 이집트에 종으로 팔린 이야기가 적혀 있다. 38장에는 요셉과 무관한 유다와 다말 이야기가 등장한다. 이 이야기가 앞뒤의 이야기와 연결고리 없이 툭 던져졌기에 해석자들이 연관성을 찾아내려고 골치 썩었다는 이야기는 앞장에서 했다. 39장으로 넘어가면 유다와 다말 이야기가 언제 있었냐는 듯이 다시 요셉 이야기로 돌아온다. 이번에도 연결고리 없이 말이다. 이것만 보면 편집자의 글 다루는 솜씨가 형편없어 보인다. 이렇듯 연결고리 없이 툭 던지는 것 외에 다른 방법은 없었을까 싶다.

39장에서 41장까지는 요셉이 이집트에서 승승장구하여 높은 자리에 오른 이야기가 전개되고 42장부터 50장까지는 가족이 재회하는 이야기가 펼쳐진다. 여기서 학자들은 39장부터 41장에 요셉의 가족에 대한 이야기가 전혀 나오지 않는다는 사실에 주목한다. 그래서 요셉 이야기를 두 개의 서로 다른 이야기, 곧 요셉의 가족 이야기와 그가 이집트에서 출세하는 이야기로 나눠야 한다고 주장하는 학자들이 있다. 작은 차이만 발견되면 그것을 복수의 자료가 존재하는 증거로 보려는 역사비평학의 '고질병'이 여기서도 보인다. 이야기의 흐름을 보면 거기에 가족이 등장할 이유가 없다. 요셉이 이집트에서 겪은 이야기를 하는데 가나안에 살고 있는 가족들이 왜 등장해야 하는가 말이다. TV 드라마처럼 군이 필요하지도 않은데 협찬 받았다고 PPL 광고를 억지로 집어넣는 게 아니라면 말이다. 성서 연구에서 숲 전체를 보지 않고 나무만 세심하게 보면서 차이를 찾아내려고 노력하는 것은 이제 그만둘 때가 됐다.

이 이야기에서 보디발이 거의 역할을 하지 않는 것도 특이하다. 요셉이 그 집에 팔려갔으니 이야기의 전개상으로라도 그가 어느 정도 역할을 하는 게 정상인데 의외로 그의 역할은 미미하다. 대신 그의 아내가 주인공으로 나선다. 요셉 이야기가 역사적 사실이라고 믿는 학자들은 이집트 역사에서 보디발이라는 이름을 찾아내려고 무진 애를 썼지만 안타깝게도 아직까지 찾아내지 못했다고 한다. 훗날 발굴될 유물이나 유적에서 그 이름을 발견할지는 아무도 모른다. 보디발이 조연에 머무는 것은 〈두 형제 이야기〉에서 안푸가 주연인 것과도 대조적이다. 전하려는 메시지가 달라지면 역할도 줄어드는 걸까?

하느님의 섭리에 대한 성찰

신학적 관점으로 보면 요셉 이야기는 두 개의 큰 흐름을 타고 전개되는데 첫째는 요셉이 꾼 꿈이 성취되는 과정이고 둘째는 숨어서 일하는 하느님의 섭리에 대한 성찰이다. 대부분의 학자들이 여기에 동의한다. 그런데 사실상 두 흐름은 하나로 묶을 수 있다. 요셉이 꾼 꿈도 요셉이 가족들을 지배하게 되는 게 아니라 요셉 덕분에 기근에서 벗어나고 결국은 이집트에 정착하게 되는 것을 예시하기 때문이다. 곧 요셉의 꿈은 누가 누구를 지배하는 것에 대한 이야기가 아니라 이스라엘의 조상들이 하느님의 섭리로 어떻게 살아남았는지 보여주는 이야기라는 거다.

그렇다면 이 흐름에서 요셉과 Mrs. 보디발 사건은 어떤 의미를 갖고 있을까? 이야기가 널리 알려진 데 비하면 그 역할은 별로 크지 않고 차지하는 분량도 적은 편이다(창세기 39:6-20). 이야기의 흐름에서 보면 이 사건은 요셉을 감옥으로 보내 거기서 파라오의 술 시종장과 빵 시종장을 만나게 하는 역할을 한다. 승승장구하던 요셉이 보디발 아내의 욕정 때문에 감옥에 갇힌 파라오의 시종장들과 만나게 됐다는 거다. 그런데 고대해석자들은 여기서 그 이상의 의미를 끄집어냈다. 아무래도 시종장들을 만나게 한 고리 역할만으로는 만족할 수 없었던 모양이다. 그들은 권력자 아내의 끈질긴 명령과 유혹에도 불구하고 끝내 지조를 지켰던 요셉에게서 모범적인 신앙의 자세를 발견했다. 요셉이야말로 남녀를 불문하고 사람의 가장 취약한 부분인 성적인 욕망을 극복한, 도덕적으로나 신앙적으로 정절을 지킨 위인이란 이야기다. 틀린 말은 아니다. 요즘같이 목회자들의 성 스캔들이 자주 일어나는 상황에서 이 에피소드가 의미하는 바는 작지 않다. 하지만 이게 그토록 높이 추앙할 미덕이라고 할 수는 없다. 욕정에 사로잡힌 여인의 유혹을 물리친 게 그리 대단한 일은 아니니 말이다. 구약성서에서 요셉 외에는 이런 유혹을 이긴 사람이 없기 때문일까? 그렇다면 서글퍼진다. 요셉 이외엔 그런 사람이 없다는 사실이 말이다.

고대해석자들이 요셉의 미덕을 부각시키기 위해 사용한 논리중에는 그럴듯한 것도 있지만 터무니없는 것도 없지 않다. 우선 그들은 이 작은 에피소드가 요셉의 생애에서 가장 중요한 사건인 것처럼 말한다. 보디발 아내의 유혹을 물리친 힘은 하느님의 계명에 대한 충성심이고 그게 요셉의 가장 큰 미덕이라고 봤기 때문이다. 그 덕분에 그는 높은 지위에 올랐다는 거다. 예컨대 〈마카비1서〉 2장 53절은 "요셉은 곤경에 빠졌어도 계명[간음하지 말라는 계명]을 지켰기에 이집트의 주인이 됐고…"라고 적었고 〈마카비 4서〉 2장 2-4절은 "온순한 요셉이 칭찬받은 이유는 그가 정신적 노력을 통해서 성적인 욕구를 극복했기 때문이다. 그는 젊고 활기 넘쳤을 때도 이성으로써 자기의 왕성한 혈기를 자제했다. 이성은 불같이 타오르는 성욕뿐 아니라 그 외의 모든 욕구까지도 잘 다스릴 수 있음이 입증되었다"라고 말했다. 이 책들은 요셉이 계명에 충실했고 이성으로 욕정을 극복했다고 봤다.

그래서 요셉은 Mrs. 보디발의 유혹을 이길 수 있었다. 고대해석자들은 요셉이 얼마나 단정하고도 단호했는지를 강조할 필요가 있었다. 그들 눈에는 Mrs. 보디발이 '날마다' 요셉을 유혹했다고 말하는 창세기 보도는 2% 부족했다. 그래서 〈희년서〉 39장 8-9절은 그녀가 무려 1년 동안 요셉에게 매달리고 간청했지만 그가 말을 안 들었다고 전한다. 그녀는 "요셉을 껴안고 매달려서 함께 동침하려 했으며" 심지어 "집의 문을 걸어 잠그고 그에게 매달렸다"는 거다. 하지만 요셉이 누군가. 그는 자기 옷을 벗어버리고 문을 부수고 밖으로 도망쳤다고 한다. 껴안고 매달렸다든가 잠근 문을 부수고 도망쳤다는 말은 창세기에 없다. 고대해석자들은 요셉의 강직함을 강조하려면 그 정도 과장은 해도 괜찮다고 여겼던 거다. 마지막으로 하나만 더 인용해보자. 〈열두 족장의 유언〉(The Testament of the Twelve Patriarchs) 중에 '요셉의 유언'에는 이런 구절이 있다. "그 이집트 여인이 얼마나 나(요셉)를 자주 죽이겠다고 위협했는가! 그녀는 얼마나 자주 나를 벌했고 나를 불러서 협박했던가! 내가 그녀와 동침하는 걸 거부했을 때 그녀는 '내 말대로만 하면 너는 나의 주인이 되고 내 집 모든 것의 주인이 될 것이다'… [내가 감옥에 갇힌 후에도] 그녀는 내게 사람을 보내서 '내 욕구를 채워주겠다고 동의하면 너를 감옥에서 풀어주고 흑암에서 구해주겠다'라고 했지만 나는 마음으로도 그녀를 범하지 않았다…. 야훼께서는 나를 그녀의 유혹에서 보호해주셨다."

고대해석자들의 해석에서 눈에 띄는 점은, 그들이 각자 자기 시대의 사고방식으로 요셉의 삶을 해석했다는 사실이다. 엄격히 말하자면 '간음하지 말라'는 계명은 요셉 이후에 모세를 통해 이스라엘에게 주어진 계명이다. 그러니까 요셉이 이 계명을 지키려고 보

디발 아내의 유혹을 이겨냈다는 말은 시대착오인 셈이다. 〈마카비
1서〉 저자가 이를 몰랐을 리 없다. 하지만 그는 자기 시대 사람들에
게 계명의 중요함을 가르치기 위해서는 그 정도 시대착오는 괘념치
않았다. 〈마카비4서〉 저자는 요셉이 '이성'(reason)으로 '욕구'(desire)
를 극복했다고 해석했다. 명백하게 그리스 철학에서 영향 받은 표
현이다. 요셉이 '계명'에 충실했기에 유혹을 이길 수 있었다고 말하
는 〈마카비1서〉와 '이성'의 힘으로 유혹을 극복했다고 말하는 〈마
카비4서〉 사이에는 해석의 차이가 존재한다. 게다가 '요셉의 유언'
저자(그는 요셉이 아니다!)는 '마음으로 하는 간음'을 언급했으니 간음은
몸으로만 하는 게 아니라 마음으로도 할 수 있다고 말한 셈이다.
이것 역시 구약성서에선 볼 수 없는 새로운 생각이다. 예수가 같은
취지로 말했으므로(마태복음 5:27-8) 기독교인들에게는 익숙하지만 말
이다.

지혜의 화신 요셉

구약성서 지혜문학의 대표 격인 잠언이 칭찬하는 '지혜'는 요셉을
가리키는 게 아닐까?

"지혜가 너를 음란한 여자에게서 건져 주고 너를 꾀는 부정한 여
자에게서 건져 줄 것이다. 그 여자는 젊은 시절의 짝을 버리고 하느
님과 맺은 언약을 잊은 여자이다. 그 여자의 집은 죽음에 이르는 길

목이요 그 길은 죽음으로 내려가는 길이다. 그런 여자에게 가는 자는 아무도 되돌아오지 못하고 다시는 생명의 길에 이르지 못한다"(잠언 2:16-19).

이 외에도 잠언은 열심히 일하고 술 취하지 않으며 하느님을 두려워하는 사람이 곧 지혜로운 사람이라고 말한다. 보디발의 아내는 지혜의 인물 요셉과는 정반대의 사람이다. 그녀는 자기 남편에게 진실하지 않았고 음란했으며 이중적이었고 욕구 만족을 위해서는 뭐든지 하려던 사람이니 말이다. 요셉이 지혜의 모범이었다면 그녀는 그 반대였던 거다.

이 이야기가 역사적 사실이냐 픽션이냐를 두고 다퉜던 학자들 간의 오랜 논쟁은 오늘날에는 별 의미가 없다. 앞에서 역사적 사실일 수 있지만 그렇게 보기엔 작위적인 면이 너무 많다고 했다. 요셉이 지혜문학이 추구하는 이상적 인물에 너무 잘 들어맞는 점도 역사성을 의심할 여지를 준다. 지금은 사실이냐 픽션이냐의 논쟁이 별로 뜨겁지 않은데 그 까닭은 한편이 다른 편을 설득해서가 아니라 싸워봐야 합의에 이르지 않을 걸 양쪽 모두 잘 알기 때문이다. 정작 중요한 점은 이야기의 역사성 여부보다는 이 이야기가 어떤 문화적, 지적, 종교적 상황에서 통용됐는지 이해하는 것이겠다.

폰 라트(Gerhard von Rad)는 이스라엘의 '지적 르네상스 시대'라고 부른 솔로몬 시대를 이 이야기의 배경으로 추측했다. 그의 주장을 계승한 월터 브뤼그만이 《In Man We Trust》(우리말 번역은 《지혜전승 연구》)에서 이 이야기를 상세히 분석했다. 솔로몬이 성적으로 매우 방탕했기에 '바른생활 사나이' 요셉을 예로 들어 경각심을 불러일으키려했다는 그의 주장에는 일리가 없지 않다. 어떻게 하느님의 말씀인 성서가 기껏 한 사람의 왕을 경고하는 데 사용되느냐고 묻는다면 얼마든지 그럴 수 있다고 대답하겠다. 왜냐하면 그 옛날엔 글이란 게 소수의 읽을 수 있는 사람들을 위해서 존재했고 그들은 주로 궁중이나 성전에 있었으니 말이다.

고대해석자들은 대개 솔로몬보다 천 년 가까이 후대를 살았던 사람들이다. 그들이 솔로몬 시대에 유통됐던 이야기를 되살려내어 거기에 성적인 유혹에 대한 결연한 저항의 코드를 집어넣어 새롭게 해석했을 때는 그들 시대에 그게 필요했기 때문이겠다. 왜 그들에겐 '이런' 요셉이 필요했을까? 성적 유혹에 결연히 대결하는 요셉이 필요했던 이유가 무엇이었을까? 누구도 이 질문에 확실하게 대답할수는 없다. 지금 우리가 갖고 있는 자료만으로는 그 시대의 어떤 면이 그런 요셉을 필요로 했는지 알 수 없다. 하지만 상당한 개연성을 갖고 말할 수 있는 점은, 그들의 시대에는 '지혜의 화신'이 필요했고 성서의 여러 인물들 중에서 요셉이 거기에 가장 부합하는 사람이었다는 사실이다. 그가 선택된 까닭은 권력자 아내의 성적인 유혹을 결연히 이겨내는 모습을 보였기 때문이다. 요셉은 감옥에 갇혀가면서까지 보디발 아내의 유혹을 성공적으로 물리침으로써 모범적인 지혜의 인물이 어떤 사람인가를 보여줬다는 말이다.

13장

나 찾아봐라!

디아스포라 우화

이집트학(Egyptology)이 전공인 도널드 레드포드(Donald B. Redford)
가 1970년에 쓴 《성서의 요셉 이야기에 대한 한 연구 *A Study of the*
Biblical Story of Joseph (*Genesis 37-50*)》는 오래된 책이지만 요셉 이야기
연구자는 반드시 읽어야 할 필독서다. 이 책에서 그는 요셉 이야기
에 사용된 50여 개 단어들이 바빌론 포로기 또는 그 이후에 사용된
것들임을 보여줬다. 그러니까 요셉 이야기는 그 시대 산물이란 이
야기다. 여기에 덧붙여서 요셉 이야기에 반영되어 있는 이집트 시
대상이 기원전 7-5세기 또는 그 이후라는 데 근거해서 이야기의 배
경은 이스라엘 족장시대이지만 그게 쓰인 때는 훨씬 후대인 포로기
나 그 이후라고 주장했다. 이 이야기에 언약, 자손, 땅 등 이스라엘
전통적 신학주제들이 나타나 있지 않다는 점도 이야기가 포로기 저
작임을 주장하는 데 한 몫을 했다. 요셉 이야기는 포로기 이전에는
존재하지도 않았다는 거다. 레드포드는 이것이 작성된 시기를 기원

전 650-425년이라고 추정했다. 요즘은 이렇게 구체적인 연도를 추정하는 경우가 별로 없는데 그땐 그렇지 않았던 모양이다.

레드포드의 주장 가운데는 폐기처분된 것도 많지만 다수의 지지를 받아 이제는 정설로 굳어진 것도 있다. 디아스포라의 정신적 상황(diaspora mentality), 곧 자의든 타의든 고향을 떠나서 타지에 정착해 살아가는 사람들의 정신적 상황이 요셉 이야기에 반영되어 있다는 주장이 그 중 하나다. 그래서 이 이야기를 '디아스포라 우화'(diasporanovella)라는 장르에 포함시킨다. 이것이 엄격한 의미에서 양식비평학의 한 장르는 아니지만 말이다. 그렇다고 이야기가 반드시 이스라엘의 고향인 가나안 밖에서 쓰였다고 볼 필요는 없다. 이 이야기가 가나안에서 쓰였는지 바빌론에서 쓰였는지는 확인할 수 없다. 단지 이 이야기에 스며있는 정신적 상황이 디아스포라의 그것이란 이야기다.

요셉 이야기에는 가족사와 정치사가 잘 결합되어 있다. 전반부에는 주로 가족사가 전개되고 중반부에는 정치사가 주류를 이루며 후반부엔 가족사와 정치사가 섞여 있다. 이 이야기에 별도의 두 자료가 섞여 있다는 견해가 있다. 오경 전체가 네 개의 자료(J, E, D, P)로 구성된 것처럼 이 이야기도 가족사와 정치사라는 별도의 두 자료가 결합되어 있다는 거다. 일리가 없지는 않지만 굳이 그렇게 볼 이유는 없다는 이야기를 앞장에서 이미 했다. 이야기의 흐름을 고려하면 굳이 그래야 할 이유가 없기 때문이다. 세 권짜리 방대한 주석을 써서 창세기 연구에 신기원을 이룬 클라우스 베스터만(Claus

Westermann)은 요셉 이야기를 가족사가 정치사로 발전된 경우로 본다. 처음에는 가족사였는데 나중에 정치사로 발전했다는 이야기다. 정말 그럴까? 그는 이 이야기가 야휘스트 문서(J)에 속해 있고 다윗과 솔로몬 시대에 쓰인 두 개의 자료로 구성되어 있다고 봤다. 그도 일종의 두 자료설을 주장한 셈인데 그의 주장에는 두 가지 문제점이 있다. 첫째는 요즘은 전통적인 자료가설(documentary hypothesis)의 타당성이 심각하게 위협받고 있다는 사실이고, 둘째는 야휘스트 문서가 다윗, 솔로몬 시대가 아니라 훨씬 후대인 바빌론 포로기에 쓰였다는 주장이 점차 힘을 얻어간다는 사실이다. 그래서 베스터만과 그와 유사한 주장을 펼치는 학자들의 영향력이 많이 약화됐다. 영원히 옳은 주장이란 세상에 없나 보다. 창세기 연구의 신기원을 이룩한 베스터만도 시간은 이길 수 없으니 말이다.

'기다림'과 '인내심'

요셉이 형들보다 아버지 야곱의 사랑을 더 많이 받은 이유는 그가 늘그막에 얻은 아들이기 때문이다(창세기 37:3). 그는 늦둥이였다. 늦둥이가 부모의 총애를 받는 건 예나 지금이나 마찬가지다. 그렇다면 이상하다. 야곱에게는 요셉보다 어린 베냐민이 있었는데 왜 야곱은 베냐민이 아니라 요셉을 총애했을까? 베냐민은 요셉보다 더 늦게 태어난 아들인데 말이다. 늘그막에 얻었기에 요셉을 총애했다면 그것은 요셉이 아니라 베냐민에게 향했어야 했는데 그러지 않은 걸 보면 다른 이유가 있었을 거라고 추측할 수도 있겠다.

이 점을 고대해석자들이 그냥 넘어갔을 리 없다. 그들은 요셉이 형들은 물론이고 동생보다 더 사랑받았던 이유가 단순히 늦둥이였기 때문만은 아니라고 봤다. 그래서 찾아낸 것이 '늘그막' 곧 '노년'이 때론 '지혜'와 동일시된다는 점이었다. 다행히(!) 구약성서에는 이 둘을 연결시킨 구절이 제법 있다. 시편 105편 22절("그의 뜻대로 모든 신하를 다스리게 하며 원로들에게 지혜를 가르치게 하였다.")과 욥기 32장 9절("사람은 나이가 많아진다고 지혜로워지는 것이 아니며 나이를 많이 먹는다고 시비를 더 잘 가리는 것도 아니라는 것을 알았습니다.")이 그 대표적인 예가 되겠다. 이 구절들에 근거해서 유대인 사상가 필로(Philo)는 "그[요셉]에게서 비범한 모습을 발견한 그의 부친[야곱]은 깜짝 놀라서 그를 칭찬했고 다른 아들보다 그를 더욱 사랑했다"고 썼다.

지혜문학은 고대 중동지방 전역에 광범위하게 퍼져 있던 문학양식이다. 요셉 이야기의 무대인 이집트뿐 아니라 메소포타미아 지역에서도 마찬가지였다. 지혜문학도 형식과 내용에 따라 다양한 부류로 나눠지고 이집트와 메소포타미아의 지혜문학은 그 성격이 달랐지만 그래도 사색과 관찰, 실험 등을 통해서 자연과 인생의 이치를 터득하려 했다는 점에선 다르지 않다. 지혜문학 저자들은 세상만사의 배후에는 신이 세운 계획이 자리 잡고 있다고 믿었다. 세상의 모든 일이 신의 계획에 따라서 일어난다는 거다. 그것을 파악하는 게 바로 '지혜'(wisdom, 히브리어로 '호크마')다. 지혜자 또는 현자(sage)는 신의 계획과 의도를 잘 파악해서 왕에게 조언하거나 왕가나 귀족, 사제들의 교육을 맡았던 사람들이다. 요셉 이야기에서는 요셉이 이역할을 한다. 창세기 41장 39절에서 그는 '지혜자'라고 불리는데("바로가 요셉에게 말하였다. '하느님이 너에게 이 모든 것을 알리셨는데 너처럼 명철하고 슬기로운 사람이 어디에 또 있겠느냐?'") 이스라엘 족장들 중에서 이렇게 불린 사람은 그가 유일하다.

요셉은 고대 중동지역의 바람직한 지혜자의 모습을 여실히 보여준다. 대표적인 것이 '기다림'과 '인내심'이다. 그 어떤 역경에 처하더라도 하느님을 믿고 꿋꿋이 참고 기다리는 인내심은 대표적인 지혜자의 덕목이다. 형들 손에 죽을 뻔했다가 종으로 팔려간 후 요셉은 사실상 '낙오자' 신세로 전락했다. 그는 지독하게 일이 안 풀리는 사내였다. 이는 그의 성격이나 능력과는 무관했다. 그를 낙오자로 만든 것은 '운명' 같은 것이었다. 하느님이 그를 단련하려 그랬다고 보기엔 고통의 강도가 너무 셌고 또 그런 목적이 있다는 암시조차 없다. 물론 구약성서에는 '운명'이란 개념이 없다. 사람이 깨닫든 깨닫지 못하든 모든 일의 배후에는 하느님이 있다고 믿었으니 말이다. 하지만 이 이야기에서 하느님은 직접 세상사에 개입하지 않았고, 또 개입한다고 해도 사람 눈에 띄지 않으니 '우연'이나 '운명'처럼 보일 수도 있겠다.

어찌어찌 해서 겨우 위기를 넘기면 또 다른 위기가 그를 기다리고 있었다. 형들에 의해 종으로 팔려간 그는 주인 보디발의 신임을 얻어 승승장구했지만 보디발 아내의 욕정 때문에 투옥된다. 거기서

생을 마치나 했는데 다행히 전직 고위관리의 꿈을 풀이해 준 덕에 불운했던 그의 생에 한 줄기 빛이 비치는 듯했다. 하지만 그의 도움을 받은 관리의 망각증 때문에 그 희망도 물거품이 되어버린다. 그 관리를 망각에서 깨워준 것도 꿈이었다. 기이한 꿈을 꾼 파라오가 이집트의 모든 현자들을 불러들여 꿈을 풀어보려 했지만 실패하자 그제야 술 시종장은 감옥에 있는 요셉을 떠올리게 된 것이다. 그 후에야 비로소 요셉의 운명이 순풍에 돛 단 듯 흘러가는데 정치사에 묻혀서 잊혔던 가족사가 재등장하는 게 바로 이 시점이다.

극복할 수 없어 보이는 난관을 만났지만 어떻게든 극복해서 성공한 요셉을 가리켜 '언더독'(낙오자)이라고 부른 사람은 수전 니딧치(Susan Niditch)다. 그는 구약성서에 등장하는 두 종류의 언더독을 비교하는데 야곱과 그의 아들 요셉이 바로 그들이다. 야곱과 요셉은 대조적인 인물이다. 야곱은 술수에 능한 속임수꾼이었던 반면 요셉은 술수나 속임수와는 거리가 먼 사람으로서 '지혜자'라 부를 만했다. 흥미로운 점은 속임수꾼인 야곱이 적어도 두 번 하느님과 직접 얼굴을 맞대고 대면했는데 반해서 지혜의 화신인 요셉은 그런 적이 한 번도 없었다는 점이다. 요셉은 꿈을 통해서만 간접적으로 하느님의 메시지를 받았다. 하느님의 심정은 못된 자식에게 떡 하나 더 주는 것이었을까?

드러나지 않게 섭리하는 하느님

유다와 다말 이야기를 다룰 때 인용한 로버트 알터는 제한된 형식 속에서 새로운 가능성을 실현하는 사람이 진정한 예술가라고 말했다. 참으로 멋진 말 아닌가. 요셉 이야기의 저자가 바로 그런 사람이다. 그는 문학형식으로 보면 역사 같기도 하고 역사 아닌 것 같기도 한, 그래서 역사라고 봐도 무방하고 아니라고 봐도 무리없는 '야릇한' 장르의 이야기를 창조해냈다. 이 이야기를 세심하게 읽는 사람은 지혜문학의 가르침을 이야기로 옮긴 게 아닌가 하는 생각을 할 정도다. 또 저자는 이야기를 이끌어가는 동력을 외부에서 끌고 오는 게 아니라 이야기 자체 안에서 끄집어 내는 새로운 이야기 방식을 선보인다. 이것을 세속의 눈으로 보면 '우연'이나 '운명'이라고 불러야 할 게다. 저자는 하느님을 운명이나 우연처럼 묘사하고 있다는 이야기다.

내용에 있어서도 이 이야기는 이스라엘 종교사에 중대한 획을 하나 그었다. 왜 그는 하느님이 세상사에 직접 개입한다는 전제 하에 이야기를 풀어가지 않았을까? 다른 저자들은 죄다 그 전제 위에서 얘길 풀어갔는데 말이다. 왜 그의 이야기에서는 하느님이 겉으로 드러나지 않을까? 하필 요셉은 다른 집이 아닌 보디발의 집에 팔려갔고 왜 보디발의 아내는 하필 요셉에게 반했을까? 그가 감옥에서 파라오의 술 시종장과 빵 시종장을 만난 건 또 어떤가? 왜 하필 그들이 같은 감옥에 있게 됐나 말이다. 술 시종장은 왜 요셉을 까마

득히 잊고 있다가 파라오가 꿈을 꿨을 때 불현듯 그를 떠올렸을까? '우연'이 여러 번 겹치면 '필연'이라지만 성서에는 '우연'이 존재하지 않으니 이걸 어떻게 이해해야 할까?

요셉 이야기 저자도 하느님이 세상사에 직접 개입한다고 서술할 수 있었을 거다. 그걸 몰라서 달리 서술한 것은 아닐 터이다. 그의 앞에는 두 갈래 길이 있었다. 하나는 하느님의 직접적인 개입과 간섭을 이야기 전개의 동력으로 삼는 방식이었고, 다른 하나는 그런 간섭과 개입 없이 매사가 우연히 일어났다고 보일 정도로 하느님은 숨어서 활동한다고 서술하는 방식이었다. 이전 세대로부터 물려받은 방식은 전자였지만 그는 그 전통을 따르지 않았다. 물려받은 전통과 관습을 따르는 게 쉬운 길이었을 텐데 왜 그는 그 길을 따라가지 않고 사람들이 가지 않은 낯선 길로 갔을까? 그는 왜 도움이 필요할 때 하느님이 보란 듯이 나타나서 돕는다는 식으로 얘길 풀어나가지 않았을까? 왜 아브라함, 이삭, 야곱 이야기의 저자들처럼 서술하지 않았나 말이다.

이것은 그가 놓여 있던 시대적 상황과 관련되어 있다. 요셉 이야기는 바빌론 포로기의 산물이다. 위에서 제기한 의문을 푸는 실마리가 여기 있다. 이스라엘(여기서 이스라엘은 남북왕국 모두를 가리키는 말이다)에게 예루살렘 성전이 파괴된 일은 말할 수 없이 충격적인 참사였다. 그들에게 성전은 '야훼의 집'이었다. 야훼의 영원한 거주지였던 거다. 야훼가 성전에 거주하기 때문에 성전이 있는 예루살렘도 자연히 영원하다고 그들은 믿었다. 산을 집어삼킬 만한 풍랑이 몰아쳐도 예루살렘은 안전하다고 믿었던 거다(시편 46편 참조).

그런 성전이 바빌론에 의해 무참히 파괴됐다. 바빌론 군대는 성전의 귀한 물건들을 약탈했고 백성들을 포로로 잡아갔다. 이로써 아브라함과 모세를 통해 야훼 하느님과 이스라엘 간에 맺어진 '언약'(covenant), 곧 야훼는 이스라엘의 하느님이 되고 이스라엘은 야훼의 백성이 된다는 약속이 깨졌다. 또한 야훼와 다윗 사이에 맺어진 언약, 곧 다윗의 가계에서 대대로 이스라엘을 다스릴 왕이 나올 거라는 언약 역시 깨지고 말았다. 그 뿐인가, 다윗이 계획했고 솔로몬이 건축한 성전에 야훼가 영원히 거주하겠다는 약속 또한 깨져버렸다. 집이 파괴됐으니 야훼는 약속을 지키고 싶어도 지킬 수 없게 된 거다.

이스라엘의 역사와 백성들의 삶을 지탱해온 종교체제가 붕괴되면서 이전엔 당연하게 여겼던 하느님의 일상적인 개입에 대한 믿음도 무너졌다. 이런 상황이 하느님의 직접 개입을 기대하기 어렵게 만들었다. 이제 야훼는 과거처럼 인간사에 일상적으로 개입하는 신이 아니라 드러나지 않게 숨어서(hidden) 섭리로(providentially) 자신의 계획을 실행하는 신으로 여겨지게 됐다. 그렇게 여길 수밖에 없었던 까닭은 하느님이 직접 개입하리라는 믿음을 지탱해주던 신앙체계가 무너졌기 때문이다. 이제 하느님은 사람들 사이에서 벌어지는 일상적인 일들 가운데서, 그러나 섭리라고 믿어지는 사건들 속에서 찾아야 했다.

지혜자의 미덕

그리스도교 신학에서 '숨은 하느님'(the hidden God, 라틴어 전문용어로 는 deus absconditus)은 가톨릭신학의 대부 토마스 아퀴나스(Thomas Aquinas)에게서 비롯된 말이다. 숨은 하느님은 사람들에 의해 직접 적으로 경험되지 않고 오직 하느님의 행위에 대한 명상이나 사유나 실험을 통해서 간접적으로만 알려지는 신이다. 이와 비슷하게 '휴 식하는 하느님'(the idle God, 라틴어 전문용어로 deus otiosus)이라는 개념이 있다. 휴식하는 하느님은 세상사에 개입하는 데 신물이 나서(!) 자 기보다 낮고 더 활동적인 신에게 자기의 역할을 모두 이양한 신을 가리킨다. 이는 이신론(deism)에서 중요한 개념으로서 자신이 창조 한 세계에서 한 걸음 뒤로 물러나서 더 이상 거기에 개입하지 않는 신이다.

구약성서의 하느님은 '휴식하는 하느님'이 아니다. 그분은 엿새 동안 세상을 창조한 후 이레째부터 안식하기 시작해서 지금까지 줄 곧 쉬고 있는 신이 아니다. 그분은 지금도 한결같이 일하는 신이다. 이른바 '계속적인 창조'가 그거다. 메소포타미아의 신들은 시시콜 콜 세상사에 참견하는 데 일가견이 있다. 때로는 그게 지겨워서 하 위신들(lesser gods)에게 맡기기도 했는데 야훼에게 그런 것은 상상도 할 수 없다. 야훼는 아퀴나스의 '숨은 하느님'과 유사점이 없지 않 은데 그 유사점은 구약성서의 다른 데보다 요셉 이야기로 대표되는 지혜문학에 가장 잘 드러나 있다.

바빌론 포로기에 하느님에 대한 이스라엘의 생각에는 엄청나게 큰 변화가 일어났다. 자기들의 일상적인 삶이 하느님의 거룩한 영향권에서 과거보다 더 멀어져 있다고 여기게 됐다. 사람이 하느님의 영향권 안으로 진입하는 것이 이전보다 더 어려워졌다고 여겼다는 말이다. 기도를 해도 응답 받기가 더 어려워졌다. 성전이 없어졌으니 제사를 드릴 수도 없게 됐다. 사람이 하느님을 움직일 수 있는 방법이 없어졌다고 느끼게 됐다는 거다. 하느님이 세상사에 덜 개입하면서 덩달아서 사람이 하느님의 일에 개입할 길도 좁아졌다고 여기게 됐다.

요셉 이야기에서 꿈 얘기는 이런 변화를 보여준다. 꿈이 뭔가? 구약성서에서 꿈은 무의식의 표출이 아니다. 우리는 그렇게 여기지만 구약성서 시대에는 그렇게 생각한 사람이 없었다. 그들에게 꿈은 하느님의 뜻이 전해지는 수단이었다. 꿈은 잠잘 때 꾼다. 꿈은 의식 없이 잠자는 동안 꾼다. 그 내용은 꿈꾸는 사람의 의지와 전혀 상관없다는 이야기다. 꿈은 꾸고 싶다고 꿔지는 것도 아니고 그 내용 역시 꿈꾸는 사람의 희망과는 무관하다. 출세하는 꿈을 꿨다고 출세하는 것도 아니고 그런 꿈을 꾸고 싶다고 해서 꿔지지도 않는다.

요셉이 꾼 꿈도 그랬다. 형들과 부모가 자기에게 절하는 꿈을 그가 꾸고 싶어서 꿨겠나. 그게 아니지 않은가 말이다. 꿈이 하느님 계시의 통로라면 그 내용은 사람이 좌지우지할 수 없다. 꿈의 내용이 마음에 안 든다고 꿈꾼 요셉에게 화내는 게 무슨 소용이겠나. 그걸 바꾸고 싶으면 하느님께 빌어야지…. 그런데 형들은 꿈의 내용 때문에 요셉에게 화를 냈다. 요셉은 거기에 대해서 책임질 수도 없고 그걸 실현시킬 능력도 없는데 말이다. 꿈은 그걸 꾼 요셉의 의지와는 무관하다. 사람이 할 수 있는 일은 꿈을 '해석'하는 것 뿐이다. 그게 지혜자들의 몫이고 요셉은 지혜자로서 그것을 실행했을 따름이다.

요셉 이야기에서 꿈이 차지하는 자리가 크다는 사실은 당시의 신앙적 상황에 비추어 보면 의미하는 바가 크다. 꿈이야 요셉 이야기 말고도 구약성서에서 자주 등장하지만 여기서처럼 중요한 역할을 하는 경우는 드물다. 꿈같이 간접적인 방법을 통해 하느님의 계획이 전달됐다는 사실은 이스라엘과 하느님 사이의 관계와 소통의 방식에 커다란 변화가 생겼음을 보여준다. 그 사실을 이스라엘도 인식했다. 아브라함이 소돔 성을 두고 야훼와 했던 '협상' 같은 것은 이제 가능하지 않다. 그들은 베델 및 얍복 강 나루터에서 그랬던 야곱처럼 하느님과 직접 대면하는 것 역시 가능하지 않게 됐음을 깨달았다. 그래서 '숨은 하느님'과 '섭리'에 대한 믿음이 강조되기 시작한 거다. 이제 하느님의 계획은 우연처럼 일어나는 세상사에 감취져 있다. 우연처럼 일어나는 일들이 사실은 우연이 아니라 하느님의 숨은 계획이 실현되는 과정임을 믿게 된 거다.

하느님께서 이처럼 소극적이 됐으니 사람은 전보다 더 능동적이고 적극적이 돼야 했다. 흔히 요셉은 역경이 닥쳐와도 중심을 잃지 않고 가만히 하느님이 어떻게 일하는지를 기다리고 지켜본 사람이라고 여겨져 왔다. 반은 맞고 반은 틀린 말이다. 요셉은 한편으론 지혜자의 미덕인 '인내'의 화신이지만 다른 한편으론 적극적으로 세상에 맞섰던 사람이다. 그는 힘과 권력을 추구했다. 늘 제2인자였던 요셉은 제1인자 곁에 있으면서 그의 남다른 총애를 한 몸에 받았고 거기서 주어지는 권력을 십분 활용했다. 아버지 집에 있을 때도 그는 형제의 서열과는 상관없이 아버지의 총애를 받는 제2인자였고 보디발의 집에서도 역시 그랬으며 파라오의 궁전에서도 파라오 다음 자리를 차지했다. 그는 힘과 권력이 보이지 않는 하느님의 계획을 실현하는 수단이라고 믿었던 걸까? 그래서 할 수만 있으면 권력 가까이에 있으려 했을까? 그는 하느님의 직접 개입이 사라진 상황에서 섭리를 이루는 길은 권력을 갖는 거라고 믿었는지 모른다. 그렇지 않다면 그가 해바라기처럼 권력을 지향했던 까닭을 어떻게 설명할 수 있을까?

그러나 이 와중에서도 그는 자기감정을 조절하는 능력을 보여준다. 이것 역시 지혜자의 미덕이다. 보디발의 아내가 유혹했을 때는 물론이고 형들과 재회했을 때도 그는 자기감정을 효과적으로 조절했다. 오랜만에 형들을 만난 데서 오는 울컥하는 감정을 성공적으로 억제했던 거다. 또한 그는 자기를 사지로 몰아넣었던 형들에 대한 원한도 꾹 참고 눌렀다. 자기의 계획을 꼼꼼히 진행시키려면 그래야 했다. 마지막에는 복받쳐 오르는 감정을 누르지 못했지만 말이다. 이야기의 흐름 상 그때가 정체를 드러낼 적기였으니 그게 의외였다고는 할 수 없겠다. 요셉은 감정의 수위까지 조절할 줄 아는 진정한 지혜자였다.

하느님 없이 하느님 앞에서

요셉 이야기에서 하느님은 존재하면서 부재하는 분이다. 등장인물 중에서 하느님이 부재한다고 믿었던 사람은 없지만 그들은 그분의 존재 또한 직접 경험하지 못했다. 그 누구도 하느님의 직접적인 개입을 기대하지 않았던 걸로 보인다. 요셉을 구덩이에 쳐넣어 죽이고 대신 짐승 피를 갖고 가서 아버지를 속이려고 공모했을 때 형들은 하늘을 우러러 한 점 부끄러움이 없기는커녕 그 때문에 하느님의 징벌을 받으리라고는 생각하지 않았다고 여겨진다. 그랬다면 그렇게 행동하지 않았을 테니 말이다. 설화자는 하느님이 요셉과 함께 계셨다고 반복해서 말하지만 그건 설화자의 생각일 뿐, 요셉은 하느님의 직접적인 개입을 기대하지 않는 듯이 행동했다. 나쁜 의미에서는 아니지만 말이다. 그는 본회퍼의 말대로 하느님 없이 하느님 앞에서 행동한 거다. 그가 하느님에 대한 신앙을 겉으로 표현한 때는 형들에게 생명을 보존하기 위해 하느님이 자기를 이집트로 보내셨다고 고백했을 때("형님들이 나를 이곳에 팔아넘기긴 하였습니다만 그것은 하느님이 형님들보다 앞서서 나를 여기에 보내셔서 우리의 목숨을 살려 주시려고 그렇게 하신 것입니다"[창세기 45:5])가 유일하다는 건 시사하는 바가 크다.

창세기 전체의 흐름에서 보면 요셉 이야기는 이스라엘 조상들과 출애굽 사건을 잇는 다리 역할을 한다. 조지 코츠(George Coats)의 말대로 이스라엘 백성이 왜 가나안에서 이집트로 내려갔는지를 설명해주는 이야기라는 것이다. 하지만 이스라엘 신학사의 중대한 변화가 이 이야기에 표현되어 있기에 단순히 그렇게만 볼 수는 없다. 그것은 한 마디로 'less divine, more human'이라고 표현할 수 있겠다. 세상사에서 신적인 것은 점점 줄어들고 인간적인 것이 점점 늘어난다는 말이다. 과거에는 하느님이 무대 위에서 감독도 하고 조명과 음향까지 담당하면서 연기까지 했다면 이제는 무대 뒤로 사라져서 무대 위에서는 사람이 연기뿐 아니라 조명과 음향까지 담당하게 됐다는 거다. 요셉 이야기는 이스라엘에 이런 변화가 일어났음을 보여준다.

지혜문학은 '하느님을 경외하는 것이 지혜의 근본'이라고 말한다. 맞는 말이다. 사람이 잘 나서 뭔가를 하는 것 같지만 그래봐야 그걸 이루시는 분은 하느님이다. 하지만 동시에 지혜문학은 과거에는 하느님이 하셨던 것들을 이제는 사람이 맡아서 해야 한다고 가르친다. 그럴 때 필요한 것이 '지혜'다. 지혜는 뭣도 모르면서 함부로 날뛰지 말고 하느님이 하시는 일을 잠잠히 지켜보라고 가르친다. 하지만 동시에 지혜는 과거와 달리 하느님은 '숨어서' 세상사에서 벌어지는 갖가지 사건들을 통해 간접적으로 당신의 계획을 드러내시니 사람이 온갖 수단을 써서 적극적으로 그것을 파악해야 한다고 가르치기도 한다. 가만히 앉아서 하느님이 개입하길 기다리기만 해서는 되는 일이 없을 터이니 권력이 됐든 뭐가 됐든 하느님의 계획을 실행할 수 있는 수단을 소유해서 적극적으로 그것을 이루라고 가르친다. 얼핏 보면 서로 상반되는 것처럼 보이는 주장을 지혜문학은 과감하게 하고 있다. 그래서 삐딱한 시선으로 보면 '뭥미?'라고 반응할 수도 있는 게 지혜문학이지만 세상사의 묘한 아이러니와 모순을 맛본 사람에게는 지혜문학의 이런 점이 매력으로 다가오니 이를 어쩌란 말이냐!

정말 소돔은 그래서 심판받았을까?

창세기 19:1-11, 에스겔 16:49-50

동 성 애 와 한 인 교 회

개신교회에서 동성애에 대해서 설교하는 것은 '위험'한 일입니다. 그냥 적당히 위험한 정도가 아니라 '매우' 위험한 일입니다. 대부분의 한국 개신교인들은 동성애를 진지하게 생각해보기도 전에 단칼에 '죄'라고 규정합니다. 한국 개신교인들은 '차별금지법' 전체를 강력하게 반대했는데 그 이유는 거기에 성적 지향에 근거한 차별을 금하는 내용이 들어있었기 때문입니다. 이곳 미국에서는 지난 6월에 연방대법원이 동성 간의 결혼이 합헌이라는 판결을 내린 후로한인교회들이 그 결정에 대대적으로 반발하고 있습니다. 또 3월에미국장로교(PCUSA)가 동성결혼을 인정하는 결의를 했다고 해서 한인교회들이 줄줄이 교단을 탈퇴하겠다고 나서고 있습니다. 실제로탈퇴한 교회는 몇 안 되지만 이런 현상은 장로교뿐 아니라 다른 교단에서도 벌어지고 있습니다. 제자회에서도 남미와 아시아인 여러 교회가 이 때문에 교단을 떠났습니다. 대부분의 한인교회들은 동성결혼뿐 아니라 동성애 자체를 반대합니다.

상황이 이렇기 때문에 동성애라는 주제를 설교에서 진지하게 다뤄야겠다는 생각을 오래 전부터 해왔습니다. 단편적으로는 설교나 성경공부 때 여러 번 언급했지만 맘먹고 얘기하는 것은 오늘이 처음입니다. '이 문제가 정말 한인들에게 그토록 중요한 문제인가?'라는 질문을 던질 수 있습니다. 한인교회들은 이 문제를 '순교의 각오' 또는 '십자군 정신으로' 반대하고 싸워야 한다고 목소리를 높이지만 한인사회 전체적으로 보면 그리 뜨거운 이슈는 아닙니다. 유독 개신교회만 들끓고 있다고도 볼 수 있습니다.

그 이유가 뭘까요? 유독 한인들 가운데 동성애자 숫자가 적어서 그럴까요? 그렇지는 않습니다. 왜 한인이라고 해서 동성애가 적겠습니까. 동성애자의 비율이 인종에 따라 다르다는 얘기는 못 들어봤습니다. 어떤 통계에 의하면 인구의 10% 정도가 동성애자라고 하는데 그 정도는 아니더라도 동성애자는 상당히 많으며 그 비율은 인종과 무관합니다. 그러니 분명히 한인중에도 다른 인종들만큼 동성애자가 있을 겁니다. 다만 드러내놓고 말하지 못하고 쉬쉬하며 감추고 있을 따름입니다. 손가락질 받는 게 두려워서 숨기고 있을 뿐입니다. 그래서 벙어리 냉가슴 앓듯이 속으로 앓는 사람들이 많이 있습니다.

우리 교회는 이달 25일에 금요일 프로그램의 일환으로 동성애 세미나를 합니다. 잘은 모르지만 남가주에서는 처음일 겁니다. 미국 한인교회 중에서 처음일지도 모릅니다. 처음이라 자랑스럽다는 얘기가 아니라 그만큼 한인교회에서 이 문제를 깊이 알려고 하지 않는다는 얘기입니다. 저는 오늘과 다음 주일에 성서가 동성애를 어떻게 보는지에 대해 설교하려 합니다. 세미나를 하기 전에 성서가 이 주제에 대해서 어떻게 말하는지를 따져보자는 겁니다. 세미나 때는 이를 정리해서 작은 책자로 만들어 참석자들에게 나눠주려고 합니다.

소돔은 정말 동성애 때문에 심판받았나?

대부분의 한인기독교인들은 망설이지 않고 동성애를 '죄'라고 단정합니다. That's it! 그걸로 끝입니다. 더 생각해볼 이유도 필요도 없습니다. "하느님은 모든 사람을 사랑하시지만 죄는 미워하십니다. 하느님은 죄인이 회개하고 구원 받기를 원하십니다. 동성애는 죄입니다. 하지만 하느님은 동성애자도 사랑하시므로 회개하고 구원받아야 합니다"라고 생각하는 사람이 더러 있지만 그리 많지는 않습니다. 이만하면 그래도 뭔가 생각하는 편에 속합니다. 단숨에 죄라고 단정하고 더 이상 말하지 않는 것보다는 낫다는 얘기입니다. 그런데 동성애자는 '회개해야' 구원받을 수 있다고 했습니다. 여기서 '회개'는 "제가 동성애자인 것을 회개하오니 용서해주십시오"라고 기도하는 걸 가리키지 않습니다. 동성애자에서 이성애자로 바뀌어야 회개한 게 된다는 겁니다. 그러니까 하느님은 동성애자를 있는 그대로 사랑하시는 게 아니라 그가 이성애자로 바뀌어야 사랑하신다는 뜻입니다. 혹자는 "하느님은 동성애자도 '사랑'은 하시지만 그가 '구원' 받으려면 이성애자로 바뀌어야 한다"고 말하기도 하는데 이게 말도 안 된다는 건 더 얘기할 필요가 없을 겁니다.

동성애를 반대하고 정죄하는 사람들이 들이대는 '최종병기'는 성서입니다. 성서가 동성애를 죄라고 가르친다는 겁니다. 동성애가 죄라는 건 사람에게 나온 생각이 아니라 하느님의 생각이고 성서의 가르침이라는 얘기입니다. 그럼 성서는 정말 동성애를 죄악시할까요? 언뜻 보면 그렇게 보입니다. 성서는 동성애를 죄라고 말하는 것으로 보입니다. 하지만 동성애에 대한 성서구절들을 잘 읽어보면 이게 그렇게 간단하지 않습니다. 잘 읽어보면 성서는 이 문제에 대해 분명한 답을 주지 않는다고 볼 수 있습니다.

이제부터 성서가 동성애에 대해 말하는 구절을 하나하나 읽어보겠습니다. 저는 동성애를 반대하는 쪽과 인정하는 쪽의 주장을 가급적 객관적으로 소개하겠습니다. 어느 편이 옳고 어느 편이 그르다고 판단하지 않겠다는 얘기입니다. 그 판단은 여러분이 내리시기 바랍니다. 이것이 설교에는 낯선 방식이지만 오늘은 그렇게 하겠습니다.

동성애 얘기를 할 때 가장 많이 인용되는 본문은 창세기 19장에 나오는 소돔과 고모라 이야기입니다. '소돔'이란 말에서 '항문성교'를 가리키는 'sodomy'라는 단어가 생겨났을 정도니 대표적인 이야기라고 해도 과언이 아니지요. 야훼가 파견한 두 천사가 소돔에 이르렀을 때 롯이 그들을 자기 집에 맞아들여 저녁을 대접했습니다. 그런데 밤중에 소돔의 젊은이, 노인 할 것 없이 모든 남자가 롯의 집으로 몰려와서 이렇게 소리쳤다고 합니다. "오늘 밤에 당신의 집에 온 그 남자들이 어디에 있소? 그들을 우리에게로 데리고 나오시오. 우리가 그 남자들과 상관 좀 해야 하겠소." 상관하다니, 이게 무슨 말인가 싶지요? 이 부분을 직역하면 "우리가 그 남자들을 알아야겠소"(we may know them)가 됩니다. 히브리어 '알다'라는 동사 '야다'에는 '성관계를 갖다'라는 뜻이 있습니다. 남자들이 몰려와서 남자들을 내놓으라며 그들을 '알아야겠다'고 말하니 이는 분명 성관계를 갖겠다는 뜻입니다.

이에 롯은 "여보게들, 제발 이러지 말게. 이건 악한 짓일세"라면서 애원했지만 그들은 듣는 척도 안 합니다. 그래서 롯은 무리의 주장보다 더 엽기적인 제안을 합니다. "이것 보게, 나에게 남자를 알지 못하는 두 딸이 있네. 그 아이들을 자네들에게 줄 터이니 그 아이들을 자네들 좋을 대로 하게. 그러나 이 남자들은 나의 집에 보호받으러 온 손님들이니까 그들에게는 아무 일도 저지르지 말게"라고 말입니다. 이게 말이 됩니까? 손님을 환대하고 그들이 피해당하는 걸 막는 것도 중요하지만 아무리 그래도 딸들을 욕정이 이글이글 타오르는 무리에게 내놓는다는 게 말이 됩니까? 불행중 다행으로 천사들이 그들의 눈을 어둡게 해서 비극적인 사태가 실제로 벌어지지 않았지만 말입니다.

소돔과 고모라는 하늘에서 내려온 불벼락을 맞아 멸망당합니다. 사람들은 이 사건에 근거해서 이들이 동성애자들이기 때문에 멸망당했다고 여기는 겁니다. 동성애를 반대하는 사람들은 모두 그렇게 생각한다고 봐도 틀리지 않을 겁니다. 소돔 사람들은 동성애 때문에 하느님의 심판을 받았다고 말입니다.

그렇다고 칩시다. 소돔 사람들이 동성애자라서 심판받았다고 치자는 말입니다. 그리고 생각해봅시다. 롯의 집에 몰려온 무리는 이성애자였을까요, 동성애자였을까요? 남자를 내놓으라고 한 걸 보면 동성애자였다고 볼 수 있겠습니다. 하지만 롯이 이들에게 자기 딸들을 내주겠다고 제안한 것을 보면 이들은 이성애자였다고 봐야 할 겁니다. 안 그렇습니까? 그게 아니라면 롯은 이들의 성적지향을 오해하고 쓸데없는 제안을 한 걸 테니 말입니다. 혹시 이들은 양성애자였을까요? 이론적으론 그럴 수 있습니다. 그런데 몇 명인지는 모르지만 그 많은 무리가 모두 동성애자나 양성애자였을까요? 그런 사람들만 몰려왔을까요? 저는 그렇지 않다고 생각하지만 그건 제 생각일 따름입니다. 제 생각이 여러분의 판단에 영향을 미치지 않기를 바랍니다.

제가 이상하게 생각하는 점은, 이 얘기를 읽을 때 어떻게 가장 먼저 '동성애'라는 단어를 떠올리냐는 겁니다. 동성애나 이성애보다는 '강간'이란 단어가 먼저 떠올라야 하지 않습니까? 이들은 나그네를 '강간'하려고 몰려온 무리입니다. 안 그렇습니까?

'강간'은 상대방의 의사에 반해서 강제로 성관계를 갖는 겁니다. 이는 동성애, 이성애, 양성애 등의 성적 지향과 무관하게 인권을 침해하는 극악한 범죄입니다. 롯의 집에 몰려든 무리는 타지에서 온 나그네들을 강간하겠다고 모여들었던 겁니다. 따라서 이 이야기를 읽을 때 '동성애'나 '이성애'가 아니라 가장 먼저 '강간'을 떠올려야 맞습니다. 안 그렇습니까? 여기서 '강간'이 아니라 '동성애'를 먼저 떠올리는 사람 머릿속이 어떤지 궁금합니다. 이는 살인사건이 났는데 살인 그 자체에 집중하지 않고 사용한 무기가 미국산인지 중국산인지를 따지는 것과 비슷합니다. 이게 말이 됩니까?

에스겔은 다르게 말한다!

그러면 소돔의 '죄'에 대해서 다른 성서구절들은 어떻게 말할까요? 오늘 읽은 에스겔 16장은 이렇게 말합니다.

네 동생 소돔의 죄악은 이러하다. 소돔과 그의 딸들은 교만하였다. 또 양식이 많아서 배부르고 한가하여 평안하게 살면서도 가난하고 못 사는 사람들의 손을 붙잡아 주지 않았다. 오히려 그들은 교만하였으며 내 눈앞에서 역겨운 일을 하였다. 그러므로 내가 그것을 보고는 그들을 없애 버렸다(에스겔 16:49-50).

에스겔 예언자는 소돔의 죄에 대해 말하면서 '동성애'는 언급하지 않습니다. 대신 '교만'과 '자기들은 배부르게 살면서 가난한 사람들을 돌보지 않은 죄'를 말합니다. 그 죄가 하느님에게 역겨웠다는 겁니다. 물론 소돔 사람들이 동성애의 '죄'도 저질렀는데 에스겔 예언자가 그걸 간과했거나 무슨 이유로든 언급하지 않았다고 생각할 수도 있습니다. 그들이 저지른 모든 죄를 열거한 것은 아니라는 말입니다. 그럴 수 있습니다. 논리적으로 불가능하지 않습니다. 하지만 소돔이 동성애 때문에 심판받았다고 주장하는 사람들도 이 구절만큼은 진지하게 읽어야 하지 않겠습니까? 분명히 소돔의 죄에 대한 얘기가 나오는데 그걸 무시해서는 안 된다는 얘기입니다. 자기 마음에 드는 구절만 선택해서 강조하고 자기 생각에 반하는 구절은 없는 것처럼 여겨서는 안 된다는 겁니다.

또한 예수님도 소돔과 고모라에 대해 말씀하신 적이 있습니다. 하느님나라 복음을 전하라고 열두 제자를 파송하시면서 예수님은 이런 말씀을 하셨습니다.

너희가 그 집에 들어갈 때에 평화를 빈다고 인사하여라. 그래서 그 집이 평화를 누리기에 알맞으면 너희가 비는 평화가 그 집에 있게 하고 알맞지 않으면 그 평화가 너희에게 되돌아오게 하여라. 누구든지 너희를 영접하지 않거나 너희의 말을 듣지 않거든 그 집이나 그 고을을 떠날 때에 너희 발에 묻은 먼지를 떨어 버려라. 내가 진정으로 너희에게 말한다. 심판 날에는 소돔과 고모라 땅이 그 고을보다는 견디기가 쉬울 것이다(마태복음 10:12-15).

여기서 예수님은 '영접' 또는 '환대'에 대해 말씀합니다. 예수님은 복음을 전하러 온 사람을 영접하지 않는다면 그들은 소돔과 고모라 사람들보다 더 견디기 어려운 심판을 받을 거라 말씀하셨습니다. 여기서도 '동성애'에 대한 언급은 없습니다. 그렇다고 해서 소돔과 고모라가 동성애와 무관했다고는 말할 수는 없습니다. 분명한 사실은 예수님은 '영접하지 않는 사람들' 또는 '환대하지 않는 사람들' 얘길 하시면서 소돔과 고모라를 언급하셨다는 겁니다. 소돔과 고모라의 죄는 나그네(여기선 복음 전파자)를 영접하지 않은 것입니다.

소돔과 고모라에 대한 얘기는 여기까지입니다. 어느 편의 해석이 옳은지는 여러분이 판단하시기 바랍니다. 여러분은 어느 편의 해석이 옳다고 생각하십니까?

'거룩함'과 동성애

다음으로 레위기와 신명기에 나오는 동성애 관련 구절들을 읽을 차례인데 그 전에 먼저 읽어야 할 구절이 있습니다.

야훼께서 모세에게 말씀하셨다. "이스라엘 자손 온 회중에게 말하여라. 너는 그들에게 이렇게 일러라. 너희의 하느님인 나 야훼가 거룩하니 너희도 거룩해야 한다(레위기 19:1-2).

야훼가 거룩하니까 이스라엘 백성들도 거룩해야 한다고 했습니다. 야훼가 거룩하다는 말은 이해할 수 있는데 이스라엘 백성이 거룩해야 한다는 말은 얼른 이해하기 어렵습니다. 사람이 어떻게 하느님처럼 거룩해질 수 있겠습니까? 그렇다면 야훼 하느님은 이스라엘에게 불가능한 요구를 하고 계신 걸까요?

히브리어로 '거룩하다'는 말은 '카도쉬'입니다. 이 말은 '분리하다' 또는 '구별하다'는 뜻을 갖고 있습니다. 우리가 흔히 생각하듯이 성결하다거나 장엄하다는 뜻이 아니라는 얘기입니다. 그러니까 하느님이 거룩하다는 말은 하느님이 사람과 구별되고 분리되어 있다는 의미입니다. 그렇다면 하느님이 거룩하신 것처럼 이스라엘도 거룩해야 한다는 말은 논리적으로 맞지 않습니다. 그렇지 않습니까? 하느님이 거룩하다는 말이 사람과 분리되어 있다는 뜻이라면 어떻게 사람이 거룩할 수 있겠습니까? 하느님과 사람이 어떻게 똑같이 거룩할 수 있겠습니까?

이 말은 야훼 하느님이 거룩하듯이, 곧 하느님이 사람들과 구별되고 분리되어 있듯이 이스라엘도 거룩해야 한다, 곧 다른 종족과 구별되고 분리되어야 한다는 뜻입니다. 엿새 동안 창조를 마치고 하느님은 안식일을 '거룩하고 복되게' 하셨다고 말합니다. 안식일이 거룩하다는 말은 그날이 다른 날들과 구별된다는 뜻입니다. 엿새와는 다른 날이란 뜻입니다. 또 성전을 가리키는 히브리어는 '미

크다쉬'입니다. 이 말은 '카도쉬'에서 파생된 말로써 '거룩한 곳'이란 뜻입니다. '미크다쉬'의 뜻은 단순합니다. 성전이 성결하고 왠지 모르게 거기 들어가면 엄숙해지는 신비한 곳이란 뜻이 아니라 단순히 다른 장소들과 '구별'되고 '분리'된 곳이란 뜻입니다.

이런 전제를 갖고 레위기와 신명기의 동성애 구절을 읽어야 합니다. 먼저 레위기부터 읽어보겠습니다.

너는 여자와 교합하듯 남자와 교합하면 안 된다. 그것은 망측한 짓이다 (레위기 18:22).

남자가 같은 남자와 동침하여 여자에게 하듯 그 남자에게 하면 그 두 사람은 망측한 짓을 한 것이므로 반드시 사형에 처해야 한다. 그들은 자기 죄 값으로 죽는 것이다(레위기 20:13).

두 구절은 분명히 동성애를 금하는 것으로 보입니다. 앞의 구절은 그걸 '망측한 짓'이라고만 불렀지만 뒤의 구절은 반드시 사형에 처하라고 했습니다. 우리말로 '망측한 짓'이라고 번역했지만 히브리어 '토에바'는 그보다 훨씬 강한 뜻을 갖고 있습니다. 영어성서는 'abomination'으로 번역했는데 이를 우리말로 옮기면 '역겹다'거나 '가증스럽다' 정도가 맞을 겁니다. 이것이 얼마나 무거운 죄인지는 '반드시' 사형에 처하라는 규정에 잘 드러나 있습니다.

이제 이 규정들을 잘 읽어봅시다. 우선 이것이 금하는 바는 동성애가 아니라 동성 간의 성행위입니다. 이성 간의 '사랑'과 '성행위'가 같지 않듯이 동성 간의 사랑과 성행위도 같지 않습니다. 전자가 더 넓은 의미를 갖고 있지요. 이 구절을 포함해서 성서가 금지하는 것은 동성애가 아니라 동성 간의 '성행위'입니다. 성서, 특히 구약성서에는 동성 간의 사랑에 대한 얘기가 등장하지 않습니다. 학자들 중에는 다윗과 요나단의 관계를 단순한 '우정' 관계가 아니라 '동성애' 관계라고 보는 학자들이 있지만 여전히 논란의 소지가 있습니다. 동성애를 반대하는 사람들은 그걸 우정으로 보는 반면 인정하는 사람들은 동성애 관계로 보는 경향이 있습니다. 좌우간 레위기 규정은 동성애 일반이 아니라 동성 간의 성행위를 금하고 있다는 사실을 분명히 할 필요가 있습니다.

다음으로 이 규정들은 여성 간의 성행위에 대해서는 말하지 않는다는 사실입니다. 이 구절뿐 아니라 구약성서 전체를 샅샅이 뒤져봐도 여성과 여성의 성행위에 대한 규정은 없습니다. 왜 그럴까요? 그때는 여성 간에 성행위가 존재하지 않았을까요? 아니면 구약성서는 그것은 문제로 생각하지 않았을까요? 금지하지 않으니까 해도 됐을까요? 여성 간의 성행위는 역겨운 짓이 아니었을까요? 이 질문에 대한 답이 없으므로 결국 우리는 추측할 수밖에 없습니다.

동성애와 관련 있는 구절이 신명기에 또 있습니다. 오늘 마지막으로 살펴볼 구질은 신명기 23장 17절입니다.

이스라엘의 딸은 창녀가 될 수 없습니다. 또 이스라엘의 아들들도 남창

이 될 수 없습니다(신명기 23:17).

성매매의 역사는 인류의 역사와 맞먹는다는 말이 있습니다. 과장이긴 하지만 그만큼 성매매의 역사가 오래 됐다는 뜻입니다. 그런데 이 구절에서 '창녀'나 '남창'은 성매매 하는 사람이 아닙니다. 돈받고 몸을 파는 사람이 아니란 얘기입니다. 이 사실은 히브리어를 알아야 파악할 수 있는 것이긴 하지만 말입니다. 여기서 창녀는 히브리어로 '카데샤'이고 남창은 '카데쉬'입니다. 짐작할 수 있듯이 이 두 단어 모두 '거룩하다'는 뜻인 '카도쉬'에서 파생된 말입니다. 곧 이들 모두 성전 또는 신에게 바치는 제사와 관련되어 있다는 말입니다.

이스라엘이 출애굽과 광야 유랑 후에 들어가 살게 된 가나안은 빈 땅이 아니었습니다. 거기에는 이미 여러 부족들이 살고 있었습니다. 그들이 섬기는 신은 여럿 있었지만 대표적인 신이 바알 신이었습니다. 가나안 사람들이 바알 신전에서 제사드릴 때 충분한 비와 풍요로운 결실을 기원하면서 남자 제사장과 여자 제사장이 성관계를 가졌답니다. 성행위가 결실을 맺게 하는 상징적인 행위였던 겁니다. 이때 성행위하는 제사장이 카데쉬와 카데샤입니다. 물론 이들은 제사장으로서 보상을 받았지만 이는 성매매와는 달랐습니다. 이 규정은 이스라엘 남자와 여자들은 그런 짓을 해서는 안 된다는 겁니다. 곧 가나안의 제사풍습을 따르지 말고 거기 동화되지 말라는 의미입니다. 여기에는 단순히 종교적인 의미보다 더 넓고 깊은 사회, 정치, 경제 문화적인 의미가 담겨 있습니다.

레위기에 있는 동성 간의 성행위 금지 규정은 이스라엘의 '거룩함'과 관련되어 있습니다. 이스라엘은 하느님이 거룩하신 것처럼 거룩해야 하므로 동성 간의 성행위를 해서는 안 된다는 겁니다. 또한 이스라엘은 거룩한 백성이므로 바알종교의 남녀 제사장들이 하는 행위를 해서는 안 된다는 겁니다.

이 규정들은 동성애에 대한 금령이 아닙니다. 동성 간에 사랑하지 말라는 뜻이 아니라 동성 간에 성행위를 하지 말라는 얘기입니다. 성서에 근거해서 동성애를 반대하든 인정하든 상관없이 성서가 금하는 게 뭔지는 분명히 알아야 하겠기에 몇 구절들을 자세히 들여다봤습니다. 오늘 얘기는 여기까지입니다. 어떻습니까? 구약성서는 동성애를 금지한다고 단순하게 생각하면 안 된다고 설교 서두에 '경고'했는데 과연 그렇지 않습니까? 다음에는 신약성서의 구절들을 읽어보고 동성애에 관한 성서 구절들을 어떻게 이해해야 할지에 대해 말씀하겠습니다.

정말 비정상적이고 부끄럽고 망측한가?

로마서 1:18-28, 고린도전서 6:9-10

뜻이 확실한 줄 알지만…

오늘은 신약성서가 동성애에 대해서 어떻게 말하는지 살펴보겠습니다. 그 전에 예수님 얘기를 해야겠습니다. 복음서를 보면 예수님은 단 한 번도 사람의 성적 지향에 대해 얘기하신 적 없습니다. 자신의 성적 지향은 말할 것도 없고 일반적으로 사람들의 성적 지향에 대해서도 전혀 말씀하지 않았습니다. 따라서 동성애를 반대하거나 인정하는 주장을 펼치는 데 예수님을 끌어들이는 것은 옳지 않습니다. '침묵'으로부터 어떤 주장을 이끌어내는 시도이기 때문입니다.

오늘 살펴볼 구절은 고린도전서 6장 9-10절과 로마서 1장 26-27절, 두 군데입니다. 신약성서에는 동성애 관련 구절이 몇 군데 더 있지만 시간적인 제약도 있거니와 가장 중요한 구절이 그 두 군데이므로 그것만 살펴보겠습니다. 먼저 고린도전서 6장 9-10절을 보겠습니다.

> 불의한 사람들은 하느님 나라를 상속받지 못하리라는 것을 알지 못합니까? 착각하지 마십시오. 음행을 하는 사람들이나 우상을 숭배하는 사람들이나 간음을 하는 사람들이나 여성 노릇을 하는 사람들이나 동성애를 하는 사람들이나 도둑질하는 사람들이나 탐욕을 부리는 사람들이나 술 취하는 사람들이나 남을 중상하는 사람들이나 남의 것을 약탈하는 사람들은 하느님 나라를 상속받지 못할 것입니다(고린도전서 6:9-10).

여기서 바울은 '하느님 나라를 상속받지 못할 불의한 사람들'을 열거합니다. 음행하는 자들, 우상숭배자들, 간음하는 자들, 여성 노릇하는 자들, 동성애자들, 도둑질하는 자들, 탐욕 부리는 자들, 술 취하는 자들, 남을 중상하는 자들, 남의 것을 약탈하는 자들이 바로 그런 사람들이란 겁니다. 열한 부류의 사람을 열거하므로 상당히 길게 보이지만 세상에 불의한 자들이 이들 뿐이겠습니까? 불의한 자들이 하느님 나라를 상속받지 못한다면 그런 사람들이 어디 이들 뿐이겠냐는 겁니다. 그럼에도 불구하고 이들만 열거한 이유는 고린도교회의 상황 때문으로 짐작할 수 있습니다. 그 상황이 구체적으로 어떤 것인지 모르지만 말입니다.

이들 중에 다른 사람들은 누굴 의미하는지 분명한데 '여성 노릇하는 자들'과 '동성애자들'이 누굴 가리키는지 분명치 않습니다. '여성 노릇하는 자'라고 번역된 단어는 그리스어로 '말라코이'인데 이 말은 '부드러운 사람'이나 '여성스러운 사람'을 가리킵니다. 드물게는 '남창 역할을 하는 사람들'이나 '소아(小兒) 성애자들'(어린 아이와 성관계를 갖는 사람들)을 가리키기도 한답니다. 여기서는 후자를 가리키는 것으로 봐야 할 겁니다. 부드럽거나 여성스럽다고 해서 하느님 나라를 상속받지 못한다고 볼 수는 없을 터이니 말입니다. 그렇다면 여기서 '말라코이'는 '남창'이나, '소아 성애자를 가리킨다고 봐야 할 텐데 문제는 이 단어가 그런 뜻으로 사용된 경우가 많지 않다는 사실입니다. 그러니까 확실하게 그렇게 볼 근거가 부족하다는 얘기입니다. 그래서인지 우리말 성서도 '탐색하는 자' 또는 '여색을 탐하는 자'로 달리 번역했고 영어성서도 'adulterer'나 'male prostitute' 등으로 다양하게 번역했습니다. 한 마디로 이 단어는 뜻이 분명하지 않다고 봐야 하겠습니다.

　이보다 더 문제가 되는 단어는 '동성애자'로 번역된 '아르세노코이타이'라는 말입니다. 학계에서는 이 단어가 '강제성이 있는 동성애자들'을 가리킨다고 하는 학자들도 있지만 합의가 이루어지지 않았고 의견이 분분합니다. 이 단어 역시 뜻이 분명하지 않다는 얘기입니다. 우리말 성서가 '동성애자' 또는 '남색 하는 자'라고 번역했으므로 그 뜻이 분명한 걸로 오해하기 쉽지만 사실은 그렇지 않습니다. 저는 이런 경우엔 하단에 각주를 달았어야 한다고 생각합니다. 그래야 뜻이 분명치 않다는 사실을 알 수 있으니 말입니다. 물론 모든 경우에 그렇게 할 수는 없지만 중요한 의미를 갖고 있는 말 만큼은 그래야 한다는 겁니다. 학자들 중에는 '말라코이'가 '성적으로 이용됐던 아이들'을, '아르세노코이타이'는 '말라코이를 성적으로 이용한 어른들'을 의미하는 게 아닐까 하고 추측하는 학자들이 있습니다. 문맥으로 보면 그럴 듯하지만 그렇게 볼만한 확실한 근거는 없습니다. 그러니까 분명한 사실은, '말라코이'와 '아르세노코이타이'의 뜻은 분명하지 않다는 겁니다.

그들만 비난하는 것은 정당하지 않다

다음은 로마서 1장 26-27절입니다.

> 이런 까닭에 하느님께서는 사람들을 부끄러운 정욕에 내버려 두셨습니다. 여자들은 남자와의 바른 관계를 바르지 못한 관계로 바꾸고, 또한 남자들도 이와 같이 여자와의 바른 관계를 버리고 서로 욕정에 불탔으며 남자가 남자와 더불어 부끄러운 짓을 하게 되었습니다. 그래서 그들은 그 잘못에 마땅한 대가를 스스로 받았습니다(로마서 1:26-27).

바울은 '남자가 남자와 더불어 부끄러운 짓'을 했다고 비난합니다. 여기서는 고린도전서에서처럼 '말라코이'나 '아르세노코이타이' 같이 한 단어로 된 표현을 쓰지 않고 '남자가 남자와 더불어 한 부끄러운 짓'(Men committed shameless acts with men)이란 표현을 썼습니다. '남자가 남자와 더불어 하는 부끄러운 짓'이 뭘까요? 그것을 남성 간의 성행위라고 이해하는 것은 자연스러워 보입니다. 안 그렇습니까? 더욱이 바로 앞에서 "여자와의 바른 관계를 버리고"라고 말하므로 이 대목이 남성 간의 성행위를 가리키는 것임은 분명해 보입니다.

우선 오해할 여지가 있는 번역부터 바로 잡아야겠습니다. 〈새번역성서〉가 '바른 관계'와 '바르지 않은 관계'라고 번역한 말은 그리스어로 '자연스러운 관계'와 '자연스럽지 않은 관계'라는 뜻입니다. 이것을 〈개역성경〉은 '순리대로'라고 제대로 번역했습니다. 이것을 '바른 관계'와 '바르지 않은 관계'라고 표현하면 가치판단을 개입시키는 꼴이 됩니다. '다르다'와 '틀리다'가 다른 의미이듯 '바르다'와 '자연스럽다'는 그 의미가 다릅니다. 전자에는 가치판단이 개입되어 있습니다.

'자연스럽다'거나 '자연스럽지 않다'는 말이 의미하는 바는 이렇게 비유할 수 있습니다. 강물이 흐르는 방향으로 헤엄치는 것은 자연스러운 것이고 반대방향으로 헤엄치는 것은 자연스럽지 않은 것이라고 말입니다. 여기선 뭐가 옳고 뭐가 그르다는 가치판단을 할 이유도, 그럴 필요도 없습니다. 그저 '자연에 순응하는 것'과 그것을 '거스르는 것'을 가리킬 따름입니다.

그런데 '자연'이라는 것을 어떻게 보느냐에 따라 입장이 갈립니다. 그것을 하느님의 창조질서로 보느냐 아니면 시대의 풍조로 보느냐에 따라서 해석이 달라지는 겁니다. 이것은 그리스어 '피지코스'라는 단어를 어떻게 해석하느냐의 문제입니다. 그것을 하느님의 창조질서라고 보면 동성 간에 성관계를 갖는 것은 시대가 바뀌어도 여전히 '역리'(逆理)라고 봐야 합니다. 반면, 그걸 시대정신이나 시대의 풍조라고 보면 동성 간의 성관계에 대한 가치판단은 시대가 바뀜에 따라 달라질 수 있습니다. 과거에는 장애를 갖고 태어나는 걸 하느님의 징벌이나 저주로 생각했지만 시대가 달라져서 지금은 그렇게 생각하지 않은 것처럼 말입니다.

이 차이는 해석에서 비롯된 차이입니다. 곧 해석자가 어느 편을 선택하느냐의 문제라는 겁니다. '피지코스'를 하느님의 창조질서로 해석하면 동성 간의 성행위를 금지하는 게 맞고 그것을 시대의 풍조로 해석하면 동성애를 인정할 수 있습니다. 둘 중 어느 편이 옳다고 절대적으로 주장할 수는 없습니다. 둘 다 가능하므로 이는 선택의 문제입니다.

또한 이 구절을 이해하는 데는 로마서 1장의 전체 맥락을 고려할 필요가 있습니다. 바울은 로마서 1장에서 하느님을 알 만한 일이 모든 사람에게 환히 드러나 있다고 했습니다. 하느님이 지으신 만물을 보면 누구나 하느님의 영원한 능력과 신성을 깨달을 수 있다는 겁니다. 곧 사람은 하느님의 특별한 계시가 없더라도, 예언자가 아니더라도, 꿈이나 환상을 보지 않더라도 자연세계와 삼라만상만 봐도 하느님을 알고 느낄 수 있고 하느님에 대한 경외심을 가질 수 있다는 겁니다.

하지만 현실이 그렇습니까? 현실은 그렇지 않습니다. 현실은, 하느님이 사람들을 다양한 방법으로 부르시고 특별한 계시를 주셔도 사람들은 그걸 깨닫지 못합니다. 하느님에 대해 눈을 감고 귀를 막고 있기 때문이라는 겁니다. 사람들은 "하느님을 알면서도 하느님을 하느님으로 영화롭게 해드리거나 감사드리기는커녕 오히려 생각이 허망해져서 그들의 지각없는 마음이 어두워졌"다고 했습니다. 사람들은 스스로 지혜 있다고 여기지만 실상은 어리석기 짝이 없어서 우상이나 숭배하고 있습니다. "그들은 썩지 않는 하느님의 영광을 썩어 없어질 사람이나 새나 네 발 짐승이나 기어 다니는 동물의 형상으로 바꾸어 놓았습니다." 그래서 하느님은 사람들을 심판하셨습니다. 어떻게 심판하셨습니까? 사람들이 마음 내키는 대로, 욕정대로 하도록 내버려 두셨다고 했습니다. 그래서 사람들은 서로의 몸을 욕되게 했습니다. 이것이 사람들에 대한 하느님의 심판입니다. 앞에서 열거한 음행하는 자들, 우상숭배자들, 간음하는 자들, 여성 노릇하는 자들, 동성애자들, 도둑질하는 자들, 탐욕 부리는 자들, 술 취하는 자들, 남을 중상하는 자들, 남의 것을 약탈하는 자들이 그런 자들입니다.

뜻이 분명하지 않은 '말라코이'와 '아르세노코이타이'는 이들 가운데 두 부류입니다. 그러니까 이들은 누구나 당신을 알 수 있고 느낄 수 있게 하느님께서 자신을 드러내 보여주셨음에도 불구하고 어리석음과 탐욕 때문에 생각이 허망해졌고 마음이 어두워져서 하느님을 알아보지 못한 결과들 중 두 경우인 겁니다. 그렇다면 의미가 분명한 다른 악행들, 곧 음행, 우상숭배, 간음, 도둑질, 탐욕, 술 취하는 것, 중상, 약탈 등에 대해서는 침묵하고 유독 '말라코이'와 '아르세노코이타이'만 떼어놓고 강조하는 것을 정당하다고 할 수 있을지 의문입니다. 여러분은 어떻게 생각하십니까? 판단은 여러분들의 몫입니다.

결국 성서를 어떻게 읽느냐의 문제다

이상이 신약성서의 동성애에 대해 제가 하려는 얘기입니다. 그런 구절이 몇 군데 더 있지만 내용이 크게 다르지 않으므로 그 얘기는 이제 그만하겠습니다. 이제는 이 구절들을 어떻게 읽어야 할지에 대해서 얘기하겠습니다.

동성애를 반대하는 사람과 인정하는 사람의 견해 차이는 결국 성서를 어떻게 읽느냐에 달려 있습니다. 동성애를 반대하는 측과 인정하는 측 모두 성서를 하느님의 말씀으로 믿습니다. 그런데 동성애 반대 측은, 성서는 시간과 장소에 구애받지 않는 절대적인 진리이므로 자기들은 성서를 글자 그대로 받아들인다고 말합니다. 정말 그렇게 믿는지는 곰곰이 생각해봐야 하겠지만 좌우간 그들은 그렇게 말합니다. 반면 동성애를 인정하는 측은, 성서는 일차적으로 그 말씀을 들었던 사람들에게 선포되고 전해진 말씀이기 때문에 일차적으로는 그 시대 사람들에게 의미가 있는 진리라고 믿습니다. 그렇다고 해서 성서가 현대인들에게는 하느님의 말씀이 아니라고 생각하지는 않습니다. 성서를 이해하려면 글자 그대로 받아들이지 말고 '해석'해야 한다는 겁니다. 성서 시대 사람들이 갖고 있던 세계관과 가치관, 과학지식 등은 현대인의 그것과 달라도 많이 다르기 때문에 현대인이 성서를 이해하기 위해서는 '해석'의 과정이 반드시 필요하다는 얘기입니다.

동성애를 반대하는 사람들은 동성애 금지계명이 시간과 장소에 구애받지 않는 절대적인 하느님의 절대적인 명령이라고 주장합니다. 하지만 이들도 구약성서의 '모든' 계명이 절대적이라고는 생각하지 않습니다. 돼지고기, 새우, 오징어, 바다가재, 굴 등을 먹지 말라는 명령과 월경 중에 성행위하지 말라는 명령, 간음한 사람을 죽이라는 명령 등은 그렇지 않다는 겁니다. 하지만 동성애 금지명령은 이런 계명들과는 성격이 다르다고 믿습니다. 그렇다면 이들도 성서의 모든 계명이 절대적인 진리라고 믿는 것은 아니지 않습니까. 반면 동성애를 인정하는 사람들은 동성애 금지명령이 시간과 장소와 문화에 따라서 달리 해석할 수 있는 계명이라고 생각합니다. 거기서 한 걸음 더 나아가서 동성애자에 대한 의학적, 과학적 지식에 근거해서 계명을 폐기해야 한다고 주장하는 사람들도 있습니다.

정직하게 있는 그대로 따져봅시다. 양쪽 입장을 들여다보면 양쪽 모두 성서를 선택적으로 읽고 있음을 알게 됩니다. 양쪽 모두 자기들 입장을 뒷받침해주는 구절을 더 중요하게 받아들인다는 얘기입니다. 차이가 있다면 그것은 동성애를 반대하는 사람들은 자기들이 성서를 선택적으로 읽는다는 사실을 부인하지만 동성애를 인정하는 사람들은 그 사실을 인정한다는 점입니다. 곧, 더 중요한 말씀이 있고 덜 중요한 말씀이 있다는 얘기입니다. 영원히 변치 않는 진리도 있고 그렇지 않은 진리도 있다는 겁니다. 사실상 양편 모두 같은 입장을 갖고 있는데 동성애를 반대하는 측은 그 사실을 부인하는 한편 인정하는 측은 인정합니다.

동성애 금지계명의 이유와 목적

동성애를 금하는 계명은 왜, 무슨 이유로, 어떤 목적으로 주어졌을까요? 여러분은 이 질문에 대한 대답을 생각해본 적이 있습니까? 제가 아는 범위 내에서 보면 어느 편도 이 질문에 대한 답을 진지하게 추구하지 않습니다. 전자는 동성애가 하느님의 창조질서에 어긋난다고만 말할 뿐, 금지계명의 이유와 목적에 대해서는 답을 내놓지 않습니다. 동성애를 인정하는 측 역시 답을 내놓지 않기는 마찬가지입니다. 동성애 반대는 인도주의적으로 용납할 수 없다고만 말할 뿐, 구약성서가 말하는 동성애 금령의 이유와 목적에 대해서는 확고한 대답을 내놓지 못하고 있습니다. 모든 계명에는 이유와 목적이 있습니다. 이유와 목적이 없이 주어진 계명은 없습니다. 아직 이유와 목적을 밝혀내지 못한 계명은 있을 수 있지만 우리가 그걸 모른다고 해서 없는 것은 아닙니다.

저는 구약에서 동성애 금지명령이 주어진 이유는 동성 간의 성행위가 "생육하고 번성하라!"는, 사람을 향한 하느님의 절대적인 명령에 반하기 때문이라고 생각합니다. 곧 남자끼리의 성행위를 통해서는 아이가 생기지 않기 때문이란 말입니다.

　구약성서 시대 사람들은 사람의 생명이 남자의 정액에 의해 전달된다고 믿었습니다. 그 시대 사람들이 갖고 있던 과학지식이 그랬습니다. 따라서 정액을 의미 없이 낭비하는 일은 생명을 죽이는 일이나 마찬가지였습니다. 야훼께서 보시기에 매우 악한 짓이었지요. 창세기 38장에 나오는 유다와 다말 이야기가 이 사실을 잘 보여줍니다. 유다가 가나안 여인 수아를 아내로 받아들여 아 들들을 낳았는데 그 중 큰아들 에르가 죽었습니다. 당시 관습에 따라서 유다는 둘째 아들 오난을 에르의 미망인 다말에게 들여보냈습니다. 다말과 동침해서 아들을 낳아주라는 겁니다. 그런데 오난은 형수에게 아들을 낳아주기 싫었습니다. 그렇게 되면 아버지 재산의 일부가 그에게 가는 게 싫었던 모양입니다. 그래서 오난은 다말과 잠자리에 들었다가 정액을 바닥에 쏟아버리곤 했답니다. 이런 오난의 행위가 야훼 보시기에 악했으므로 야훼가 그를 죽게 했습니다.

　저는 이 사건이 동성애 금지명령의 이유와 목적을 보여주는 것으로 생각합니다. 오난의 행위는 남자끼리의 성행위와 똑같은 결과를 낳았습니다. 아기를 만들지 못하는 '무용한' 성행위, 생명을 담고 있는 정액을 낭비하는 행위라는 점에서 그렇습니다. 그래서 야훼는 이런 행위를 악하게 보셨던 것이 아닐까요? 저는 그렇다고 생각합니다. 구약성서가 여성 간의 성행위에 대해 한 마디도 언급하지 않는 이유도 여기에 있다고 저는 생각합니다. 그것은 생명을 낭비하는 행위가 아니었기 때문입니다.

동성애에 대해 하느님은 어떻게 생각하실까?

이제 오늘 설교가 거의 끝나갑니다. 성서가 동성애에 대해 어떻게 얘기하는지에 대해서 제가 하려는 얘기는 모두 했습니다. 그런데 가장 중요한 것이 하나 남아 있습니다. 그것은, 동성애에 대해서 하느님은 어떤 생각을 갖고 계실까 하는 점입니다. 지금까지 해온 모든 얘기들은 근본적으로 우리가 알 수 없지만 하느님의 생각을 알려는 몸부림의 결과입니다. 양쪽 모두 하느님을 올바로 알고 제대로 믿어보려고 노력하지만 궁극적으로 하느님은 우리가 알 수 없는 분이란 겁니다.

그런데 우리는 이 진실을 자주 망각합니다. 궁극적으로 우리는 하느님을 알 수 없다는 진실 말입니다. 우리가 '안다고' 믿는 하느님은 우리가 그랬으면 하고 '바라는' 하느님이란 사실을 말입니다. 동성애에 대한 하느님의 뜻은 뭘까요? 하느님은 동성애를 어떻게 생각하실까요? 우리는 알지 못합니다. 알 수가 없습니다. 우리가 알려고 애써서 알 수 있는 것은, 성서가 하느님의 말씀이라고 전하는 '텍스트'뿐입니다.

솔직하게 말하면 저는 아직까지도 지금껏 한 얘기가 하느님의 생각이라고 자신 있게 말할 수 없습니다. 그것은 단지 동성애에 대한 성서의 구절들을 바르게 이해하고 제대로 해석해보려고 애썼을 뿐입니다. 그 텍스트들을 어떻게 하면 올바로 이해할 수 있을까 하는 심정으로 간절히 기도하고 성서도 읽고 학자들과 영성가들의 글도 읽었지만 그렇다고 해서 그것을 통해서 하느님의 뜻을 알게 됐다고 생각하지 않습니다. 하느님은 알 수 없는 분입니다.

저만 이렇게 생각하지는 않을 겁니다. 그런데 하느님을 모르니까 매사에 조심하고 경계해야 한다고 생각하는 사람들이 있습니다. 동성애자들은 죄인이다, 죄인은 반드시 회개시켜야 한다, 회개하기 전까지는 경계하고 조심해야 한다고 생각하는 사람들 말입니다. 반대로 우리는 하느님을 모르니까 모든 사람들을 차별 없이 인정하고 받아들여야 한다고 생각하는 사람이 있습니다. 저는 후자에 속하는 사람입니다. 함부로 받아들이는 걸 걱정해서 받아들이지 말자는 편이 아니라 함부로 배제하는 걸 걱정해서 받아들이자는 편입니다. 이것 역시 선택의 문제입니다.

솔직하게 말해봅시다. 동성애를 반대하는 것은 어떻게 하는 겁니까? 어떻게 하는 게 동성애를 반대하는 겁니까? 동성애에 대해서 성서가 명하는 대로 행해야 한다면 동성 간에 성행위를 하는 사람은 모조리 죽여야 합니다. 레위기 20장 13절은 동성 간에 성행위하는 자들을 모두 죽이라고 명하기 때문입니다.

"남자가 같은 남자와 동침하여 여자에게 하듯 그 남자에게 하면 그 두 사람은 망측한 짓을 한 것이므로 반드시 사형에 처해야 한다."

하지만 동성애 반대자들은 이렇게 하지 않습니다. 투표에서 반대하고 거리시위를 하기도 하고 동성애자들을 말로 비난하기도 하며 가끔은 행동에 옮기기도 하지만 레위기가 명하는 대로 죽이지는 않습니다. 안 그렇습니까? 자신들 주장대로 성서가 명해서 동성애에 반대한다면 성서의 명령 그대로 죽여야죠. 그게 아니면 성서의 명령대로 실천한다고 할 수 없지 않겠습니까? 결국 동성애를 반대하는 사람들 주장은 그들을 차별하자는 것입니다. 안 그렇습니까? 그들을 이성애자들과 똑같이 대우하지 말자는 겁니다. 반대로 동성애자를 인정하자는 사람들은 그들을 차별하지 말자는 겁니다. 그들을 이성애자들과 똑같이 대우하자는 겁니다. 여러분은 어느 편입니까? 그들을 차별하는 게 옳습니까, 아니면 차별하지 않는 게 옳습니까?

마지막으로 사진 한 장 보여드리겠습니다. 한 아이가 서 있고 그보다 더 어린 아이가 휠체어를 타고 앉아 있습니다. 엄마 케이티 마이어의 아들 케이든은 7개월 때 척수근육위축 판정을 받았답니다. 아이의 근육은 시간이 갈수록 서서히 약해지고 있습니다. 겨우 한 살인 그는 휠체어에 탄 채로 아주 제한적으로만 이동할 수 있다고 합니다. 이런 케이든이 엄마와 함께 과학센터를 방문했습니다. 그가 한 체험형 교육 장치를 작동하지 못해서 쩔쩔매고 있었는데 근처에 있던 소년이 다가와서 케이든이 공 굴리는 기계를 제대로 작동시킬 수 있도록 도와주고 옆에 머물면서 함께 놀아줬답니다. 이를 보고 엄마가 소셜 미디어에 아래 글을 썼는데 그게 화제가 됐습니다.

과학박물관에 있던 작은 소년에게. 나는 네가 누군지 모르지만 멋진 행동을 보여줘서 고마워. 우리 아들과 함께 놀아줘서 고마워. 우리 아이가 바닥에서 공을 집지 못하는 걸 보고 네가 도와줬지. 왜 공을 집지 못하는지, 왜 못 걷게 된 건지도 묻지 않고 말이지. 케이든은 너와 아주 많이 닮았어. 호기심이 많고 아주 똑똑하지. 케이든은 물건들이 어떻게 작동하는지 궁금해 해. 케이든이 힘이 약한 걸 알아채고 같이 레버를 돌려줘서 고마워. 너는 아마도 이 글을 읽을 수 없겠지만 너의 행동이 더 좋은 세상을 만들고 있단다.

그녀는 한 인터뷰에서 이렇게 말했습니다. "케이든에게 잘해주는 사람들은 꼭 왜 이렇게 된 건지 물어봐요. 그러면 나는 아들에게 너무 미안해져요. 그 소년이 내 아들을 보이는 상태 그대로 받아들인 것이 제게는 충격이었어요. 도와주면서도 정상인처럼 대했으니까요."

동성애에 대해 찬성이니 반대니 하는 게 다 필요 없을지도 모릅니다. 아이가 케이든에게 했던 것처럼 아무 것도 묻지 말고 그냥 바라봐주면 안 될까요? 그냥 있는 대로 인정하고 받아들여주면 안 될까요? 저는 케이티가 한 말 중에 "그러면 나는 아들에게 너무 미안해요."라고 말한 대목에서 전율을 느꼈습니다. 우리가 동성애가 옳으니 그르니 하면서 논쟁하는 걸 하느님께서 보시면서 동성애자들에게 미안해하시는 게 아닐까 하는 생각이 들었기 때문입니다. 그들을 향해서 하느님이 "미안하다, 내가 너희들을 그렇게 태어나게 해서, 그런 편견과 차별에 시달리게 만들어서…"라고 말씀하시는 것 같습니다. 저는 하느님을 미안하게 만들어서는 안 된다고 믿습니다. 하느님이 사람들을 향해서 미안해하시는 걸 보고 싶지 않습니다. 기독교인은 그래야 한다고 믿습니다. 사람도 그래야 한다고 생각합니다.